元 脱脱等撰

宋史

第二册

卷一三至卷三二（紀）

中華書局

宋史卷十三

本紀第十三

英宗

英宗體乾應曆隆功盛德憲文肅武睿聖宣孝皇帝，諱曙，濮安懿王允讓第十三子，母曰仙遊縣君任氏。明道元年正月三日，生於宣平坊第。初，王夢兩龍與日並墮，以衣承之。及帝生，赤光滿室，或見黃龍游光中。四歲，仁宗養於內。寶元二年，豫王生，乃歸濮邸。

帝天性篤孝，好讀書，不爲燕嬉褻慢，服御儉素如儒者。每以朝服見教授，曰：「師也，敢弗爲禮。」時吳王宮教授吳充進宗室六箴，仁宗付宗正，帝書之屏風以自戒。景祐三年，賜名宗實，授左監門衞率府副率，累遷右羽林軍大將軍、宜州刺史。皇祐二年，爲右衞大將軍、岳州團練使。

嘉祐中，宰相韓琦等請建儲，仁宗曰：「宗子已有賢知可付者，卿等其勿憂。」時帝方服濮王喪。六年十月辛卯，起爲秦州防禦使、知宗正寺，帝以終喪辭。奏四上，乃聽。喪終，復授前命，又辭。七年八月，許罷宗正，復爲岳州團練使。戊寅，立爲皇子。癸未，改今名。帝聞詔稱疾，益堅辭。詔同判大宗正事安國公從古等往喻旨，卽臥內起帝以入。甲辰，見清居殿。自是，日再朝，或入侍禁中。九月，遷齊州防禦使、鉅鹿郡公。

八年，仁宗崩。夏四月壬申朔，皇后傳遺詔，命帝嗣皇帝位。百官入，哭盡哀。韓琦宣遺制。帝御東楹見百官。癸酉，大赦，賜百官爵一等，優賞諸軍，如乾興故事。遣王道恭告哀于契丹。帝欲亮陰三年，命韓琦攝冢宰，宰臣不可，乃止。乙亥，帝不豫。遣韓贄等告卽位于契丹。丙子，尊皇后曰皇太后。己卯，詔請皇太后同聽政。壬午，皇太后御小殿垂簾，宰臣覆奏事。乙酉，作受命寶。丁亥，以皇子右千牛衞將軍仲鍼爲安州觀察使、光國公。

熒惑自七年八月庚辰不見，命宰臣祈禳，至是月己丑見于東方。

庚子，立京兆郡君高氏爲皇后。五月戊午，以富弼爲樞密使。戊辰，初御延和殿。以疾未平，命宰臣祈福于天地、宗廟、社稷及寺觀，又禱于岳瀆名山。六月辛卯，契丹遣蕭福延等來祭弔。

秋七月壬子，初御紫宸殿。帝自六月癸酉不御殿，至是始見百官。癸亥，歲星晝見。乙丑，星大小數百西流。戊辰，百官請大行皇帝謚于南郊。八月癸巳，以生日爲壽聖節。

九月辛亥，以光國公仲鍼爲忠武軍節度使、同中書門下平章事、淮陽郡王，改名頊。戊午，上仁宗謚册于福寧殿。

冬十月甲午，葬仁宗于永昭陵。十一月丙午，祔于太廟。大風霾。己酉，減東西二京罪囚一等，免山陵役戶及靈駕所過民租。辛亥，契丹遣蕭素等來賀卽位。

十二月己巳，初御邇英閣，召侍臣講讀經史。乙亥，淮陽郡王頊出閤。

是歲，于闐、西南蕃來貢。

治平元年春正月丁酉朔，改元。戊戌，太白晝見。己亥，壽聖節，百官及契丹使初上壽于紫宸殿。甲寅，賞知唐州趙尙寬修溝堰、增戶口，進一官，賜錢二十萬。

三月壬寅，命修秦悼王冢，置守護官。戊午，錄囚。辛酉，雨土。

夏四月癸未，放宮女百三十五人。甲午，祈雨于相國天淸寺、醴泉觀。賜諸軍錢有差。

五月己亥，濬二股河。戊申，皇太后還政。庚戌，初日御前後殿。壬子，詔：「皇太后稱聖旨，出入儀衞如章獻太后故事。其有所須，內侍錄聖旨付有司，覆奏卽行。」丙辰，上皇太后宮殿名曰慈壽。己未，熒惑犯太微上將。壬戌，以病愈，命宰臣謝天地、宗廟、社稷及宮觀。

閏月戊辰，輔臣進爵一等。

六月己亥，以淮陽郡王頊爲潁王，祁國公顥爲保寧軍節度使、同中書門下平章事、東陽郡王，鄂國公頵爲左衞上將軍。增宗室教授。丁未，增同知大宗正事一員。辛亥，作睦親、廣親宅。辛酉，太白晝見。壬戌，歲星晝見。

八月甲辰，錄周世宗後。甲寅，太白入太微垣。乙卯，遣兵部員外郎呂誨等四人充賀契丹太后生辰、正旦使，刑部郎中章岷等四人充賀契丹主生辰、正旦使。丙辰，內侍都知任守忠坐不法，貶保信軍節度副使，蘄州安置。丁巳，以上供米三萬石振宿、亳二州水災戶。

九月丁卯，復武舉。庚午，詔夏國精擇使人，戒勵毋紊彝章。

冬十月丙申，詔中外近臣、監司舉治行素著可備升擢者二人。

十一月乙亥，科陝西戶三丁之一，刺以爲義勇軍，凡十三萬八千四百六十五人，各賜錢二千。諫官司馬光累上疏諫之，不允。戊寅，復內侍養子令。

十二月乙巳，雨土。丙辰，契丹遣耶律烈等來賀壽聖節，蕭禧等來賀明年正旦。

是歲，畿內、宋亳陳許汝蔡唐潁曹濮濟單濠泗廬壽楚杭宣洪鄂施渝州、光化高郵軍大水，遣使行視，疏治振恤，蠲其賦租。西蕃瞎氊子瞎欺米征內附。

二年春正月甲戌，振蔡州。

二月甲辰，大風，晝冥。丁未，錄囚。是月，賜禮部奏名進士、明經諸科及第出身三百六十一人。

三月己巳，班明天曆。

夏四月戊戌，詔議崇奉濮安懿王典禮。辛丑，詔監司、知州歲薦吏毋徒充數。丙午，奉安仁宗御容于景靈宮。

五月癸亥，詔以綜核名實勵臣下。丙子，詔：自今皇子及宗室屬卑者，勿授以檢校師傅官。乙酉，詔：宗室封王者子孫襲爵。丁未，白氣起西方。

六月壬辰，錄囚。己酉，詔尚書集三省、御史臺議奉濮安懿王典禮。甲寅，罷尚書省集議，令有司博求典故，務在合經。詔遣官與契丹定疆界。

秋七月癸亥，富弼罷。丙寅，詔減乘輿服御。丙子，放宮女百八十人。丁丑，太白晝見。己卯，羣臣五上尊號，不允。庚辰，張昪罷，以文彥博爲樞密使。

八月庚寅，京師大雨，水。癸巳，賜被水諸軍米，遣官視軍民水死者千五百八十人，賜其家緡錢，葬祭其無主者。乙未，以雨災詔責躬乞言。初，學士草詔曰：「執政大臣，其惕思天變。」帝書其後曰：「雨災專以戒朕不德，可更曰『協德交修』。」己亥，以水災罷開樂宴。壬子，以工部郎中蔡抗等充賀契丹生辰使，侍御史趙鼎等充賀契丹正旦使。乙卯，減衮冕制度。丙辰，陝西置壯城兵。

九月壬戌，雨，罷大宴。己巳，以災異風俗策制舉人。壬午，太白犯南斗。乙酉，以久雨，遣使祈于岳瀆名山大川。

冬十月乙巳，雨木冰。

十一月庚午，朝饗景靈宮。辛未，饗太廟。壬申，有事南郊，大赦。上皇太后册。册皇后。以齊州爲興德軍節度。辛巳，加恩百官。

十二月辛亥，太白晝見。

是歲，蔣、波、繡、雲、龍賜等州來貢。

三年春正月丙辰朔，契丹遣使耶律仲達等來賀正旦。戊午，契丹遣使蕭惟輔等來賀壽聖節。丙寅，幸降聖院，謁神御殿。癸酉，契丹改國號爲遼。己卯，温州火，燒民屋萬四千間，死者五千人。丁丑，皇太后下書中書門下：「封濮安懿王宜如前代故事，王夫人王氏、韓氏、任氏，皇帝可稱親。尊濮安懿王爲皇，夫人爲后。」詔遵慈訓，以塋爲園，置守衞吏，即園立廟，俾王子孫主祠事，如皇太后旨。辛巳，詔臣民避濮安懿王諱，以王子宗懿爲濮國公。壬午，黜御史呂誨、范純仁、呂大防。

二月乙酉朔，白虹貫日。

三月庚申，彗星晨見于室。辛酉，黜諫官傅堯俞、御史趙鼎趙瞻。戊辰，上親錄囚。庚午，以彗避正殿，減膳。辛未，以黜呂誨等詔內外。癸酉，以災異責躬，詔轉運使察獄訟、調役利病大者以聞。辛巳，彗晨見于昴，如太白，長丈有五尺。壬午，孛于畢，如月。

夏四月丙午，詔有司察所部左道、淫祀及賊殺善良不奉令者，罪毋赦。

五月甲子，罷知雜御史、觀察使以上歲舉人。乙丑，彗至張而沒。戊辰，謂宰相曰：「朕欲與公等日論治道，中書常務有定制者，付有司行之。」

六月己酉，錄囚。

秋七月乙丑，進濮王子孫及魯王孫爵一等。

八月庚子，遣傳卞等賀遼主生辰，張師顏等賀正旦。

九月壬子朔，日有食之。癸亥，定待制、諫官、朝官少卿郎中遷選歲月補員格。庚辰，禁妃嬪、公主以下薦服親之夫。

冬十月壬午朔，以仙遊縣君任氏墳域爲園。乙酉，詔兩日一御邇英閣。丁亥，詔禮部三歲一貢舉。甲午，詔宰臣、參知政事舉才行士可試館職者各五人。

十一月戊午，帝不豫，禱于大慶殿。己未，宰相始奏事。辛酉，降天下四死罪一等，流以下釋之。

十二月乙未，宰相祈于天地、宗廟、社稷。壬寅，立潁王頊爲皇太子。癸卯，大赦。賜文武官子爲父後者勳一轉。遼遣蕭靖等來賀正旦、壽聖節。

是歲，遣使以違約數寇責夏國，諒祚獻方物謝罪。

四年春正月庚戌朔，羣臣上尊號曰體乾膺曆文武聖孝皇帝。降天下四罪一等，徒以下釋之。大風霾。辛亥，蠲京師逋麴錢。丁巳，帝崩于福寧殿，壽三十六。謚曰憲文肅武宣孝皇帝，廟號英宗。

帝自居睦親宅，孝德著聞。濮安懿王薨，以所服玩物分諸子，帝所得悉以與王府舊人既葬而辭去者。宗室有假金帶而以銅帶歸，主吏以告，帝曰：「眞吾帶也。」受之。命殿侍鬻犀帶，直錢三十萬，亡之，帝亦不問。

初辭皇子，請濮王宮教授周孟陽作奏，孟陽有所勸戒，即謝而拜之。奏十餘不允，始就召，戒舍人曰：「謹守吾舍，上有適嗣，吾歸矣。」既爲皇子，愼靜恭默，無所猷爲，而天下陰知其有聖德。即位，每命近臣，必以官而不以名，大臣從容以爲言，帝曰：「朕雖宮中命小臣，亦未嘗以名也。」

一日，語神宗曰：「國家舊制，士大夫之子有尙帝女，皆升行以避舅姑之尊，義甚無謂。朕嘗思此，寤寐不平，豈可以富貴之故，屈人倫長幼之序也？可詔有司革之。」會疾不果，神宗述其事焉。

贊曰：昔人有言，天之所命，人不能違，信哉！英宗以明哲之資，膺繼統之命，執心固讓，若將終身，而卒踐帝位，豈非天命乎？及其臨政，臣下有奏，必問朝廷故事與古治所宜，每有裁決，皆出羣臣意表。雖以疾疢不克大有所爲，然使百世之下，欽仰高風，詠歎至德，何其盛也！彼隋晉王廣、唐魏王泰窺覦神器，矯揉奪嫡，遂啓禍原，誠何心哉！誠何心哉！

宋史卷十四

本紀第十四

神宗一

神宗紹天法古運德建功英文烈武欽仁聖孝皇帝，諱頊，英宗長子，母曰宣仁聖烈皇后高氏。慶曆八年四月戊寅，生于濮王宮，祥光照室，羣鼠吐五色氣成雲。八月，賜名仲鍼。授率府副率，三遷至右千牛衞將軍。嘉祐八年，侍英宗入居慶寧宮，嘗夢神人捧之登天。英宗卽位，授安州觀察使，封光國公〔一〕。是年五月壬戌，受經于東宮。

帝隆準龍顏，動止皆有常度。而天性好學，請問至日晏忘食，英宗常遣內侍止之。帝正衣冠拱手，雖大暑未嘗用扇。侍講王陶入侍，帝率弟顥拜之。九月，加忠武軍節度使、同中書門下平章事，封淮陽郡王，改今諱。治平元年六月，進封潁王。三年三月，納故相向敏中孫女爲夫人。十月，英宗不豫，帝引仁宗故事，請兩日一御邇英閣講讀，以安人心。十二月壬寅，立爲皇太子。

四年正月丁巳，英廟崩，帝卽皇帝位。戊午，赦天下常赦所不原者。遣馮行己告哀于遼。己未，尊皇太后曰太皇太后，皇后曰皇太后。命宰相韓琦爲山陵使。辛酉，遣孫坦等告卽位于遼。以大行皇帝詔賜夏國主及西蕃唃厮囉。丙寅，羣臣表三上，始御迎陽門幄殿聽政。內醫侍先帝疾者，皆坐不謹貶之。詔東平郡王允弼、襄陽郡王允良朝朔望。以吳奎終喪，復授樞密副使。戊辰，以韓琦守司空兼侍中；曾公亮行門下侍郎兼吏部尚書，進封英國公；文彥博行尚書左僕射、檢校司徒兼中書令；富弼改武寧軍節度使，進封鄭國公；曹佾改昭慶軍節度使、檢校太傅；張昪改河陽三城節度使；宗諤同中書門下平章事，改集慶軍節度使、檢校尚書左僕射；歐陽脩、趙槩並加尚書左丞，仍參知政事；陳升之爲戶部侍郎；呂公弼爲刑部侍郎；允弼、允良並加守太保；弟東陽郡王顥進封昌王，鄠國公頵進封樂安郡王。羣臣進秩有差。

二月乙酉，初御紫宸殿。立向氏爲皇后。丁亥，詔入內內侍省、皇城司合覆奏事並執條覆奏。戊子，進封交阯郡王李日尊爲南平王。加邈川首領董氈檢校太保。詔山陵所須，應委三司、轉運司計置，毋輒擾民。詔提舉醫官院試堪診御脈者六人。庚寅，以四月十日爲同天節。辛卯，白虹貫日。壬辰，詔公主下嫁者行見舅姑禮。甲辰，西蕃首領拽羅鉢、鳩令結二人誘蕃部三百餘帳投夏國，捕獲，斬之以徇。

三月壬子，曹佾加檢校太尉兼侍中。賜禮部進士及第、出身四百六十一人。甲寅，陝西宣撫使郭逵討蕃部党令征等，平之。賜昌王顥公使錢歲萬緡，半給之。丙辰，昌王顥、樂安郡王頵乞解官行服，不許。癸亥，詔入內內侍省官已經壽聖節任子者，同天節權罷奏薦。壬申，歐陽脩罷知亳州。癸酉，吳奎參知政事〔二〕。乙亥，允良薨。

閏月癸未，太白晝見。甲申，夏國主諒祚遣使謝罪。辛卯，詔：齊、密、登、華、邠、耀、鄜、絳、潤、婺、海、宿、饒、歙、吉、建、汀、潮等十八州知州，慶、渭、秦、延四州通判，其選並從中書，毋以恩例奏授。乙未，張昪以太子太師致仕。庚子，詔求直言。御史中丞王陶乞許舉知縣資序人爲御史裏行，從之。癸卯，王安石出知江寧府。甲辰，詔：諸路帥臣及副總管，或有移易，依慶曆故事。乙巳，詔以孟夏農勞之時，令監司戒飭州縣省事，勸民力田，民有艱食者振之。

夏四月庚戌，請大行皇帝謚于南郊。辛酉，詔內外所上封事，令張方平、司馬光詳定以聞。丙寅，錄囚。御史中丞王陶、侍御史吳申呂景以過毀大臣，陶出知陳州〔三〕，申、景各罰銅二十斤。吳奎罷知青州。遣使循行陝西、河北、京東、京西路，體量安撫。壬申，奎復位。罷州郡歲貢飲食果藥。癸酉，詔陝西、河東經略轉運司，察主兵臣僚怯懦老病者以聞。

五月辛巳，以久旱，命宰臣禱雨。乙巳，寶文閣成，置學士、直學士〔四〕、待制官。

六月己酉，遼遣蕭餘慶等來弔祭。己未，振河北流民。辛未，詔天下官吏有能知徭役利病可議寬減者以聞。乙亥，詔中書、樞密細務歸之有司。

秋七月庚辰，詔察富民與妃嬪家昏因夤緣得官者。甲申，石蕃來貢。己丑，命尚書戶部郎中趙抃、刑部郎中陳薦同詳定中外封事。辛卯，告英宗憲文肅武宣孝皇帝謚于天地、宗廟、社稷。壬辰，上寶册于福寧殿。丙午，文州曲水縣令宇文之邵上書指陳得失。

八月丁未朔，太白晝見。戊午，復西夏和市。己巳，京師地震。癸酉，葬英宗于永厚陵。

九月丁丑，詔減諸路逃田稅額。壬午，祧僖祖及文懿皇后。乙酉，祔英宗神主于太廟，樂曰大英之舞。戊子，減兩京、畿內、鄭孟州囚罪一等，民役山陵者蠲其賦。辛卯，徙封顥爲岐王，頵爲高密郡王。富弼爲尚書左僕射。遣孫思恭等報謝于遼，且賀生辰、正旦。壬辰，錄周世宗從曾孫貽廓爲三班奉職。甲午，遼遣耶律好謀等來賀卽位。戊戌，以王安石爲翰林學士。辛丑，韓琦罷爲司徒、鎭安武勝軍節度使、判相州。吳奎、陳升之罷。樞密副使呂公弼爲樞密使，張方平、趙抃並參知政事，邵亢爲樞密副使。壬寅，以曾公亮爲尙書左僕射，文彥博爲司空。潮州地震。癸卯，以權御史中丞司馬光爲翰林學士。

冬十月丙午，漳、泉諸州地震。丁未，富弼罷判河陽。戊申，建州、邵武興化軍地震。己酉，初御邇英閣，召侍臣講讀經史。以右諫議大夫、權御史中丞滕甫考諸路監司課績。張方平以父憂去位。庚戌，給陝西轉運司度僧牒，令糴穀振霜旱州縣。癸丑，詔翰林學士、御史中丞、侍御史知雜事舉材堪御史者各二人。詔將作監主簿常秩赴闕。甲寅，製資治通鑑序賜司馬光。癸酉，知青澗城种諤復綏州。

十一月丁丑，詔近臣各舉才行可任使者一人。戊寅，詔求直言。丙戌，詔二府各舉所知。丁亥，令考課院詳定諸州所上縣令治狀。戊子，分命宰臣祈雪。置馬監于河東交城縣。庚寅，詔：「近臣以舉官不當，經三劾者，中書別奏取旨。」乙未，詔令內外文武官各舉有材德行能者。

十二月丙辰，西南龍蕃來貢。辛酉，以來歲日食正旦，自乙丑避殿減膳，罷朝賀。壬戌，詔起居日增轉對官二人。丙寅，詔：州縣吏並緣爲姦，致獄多瘐死，歲終會死者多寡，以制其罪。著爲令。己巳，遼遣蕭傑等來賀正旦。

熙寧元年春正月甲戌朔，日有食之。詔改元。丁丑，以旱，減天下四罪一等，杖以下釋之。壬午，令州縣掩暴骸。丁亥，命宰臣曾公亮等極言闕失。庚寅，御殿復膳。壬辰，幸寺觀祈雨。丙申，趙槩罷知徐州，三司使唐介參知政事。丁酉，詔修英宗實錄。壬寅，增太學生百人。

二月辛亥，令諸路每季上雨雪。乙卯，孔若蒙襲封衍聖公。壬戌，貸河東饑民粟。

三月庚辰，夏主諒祚卒，遣使來告哀。丙戌，詔恤刑。戊子，作太皇太后慶壽宮、皇太后寶慈宮。丁酉，簡州木連理，潭州雨毛。

夏四月乙巳，詔翰林學士王安石越次入對。戊申，命宰臣禱雨。以樞密直學士李參爲尚書右丞、判西京留守司御史臺。辛亥，同天節，羣臣及遼使初上壽于紫宸殿。

五月甲戌，募饑民補廂軍。庚辰，詔兩制及國子監舉諸王宮學官。戊戌，廢慶成軍。

六月癸卯，錄唐魏徵、狄仁傑後。丁未，占城來貢。辛亥，詔諸路興水利。乙亥，河決棗彊縣。丙寅，命司馬光、滕甫裁定國用。

秋七月癸酉，詔：謀殺已傷，案問欲舉自首者，從謀殺減二等。乙亥，名秦州新築大甘谷口砦曰甘谷城。丁丑，詔諸路帥臣、監司及兩制、知雜御史已上，各舉武勇謀略三班使臣二名。賜布衣王安國進士及第。己卯，羣臣三表請上奉元憲道文武仁孝之號，不許。陳升之知樞密院事。給濮州雷澤縣堯陵守戶。壬午，以恩、冀州河決，賜水死家緡錢及下戶粟。甲申，京師地震。乙酉，又震，大雨。辛卯，以河朔地大震，命沿邊安撫司及雄州刺史候遼人動息以聞。賜壓死者緡錢。京師地再震。壬辰，遣御史中丞滕甫、知制誥吳充安撫河北。癸巳，疏深州溢水。甲午，減河北路囚罪一等。丁酉，賜河北安撫司空名誥敕，募民入粟。己亥，回鶻來貢。

八月壬寅，詔京東、西路存恤河北流民。京師地震。甲辰，又震。乙卯，賜河東及鄜延路轉運司空名誥敕，募民入粟實邊。甲子，詔中書門下，考屬近行尊者一人，王之。丙寅，罷宗諤平章事。丁卯，遣張宗益等賀遼主生辰、正旦。

九月辛未，太祖曾孫舒國公從式進封安定郡王。丁亥，減后妃臣僚薦奏推恩。戊子，莫州地震，有聲如雷。丁酉，詔三司裁定宗室月料，嫁娶、生日、郊禮給賜。

冬十月辛丑，給天下繫囚衣食薪炭。乙卯，出奉宸庫珠，付河北買馬。戊辰，禁銷金服飾。

十一月癸酉，太白晝見。癸未，命宰臣禱雪。丙戌，朝饗太廟，遂齋于郊宮。廢青城後苑。丁亥，祀天地于圜丘，大赦，羣臣進秩有差。乙未，京師及莫州地震。

十二月己亥朔，命宰臣禱雪。癸卯，瀛州地大震。庚戌，賜夏國主秉常詔，許納塞門、安遠二砦，歸其綏州。辛亥，錄唐段秀實後。癸丑，禱雪于郊廟、社稷。庚申，以判汝州富弼爲集禧觀使，詔乘驛赴闕。壬戌，雪。甲子，遼遣耶律公質等來賀正旦。

二年春正月甲午，奉安英宗神御于景靈宮英德殿。

二月己亥，以富弼同中書門下平章事。庚子，以王安石參知政事。命翰林學士呂公著修英宗實錄。乙巳，帝以災變避正殿，減膳徹樂。甲子，陳升之、王安石創置三司條例，議行新法。

三月乙酉，詔漕運鹽鐵等官各具財用利害以聞。丙戌，命宰臣禱雨。戊子，秉常上誓表，納塞門、安遠二砦，乞綏州，詔許之。乙未，以旱慮囚。

四月丁酉朔，羣臣再上尊號，不許。戊戌，省內外土木工。壬寅，遼遣耶律昌等來賀同天節。丁未，唐介薨，臨其喪。戊申，宰臣富弼、曾公亮以旱上表待罪，詔不允。癸丑，命曾公亮爲西京奉安仁宗、英宗御容禮儀使。丁巳，遣使諸路，察農田水利賦役。戊午，外任大使臣年七十以上，令監司體量，直除致仕者，更不與子孫推恩。甲子，御殿復膳。免河北歸業流民夏稅。

五月辛未，宴紫宸殿，初用樂。己卯，賜河北役兵特支錢。癸未，翰林學士鄭獬罷知杭州，宣徽北院使王拱辰罷判應天府，知制誥錢公輔罷知江寧府。丁亥，奉安仁宗、英宗御容于會聖宮及應天院。甲午，減西京囚罪一等。台州民延贊等九人，年各百歲以上，並授本州助教。

六月丁巳，右諫議大夫、御史中丞呂誨以論王安石，罷知鄧州。以翰林學士呂公著爲御史中丞。命龍圖閣直學士張掞兼編排錄用勳臣子孫。壬戌，太白晝見。

秋七月乙丑朔，日當食，雲陰不見。庚午，詔御史中丞舉推直官及可兼權御史者。甲戌，東平郡王允弼薨。辛巳，立淮、浙、江、湖六路均輸法。壬午，振恤被水州軍，仍蠲竹木稅及酒課。癸未，詔：「自今文臣換右職者，須實有謀勇，嘗著績効，即得取旨。」甲申，日下有五色雲。己丑，韓琦上仁宗實錄，曾公亮上英宗實錄。

八月癸卯，侍御史劉琦貶監處州鹽酒務，御史裏行錢顗貶監衢州鹽稅，亦以論安石故。乙巳，殿中侍御史孫昌齡以論新法，貶通判蘄州。丙午，同修起居注范純仁以言事多忤安石，罷同知諫院。戊申，河徙東行。夏國請從舊蕃儀，詔許之。己酉，范純仁知河中府。甲寅，朝神御殿。辛酉，以祕書省著作佐郎程顥、王子韶並爲太子中允、權監察御史裏行。壬戌，侍御史知雜事劉述、同判刑部丁諷坐受刑名敕不即下，述貶知江州，諷貶通判復州。審刑院詳議官王師元坐言許遵所議刑名不當，貶監安州稅。

九月甲子朔，交州來貢。乙丑，以古勿峒效順首領儂智會爲右千牛衞大將軍。丁卯，立常平給斂法。戊辰，出內庫緡錢百萬羅河北常平粟。丁丑，遣孫固等賀遼主生辰、正旦。辛卯，廢奉慈廟。壬辰，以祕書省著作佐郎呂惠卿爲太子中允、崇政殿說書。

冬十月丙申，富弼罷爲武寧軍節度使、判亳州。曾公亮、陳升之並同中書門下平章事。夏人渝初盟，城綏州，命郭逵選將置守具。逵遣趙㝢交夏人所納安遠、塞門二砦，就定地界。夏人城綏州，㝢請城綏州，不以易二砦，因改名綏德城。戊戌，以蕃官禮賓使折繼世爲忠州刺史；左監門衞將軍嵬名山爲供備庫使，仍賜姓名趙懷順。丙辰，詔御史請對並許直由閤門上殿。戊午，宗諤復平章事。己未，夏人來謝封册。辛酉，錄楊承信曾孫立、田重進曾孫章爲三班借職。

十一月乙丑，命韓絳制置三司條例。甲戌，詔：祖宗之後世襲補外官，非袒免親罷賜名授官。丙子，罷諸路提刑武臣。頒農田水利約束。壬午，御邇英閣聽講。賜汴口役兵錢。己丑，減天下囚罪一等，徒以下釋之。

閏月庚子，濬御河。壬子，置交子務。是月，差官提舉諸路常平、廣惠倉，兼管勾農田水利差役事。

十二月癸亥朔，復減后妃公主及臣僚推恩。癸酉，增失入死罪法。丙戌，增三京留司御史臺、國子監及宮觀官，以處卿監、監司、知州之老者。戊子，遼遣蕭惟禧來賀正旦。

是歲，交州來貢。

校勘記

〔一〕光國公　原作「安國公」，據本書卷一三英宗紀、長編卷一九八及一九九、十朝綱要卷八改。

〔二〕歐陽脩罷知亳州癸酉吳奎參知政事　「罷」字原誤置在「參知政事」下，從錢大昕二十二史考異卷六七說改正。

〔三〕陶出知陳州　「知」字原脫，據本書卷三二九本傳、長編紀事本末卷五七、編年綱目卷一七補。

〔四〕直學士　「士」字原脫，據本書卷一六二職官志、編年綱目卷一七補。

宋史卷十五

本紀第十五

神宗二

三年春正月癸丑，錄唐李氏、周柴氏後。乙卯，詔諸路散青苗錢禁抑配。戊午，判尚書省張方平罷知陳州。

二月壬申，以翰林學士司馬光爲樞密副使，凡九辭，詔收還敕誥。甲戌，以河州刺史瞎欺丁木征爲金紫光祿大夫、檢校刑部尚書。乙酉，韓琦罷河北安撫使，爲大名府路安撫使。

三月丙申，孫覺、呂公著、張戩、程顥、李常上疏極言新法，不聽。己亥，始策進士，罷詩、賦、論三題。戊申，李常言青苗斂散不實，有旨具析，翰林學士兼知通進、銀臺司范鎮封還詔書，以爲不當，坐罷職，守本官。壬子，賜禮部奏名進士、明經及第八百二十九人。乙卯，詔諸路毋有留獄。丙辰，立試刑法及詳刑官。右正言孫覺以奉詔反覆貶知廣德軍。

夏四月癸亥，幸金明池觀水嬉，宴射瓊林苑。丙寅，遼遣耶律寬來賀同天節。丁卯，給兩浙轉運司度僧牒，募民入粟。戊辰，御史中丞呂公著貶知潁州。己卯，趙抃罷知杭州，以韓絳參知政事。監察御史裏行程顥罷爲京西路同提點刑獄。壬午，右正言李常貶通判滑州，監察御史裏行張戩貶知公安縣，王子韶貶知上元縣。癸未，侍御史知雜事陳襄罷爲同修起居注，程顥簽書鎭寧軍節度判官公事，前秀州軍事判官李定爲太子中允、監察御史裏行。

五月癸巳，詔並邊州郡毋給青苗錢。太白晝見。壬寅，詔令司馬光詳定轉對封事。甲辰，詔罷制置三司條例歸中書。辛亥，賜進士蘇丕號安退處士。壬子，罷入閤儀。丁巳，詔以審官院爲東院，別置西院。

六月癸酉，日有五色雲。丁丑，封宗室秦、魯、蔡、魏、燕、陳、越七王後爲公。戊寅，詔修武成王廟。丙戌，知諫院胡宗愈貶通判眞州。

秋七月辛卯，歐陽脩徙知蔡州。壬辰，呂公弼罷樞密使，以知太原府馮京爲樞密副使。罷潞州交子務〔一〕。戊戌，雨雹。癸丑，詳定宗室襲封制度。甲寅，置三班院主簿。

八月戊午，罷看詳銀臺司文字所。丙寅，以旱慮囚，死罪以下遞減一等，杖笞者釋之。以衞州旱，令轉運司振恤，仍蠲租賦。戊寅，詔：川峽、福建、廣南七路官令轉運司立格就注，具爲令。遣張景憲等賀遼主生辰、正旦。己卯，夏人犯大順城，知慶州李復圭以方略授環慶路鈐轄李信、慶州東路都巡檢劉甫、監押种詠出戰，兵少取敗。復圭誣信等違其節制，斬信及劉甫，种詠死於獄。是月，慶州巡檢姚兕敗夏人於荔原堡。鈐轄郭慶、都監高敏死之。

九月戊子朔，中書置檢正官。乙未，韓絳罷爲陝西宣撫使。己亥，始試法官。庚子，曾公亮罷爲司空兼侍中、河陽三城節度使。辛丑，以馮京參知政事，翰林學士吳充爲樞密副使。乙巳，親策賢良方正及武舉。壬子，太白晝見。癸丑，作東西府以居執政。司馬光罷知永興軍。詔：環慶陣亡義勇餘丁當刺者，悉免之。

冬十月辛酉，詔延州毋納夏使。甲子，雨木冰。壬申，朝謁神御殿。丙子，知慶州李復圭擅興兵敗績，誣裨將李信、劉甫、种詠以死，御史劾之，貶保靜軍節度副使。戊寅，陳升之以母憂去位。乙酉，詔罷諸場務內侍監當。

十一月戊子，振河北饑民徙京西者。己丑，官節行之士二十一人。壬辰，錮陝西蕃部貸糧。癸卯，授布衣王存下班殿侍、三班差使、宣撫司指揮使〔三〕。甲辰，夏人寇大順城，都監燕達等擊走之。庚戌，詔：升朝官除南郊赦封贈父母外，不得以加恩轉官。乙卯，以韓絳兼河東宣撫使。梓州路轉運使韓璹等以能興利除害，賜帛有差。

十二月己未，詔立諸路更戍法，舊以他路兵雜戍者遣還。乙丑，立保甲法。丁卯，以韓絳、王安石並同中書門下平章事，王珪參知政事。賜布衣陳知彥進士出身，知縣王輔同進士出身。庚午，夏人寇鎮戎軍三川砦，巡檢趙普伏兵邀擊，敗之。丁丑，增廣南攝官奉。戊寅，初行免役法。賜西蕃董氈詔并衣帶、鞍馬。庚辰，命王安石提舉編修三司令式。壬午，遼遣蕭遵道等來賀正旦。癸未，命宋敏求詳定命官、使臣過犯。

是歲，振河北、陝西旱饑，除民租。交阯入貢，廣源、下溪州蠻來附。

四年春正月丁亥朔，不視朝。己丑，种諤襲夏兵于囉兀北，大敗之，遂城囉兀。自是夏人日聚兵爲報復計，言者以諤爲稔邊患不便。壬辰，王安石請鬻天下廣惠倉田爲三路及京東常平倉本，從之。乙未，渝州夷賊李光吉叛，巡檢李宗閔等戰死，命夔州路轉運使孫構討平之。詔詳定大辟覆讞法。丁酉，朝謁太祖、太宗神御殿。庚子，幸集禧觀宴從臣，又幸大相國寺，御宣德門觀燈。韓絳等言种諤領兵入西界，斬獲甚衆，詔遣使撫問。乙巳，停括牧地。丁未，立京東、河北賊盜重法。庚戌，罷永興軍買鹽鈔場。甲寅，定文德殿朔望視朝儀。

二月丁巳朔，罷詩賦及明經諸科，以經義、論、策試進士。置京東西、陝西、河東、河北路學官，使之教導。辛酉，詔治吏沮青苗法者。戊辰，詔振河北民乏食者。賻恤西界戰死軍人。庚午，于闐國來貢。壬申，進封高密郡王頵爲嘉王。癸酉，詔審官院所定人赴中書，察堪任者引見。甲戌，賜討渝州夷賊兵特支錢。丁丑，禱雨。詔增漳河等役兵。

三月丁亥，夏人陷撫寧堡。戊子，慶州廣銳卒叛，尋討平之。庚寅，詔給諸路學田，增教官員。辛卯，遣使察奉行新法不職者。癸卯，減河東、陝西路四罪一等，徒以下釋之。民緣軍事科役者，蠲其租賦。丙午，种諤坐陷撫寧堡，責授汝州團練副使〔三〕，潭州安置。丁未，韓絳坐興師敗衄罷，以本官知鄧州。辛亥，錄唐李氏後。

夏四月丙辰朔，恤刑。辛酉，遼遣蕭廣等來賀同天節。壬戌，遣環慶都鈐轄幵贇〔四〕以兵屯邠涇、河中，以備西夏。癸亥，罷陝西交子法。癸酉，司馬光權判西京留臺。种諤再貶賀州別駕。甲戌，詔司農寺月進諸路所上雨雪狀。丙子，遣使按視宿、亳等州災傷，仍令修飭武備。壬午，定進士考轉官。

五月甲午，右諫議大夫呂誨卒。壬寅，詔許富弼養疾西京。丙午，高麗國來貢。辛亥，詔：宗室率府副率以上，遭父母喪及嫡孫承重，並解官行服。壬子，詔：恩、冀等州災傷，遣使振恤，蠲其稅。

六月丁巳，河北饑民爲盜者，減死刺配。庚申，羣臣三上尊號曰紹天法古文武仁孝皇帝，不許。甲子，歐陽脩以太子少師致仕。丙寅，慮囚。甲戌，富弼坐格青苗法，徙判汝州。

秋七月戊子，層檀國來貢。甲午，振恤兩浙水災。乙未，錄死事將校崔達子遇爲三班奉職。丁酉，監察御史裏行劉摯罷監衡州鹽倉，御史中丞楊繪貶知鄭州。庚子，詔宗室不得祀祖宗神御。丁未，詔唐、鄧給流民田。

八月癸丑朔，高麗來貢。遣官體量陝西差役新法及民間利害。甲寅，詔郡縣保甲與賊鬬死傷者，給錢有差。庚申，復春秋三傳明經取士。癸酉，遣楚建中等賀遼主生辰、正旦。置洮河安撫司，命王韶主之。

九月丙戌，河決鄆州。辛卯，大饗明堂，以英宗配。赦天下，內外官進秩有差。庚子，夏人入貢。癸卯，增選人奉。

冬十月壬子朔，罷差役法，使民出錢募役。立選人及任子出官試法。丙辰，置樞密院檢詳官。戊辰，立太學生內、外、上舍法。丙子，詔：罪人配流，遇冬者至中春乃遣。

十一月壬午朔，詔：凡賞功罰罪，事可懲勸者，月頒之天下。甲申，詔蠲逋租。丁亥，作中太一宮。壬寅，開洪澤河達于淮。

十二月辛亥朔，詔增賜國子監錢四千緡。戊午，歸夏俘。己未，安定郡王從式薨。甲子，封越國公世清爲會稽郡王。丙寅，省諸路廂軍。乙亥，崇義公柴詠致仕，子若訥襲封。

丙子，遼遣耶律紀等來賀正旦。

五年春正月己丑，詔聽降羌歸國。己亥，詔：太廟時饗，以宗室使相已上攝事。置京城邏卒，察謗議時政者收罪之。

二月壬子，龜茲來貢。以兩浙水，賜穀十萬石振之，仍募民興水利。壬戌，詔罷陝西遞運銅錫。癸亥，太白晝見。丙寅，以知鄭州呂公弼爲宣徽南院使，判秦州；龍圖閣直學士蔡挺爲樞密副使。

三月甲午，李日尊卒，子乾德嗣，遣使弔贈。戊戌，富弼以司空致仕，進封韓國公。立文武換官法。丙午，以內藏庫錢置市易務。

夏四月庚戌朔，立殿前馬步軍春秋校試殿最法。乙卯，遼遣耶律適等來賀同天節。己未，括閑田。置弓箭手。辛未，塞北京決河。

五月辛巳，詔以古渭砦爲通遠軍〔五〕，命王韶兼知軍。行教閱法。宗室非祖免親者許應舉。庚寅，以青唐大首領俞龍珂爲西頭供奉官，賜姓名包順。壬辰，以趙尙寬等前守唐州辟田疏水有功，增秩以勸天下。丙午，太白晝見。行保馬法。

六月壬子，曾公亮以太傅致仕。癸亥，詔以四場試進士。丙寅，作京城門銅魚符。乙亥，置武學。

秋七月壬寅，初以文臣兼樞密都承旨。

閏月庚戌，遣中書檢正官章惇察訪荆湖北路。詔：入內供奉官以下，已有養子，更養次子爲內侍者斬。

八月甲申，太子少師致仕歐陽脩薨。秦鳳路沿邊安撫王韶復武勝軍。丁亥，詔求歐陽脩所撰五代史。壬辰，以武勝軍爲鎮洮軍。癸巳，遣崔台符等賀遼主生辰、正旦。乙未，詔侍從及諸路監司各舉有才行者一人。甲辰，王韶破木征于鞏令城。頒方田均稅法。

九月癸丑，許宗室試換文資。癸亥，始御便殿，旬校諸軍武技。丙寅，少華山崩，詔壓死者賜錢，貧者官爲葬祭。淮南分東西路。

冬十月戊戌，升鎮洮軍爲熙州鎮洮軍節度，置熙河路。減秦鳳囚罪一等。

十一月癸丑，河州首領瞎藥等來降，以爲內殿崇班，賜姓名包約。丁卯，貶權監察御史裏行張商英〔六〕監荆南稅。壬申，分陝西爲永興、秦鳳路，仍置六路經略司。章惇開梅山，置安化縣。

十二月丙子，赦亡命荆湖溪洞者。丁丑，詔太原置弓箭手。戊寅，詔寺觀奉聖祖及祖宗陵寢神御者免役錢。改温成廟爲祠。壬午，陳升之爲樞密使。癸未，雨土。乙未，築熙州南北關及諸堡砦。己亥，遼遣蕭瑜等來賀正旦。

六年春正月辛亥，復僖祖爲太廟始祖，以配感生帝。祧順祖于夾室。

二月辛卯，夏人寇秦州，都巡檢使劉惟吉敗之。丙申，永昌陵上宮東門火。王韶復河州，獲木征妻子。壬寅，以韓絳知大名府。

三月己酉，詔贈熙河死事將田瓊禮賓使，錄其子三人、孫一人。庚戌，親策進士。置經局，命王安石提舉。辛亥，試明經諸科。丙辰，以四月朔日當食，自丁巳避殿減膳，降天下四罪一等，流以下釋之。己未，置諸路學官。壬戌，賜奏名進士、諸科及第出身五百九十六人。甲子，交州來貢。丁卯，宰相上表請復膳，不許。詔進士、諸科並試明法注官。戊辰，置刑獄檢法官。庚午，封李日尊子乾德爲交阯郡王。

夏四月甲戌朔，日食，不見。乙亥，御殿復膳。西南龍蕃諸夷來貢。置律學。丁丑，遼遣耶律寧等來賀同天節。甲午，定齊、徐等州保甲。戊戌，裁定在京吏祿。

五月癸卯朔，播州楊貴遷遣子光震來貢，以光震爲三班奉職。戊申，禱雨。乙丑，詔京東路察士人有行義者以聞。遣中書檢正官熊本措置瀘夷。西京左藏庫副使景思忠等攻燒遂州夷囤戰歿，錄其子昌符等七人，軍士死者，賜其家錢帛有差。辛未，西南龍蕃來貢。

六月己亥，置軍器監。

秋七月乙巳，詔京西、淮南、兩浙、江西、荆湖等六路各置鑄錢監。丙午，大食陀婆離來貢。己酉，禱雨。甲寅，錄在京囚，死罪以下降一等，杖罪釋之。丁巳，詔：沿邊吏殺熟戶以邀賞者戮之。乙丑，分河北爲東西路。丙寅夜，西北有聲如礮。

八月壬申朔，遣賈昌衡等賀遼主生辰、正旦。甲申，罷簡州歲貢綿紬。甲午，賜熙河、涇原軍士特支錢。戊戌，復比閭族黨之法。

九月壬寅，置兩浙和糴倉，立斂散法。戊申，詔興水利。辛亥，策武舉。戊午，岷州首領本令征以其城降，王韶入岷州。丙寅，太白犯斗。戊辰，詔禱雨，決獄。

冬十月辛未，章惇平懿、洽州蠻。辛巳，以復熙、河、洮、岷、疊、宕等州，御紫宸殿受羣臣賀，解所服玉帶賜安石。甲申，朝獻景靈宮。丙戌，振兩浙、江、淮饑。壬辰，行折二錢。丁酉，遣使瘞熙河戰骨。

十一月癸丑，中太一宮成，減天下囚罪一等，流以下釋之。乙卯，親祀太一宮。丙寅，大雪，詔京畿收養老弱凍餒者。

十二月戊子，詔決開封府囚。丙申，遼遣耶律洞等來賀正旦。

七年春正月辛亥，賞復岷、洮等州功，西京左藏庫使桑湜等遷官有差。壬子，幸中太一宮宴從臣，又幸大相國寺，御宣德門觀燈。乙卯，封皇子俊爲永國公。甲子，熊本平瀘夷。

二月辛未，于闐來貢。發常平米振河陽饑民。癸未，詔三司歲會天下財用出入之數以聞。己丑，禱雨。辛卯，置客省、引進、四方館、閤門使副等員。乙未，知河州景思立等與靑宜結鬼章戰于踏白城，敗死。廢遼州。

三月壬寅，木征、鬼章寇岷州，高遵裕遣包順等擊走之。慮囚，減死罪一等，杖以下釋之。癸卯，以旱避殿減膳。乙巳，白虹貫日。丙午，遣使分行諸路，募武士赴熙河。庚戌，詔熙河死事者家給錢有差。罷兩浙增額預買紬絹〔七〕。令諸路監司察留獄。癸丑，羣臣表請復膳，不許。丙辰，遼遣林牙蕭禧來言河東疆界，命太常少卿劉忱議之。己未，行方田法。甲子，遣使報聘于遼。乙丑，詔以災異求直言。

夏四月癸酉，以旱罷方田。是日，雨。遼遣耶律永寧等來賀同天節。乙亥，王韶破西蕃於結河川。丙子，御殿復膳。己卯，以高遵裕爲岷州團練使。甲申，詔：邊兵死事無子孫者，廩其親屬終身。乙酉，王韶進築珂諾城，與蕃兵連戰破之，斬首七千餘級，焚三萬餘帳，木征率酋長八十餘人詣軍門降。雨雹。丙戌，王安石罷知江寧府。以韓絳同中書門下平章事、監修國史，翰林學士呂惠卿參知政事。置沅州。丁酉，詔王韶發木征及其家赴闕。遼遣樞密副使蕭素議疆界于代州境上。

五月戊戌朔，減熙河路囚罪一等，流以下釋之。辛丑，詔河州瘗蕃部暴骸。壬寅，雨雹。癸卯，大雨雹。辛亥，罷賢良方正等科。乙丑，大雨水，壞陝、平陸二縣。

六月戊寅，賜討洮州將士特支錢。丁亥，作渾儀、浮漏。廣州鳳凰見。以木征爲榮州團練使，賜姓名趙思忠。

秋七月癸卯，羣臣五上尊號曰紹天憲古文武仁孝皇帝，不許。癸亥，詔河北兩路捕蝗。又詔開封淮南提點、提舉司檢覆蝗旱。以米十五萬石振河北西路災傷。

八月丁丑，賜環慶安撫司度僧牒，以募粟振漢蕃饑民。遣張芻等賀遼主生辰、正旦。辛卯，詔免淮南、開封府來年春夫，除放邢、洺等州秋稅。癸巳，置場於南薰、安上門，給流民米。集賢院學士宋敏求上編修閤門儀制。

九月戊戌，以時雨降，詔河北、京西、陝西、淮南等路勸民趣耕，有因事拘繫者釋之。壬子，三司火。癸丑，置京畿、河北、京東西路三十七將。甲寅，詔樞密院議邊防。

冬十月壬申，詔韓琦、富弼、文彥博、曾公亮條代北事宜以聞。戊寅，詔浙西路提舉司出米振常、潤州饑。庚辰，置三司會計司，以韓絳提舉。辛巳，以河北災傷，減州軍文武官員。癸巳，以常平米於淮南西路易饑民所掘蝗種，又振河北東路流民。

十一月己未，祀天地于圜丘，赦天下。

十二月丙寅，省熙、河、岷三州官百四十一員。丁卯，文武官加恩。己丑，遼遣耶律寧等來賀正旦。

是歲，高麗入貢，淯井、長寧夷十郡及武都夷內附。

八年春正月庚子，蔡挺罷判南京留司御史臺，馮京罷知亳州。丙午，分京東爲東西路。輟江南東路上供米，均給災傷州軍。丁未，御宣德門觀燈。乙卯，詔出使廷臣，所至采吏治能否以聞。雨木冰。戊午，詔，所在流民願歸業者，州縣齎遣之。己未，洮西安撫司以歲旱請爲粥以食羌戶饑者。

二月甲子，增陝西錢監改鑄大錢。癸酉，以王安石同中書門下平章事。戊寅，詔樞密副都承旨張誠一等，以李靖營陣法教殿前馬步軍。乙酉，初行河北戶馬法。丙戌，停京畿土功七年。

三月丁酉，振潤州饑。戊戌，知河州鮮于師中乞置蕃學，教蕃酋子弟，賜田十頃，歲給錢千緡，增解進士二人，從之。庚子，遼蕭禧再來，遣韓縝往河東會議。癸丑，知制誥沈括報聘。復振常、潤饑民。戊午，太白晝見。

夏四月乙丑，詔減將作監冗官。丁卯，遼遣耶律景熙等來賀同天節。乙亥，正僖祖禘祫東嚮位。戊寅，以吳充爲樞密使。壬午，湖南江水溢。

閏月乙未，陳升之罷爲鎭江軍節度使，判揚州。廣源州劉紀寇邕州，歸化州儂智會敗之。壬寅，沈括上奉元曆。癸卯，以宣徽北院使張方平判永興軍。分秦鳳路兵爲四將。壬子，沂州民朱唐告前餘姚縣主簿李逢謀反，辭連右羽林大將軍世居及河中府觀察推官徐革，命御史中丞鄧綰、知諫院范百祿、御史徐禧雜治之。獄具，世居賜死，逢、革等伏誅。甲寅，錄趙普後。乙卯，詔西南蕃五姓蠻五年一入貢。

五月辛酉朔，慮囚，降死罪一等，杖以下釋之。甲子，分環慶兵爲四將。丁丑，雨土及黃毛。甲申，熙河路蕃官殿直頓埋謀叛伏誅。己丑，遣使振鄜延、環慶饑。

六月乙未，日上有五色雲。丙午，釃汴水入蔡河以通漕。己酉，頒王安石詩、書、周禮義于學官。辛亥，以安石爲尚書左僕射兼門下侍郎。戊午，太師魏國公韓琦薨。己未，以琦配饗英宗廟庭。

秋七月甲子，虔州江水溢〔九〕。戊寅，太白晝見。戊子，分涇原兵爲五將。命韓縝如河東割地。

八月庚寅朔，日當食，雲陰不見。癸巳，募民捕蝗易粟，苗損者償之，仍復其賦。丙申，遣謝景温等賀遼主生辰、正旦。減官戶役錢之半。詔：「發運司體實淮南、江東、兩浙米價，州縣所存上供米毋過百萬石，減直予民，斗錢勿過八十。」庚戌，韓絳罷。發河北、京東兵及監牧卒修都城。丁巳，大閱。

九月庚申朔，王安石兼修國史。立武舉絕倫法。

冬十月庚寅，呂惠卿罷知陳州。乙未，彗出軫。己亥，詔以災異數見，不御前殿，減常膳，求直言。壬寅，赦天下。罷手實法。丁未，彗不見。丙辰，御殿復膳。

十一月戊寅，交阯陷欽州。壬午，立陝西蕃丁法。甲申，交阯陷廉州。丙戌，渝州改南平軍。

十二月丙申，濬河。壬寅，以翰林學士元絳參知政事，龍圖閣直學士曾孝寬簽書樞密院事。辛亥，天章閣待制趙卨爲安南道招討使，嘉州防禦使李憲副之，以討交阯。癸丑，遼遣耶律世通等來賀正旦。甲寅，熙河路木宗城〔九〕首領結彪謀叛，熟羌日脚族青廝抓斬其首來獻，補下班殿侍。

九年春正月乙丑，雨木冰。戊辰，交阯陷邕州，知州蘇緘死之。己卯，下溪州刺史彭師晏及天賜州降。庚辰，遣使祭南嶽、南海，告以南伐。辛巳，贈蘇緘奉國軍節度使，謚忠勇，以其子子元爲西頭供奉官、閤門祗候。

二月戊子，宣徽南院使郭逵爲安南道招討使，罷李憲，以趙卨副之。詔占城、占臘合擊交阯。己丑，宗哥首領鬼章寇五牟谷，蕃官藺氊訥支等邀擊，大破之。己亥，以出師罷春宴。乙卯，雨雹。

三月丙辰朔，進仁宗婉容周氏爲賢妃。辛酉，御集英殿策進士。恤欽、廉、邕三州死事家，瘞戰亡士，賊所蹂踐除其田征。甲戌，賜進士、諸科及第出身五百九十六人。丁丑，以廣西進士徐伯祥爲右侍禁、欽廉白州巡檢。宗哥首領鬼章寇五牟谷，熙河鈐轄韓存寶敗之。庚辰，以种諤知岷州。

夏四月辛卯，遼遣耶律庶幾等來賀同天節。乙未，以遼主母喪，罷同天節上壽。戊戌，復廣濟河漕。癸卯，詔：廣南亡沒士卒及百姓爲賊殘破者，轉運、安撫司具實并議振恤以聞。甲辰，給空名告身付安南，以招降賞功。詔諸路募武勇赴廣西。贈廣西死事將士官有差。丙午，遣王克臣等弔慰于遼。辛亥，茂州夷寇邊，遣內侍押班王中正〔一〇〕經制。甲寅，遼遣耶律孝淳以國母喪來告，帝發哀成服，輟視朝七日。

五月丙辰朔，詔：邕州沿邊州峒首領來降者周恵之。癸亥，詔試醫學生。丙寅，分兩浙爲東西路。丁卯，城茂州。壬申，詔：安南諸軍過嶺有疾者所至護治。丙子，大理國來貢。

庚辰，靜州卜首領董整白等來降。

六月丁亥，詔安南將吏，視軍士有疾者月以數聞。己丑，綿州都監王慶、崔昭用、劉珪、左侍禁張乂援戰茂州，死之。詔：慶等子與借職，女出嫁夫與奉職；白丁王禹錫等二人，賜錢其家。辛卯，詔濱海富民得養蜑戶，毋致爲外夷所誘。己亥，慮囚，降死罪一等，杖以下釋之。癸卯，以水源等洞蠻主儂賀等七人爲定遠、寧遠將軍。

秋七月丙辰，朱崖軍黎賊黃嬰入寇，詔廣南西路嚴兵備之。庚申，闕以西蝗蝻、蚜蚄生。壬戌，築下溪州，改名會溪城。癸亥，靜州將楊文緒結蕃部謀叛，王中正斬之以徇。詔：廣西死事官無子孫者許立後。乙丑，詔：自今遇大禮推恩，官昭憲太后族一人。是月，安南行營次桂州，郭逵遣鈐轄和斌等督水軍涉海自廣東入，諸軍自廣南入〔二〕。

八月甲申朔，齊州監務左班殿直孫紀死賊，錄其一子爲三班借職。戊子，以文彥博守太保兼侍中，行太原尹。己丑，遣程師孟等賀遼主生辰、正旦。罷鬻祠廟錢。丁酉，禁北邊民闌出穀粟。庚子，占城來貢。

九月戊午，濬汴河。丙寅，詔罷都大制置河北河防水利司。己卯，遼遣使回謝。詔恤嶺南死事家，表將士墓。

冬十月乙酉，太白晝見。乙未，詔東南諸路教閱新軍。丙午，王安石罷判江寧府。以吳充監修國史，王珪爲集賢殿大學士，並同中書門下平章事。資政殿學士馮京知樞密院。辛亥，除放沅州歸明人戶去年倚閣秋稅。

十一月乙卯，賜廣南東路空名告敕，募入錢助軍。辛酉，錄唐相魏徵後同州司士參軍道嚴，流內銓特免試注官。乙亥，以安南行營將士疾疫，遣同知太常禮院王存禱南嶽；遣中使建祈福道場。己卯，洮東安撫司言包順等破鬼章兵於多移谷。壬午，鬼章寇岷州，知州种諤等敗之鐵城。

十二月丙戌，安南僞觀察使劉紀降。置司農丞。庚寅，子傭生。丁酉，詔：岷州界經鬼章兵發者賜錢，脅從來歸者釋其罪。癸卯，郭逵敗交阯於富良江，獲其僞太子洪眞，李乾德遣人奉表詣軍門降，逵遂班師。丁未，遼遣耶律運等來賀正旦。庚戌，詔：有得鬼章、冷鷄朴首者，賞之。置威戎軍。

十年春正月乙丑，御宣德門觀燈。戊辰，仙韶院火，不視朝。己巳，白虹貫日。

二月甲申，以崇信軍節度使宗旦同中書門下平章事。戊子，以鬼章敗，种諤等賞官有差。辛卯，日中有黑子。甲午，詔：宗室使相雖及十年，更不取旨磨勘。丁酉，詔諸州歲以十一月給老疾貧乏者粟，盡三月乃止。己亥，以王韶知洪州。丙午，以復廣源、蘇茂等州，羣臣表賀，赦廣州囚罪一等，徒以下釋之。賜行營諸軍錢，民緣征役者恤其家。以廣源州爲順州，赦李乾德罪。以郭逵判潭州，趙禼知桂州。己酉，以交阯降，赦廣南東路、荊湖南路繫囚，餘各降一等，徒以下釋之。

三月辛未，慮囚，降死罪一等，杖以下釋之。壬申，詔州縣捕蝗。

夏四月辛巳，復置憲州。乙酉，遼遣蕭儀等來賀同天節。癸巳，文州蕃賊寇邊，州兵擊走之。丁酉，賜熙河路兵特支錢，戰死者賜帛，免夏秋稅。

五月戊午，詔修仁宗、英宗史。甲戌，太白晝見。

六月壬午，注輦國朝貢。癸巳，王安石以使相爲集禧觀使。丁未，置岷州鐵城堡。

秋七月甲寅，禱雨。丁巳，令諸路歲上縣令課績。辛酉，羣臣五上尊號曰奉天憲古文武仁孝皇帝，不許。乙亥，郭逵以安南失律，貶爲左衞將軍。丙子，河決澶州曹村埽。

八月壬寅，詔潭州置將及增武臣一員。遣蘇頌等賀遼主生辰、正旦。甲辰，詔侍從、臺諫、監司各舉文臣有才行者一人。

九月庚戌，詔：「河決害民田，所屬州縣疏瀹，仍蠲其稅，老幼疾病者振之。」乙卯，詔：「諸傳宣、內批、面諭，事無法守，並從中書、樞密覆奏。其祈恩澤規免罪者劾之。」辛酉，詔鎮戎、德順軍各置都監一員。癸酉，立義倉。甲戌，宗樸兼侍中，封濮陽郡王。

冬十月戊寅朔，宗樸薨。癸巳，昭化軍節度使宗誼封濮國公。詔濮王子以次襲封奉祀。戊戌，太子太師張昪卒。

十一月庚午，以西蕃邈川首領董氈、都首領青宜結鬼章爲廓州刺史，阿令骨爲松州刺史。甲戌，祀天地于圜丘，赦天下。

十二月丁丑朔，占城國獻馴象。壬午，詔改明年爲元豐。甲申，以郊祀，文武官加恩。丁亥，封子傭爲均國公。辛丑，遼遣耶律孝淳等來賀正旦。

元豐元年春正月乙卯，以王安石爲尙書左僕射、舒國公、集禧觀使。戊午，命詳定郊廟禮儀。詔減陳留捧日、天武等軍剩員。庚申，御宣德門，召從臣觀燈。乙丑，以太皇太后疾，驛召天下醫者。

閏月辛巳，以翰林侍讀學士、寶文閣學士、提點中太一宮呂公著兼端明殿學士。己丑，詔贈尙書令韓琦依趙普故事。壬辰，樞密直學士孫固同知樞密院事。己亥，太傅兼侍中曾公亮薨。庚子，日中有黑子。癸卯，以公亮配饗英宗廟庭。

二月庚戌，濮國公宗誼薨。甲寅，以邕州觀察使宗暉爲淮康軍節度使，封濮國公。戊辰，詔敕安南戰棹都監楊從先等，仍論功行賞。

三月辛巳，慮囚，降死罪一等，杖以下釋之。御邇英閣，沈季長進講周禮八法。癸未，詔內外文武官各舉堪應武舉一人。廣南西路經略司乞教閱峒丁，從之。乙未，御崇政殿閱諸軍。辰、沅猺賊寇邊，州兵擊走之。

夏四月己酉，遼遣耶律永寧等來賀同天節。丙辰，詔增置兩浙路提舉官。庚申，詔除九經外，餘書不得出界。癸亥，太白晝見。乙丑，封虢國公宗諤爲豫章郡王。戊辰，塞曹村決河，名其埽曰靈平。

五月甲戌朔，賜塞河役死家錢。乙亥，詔試中刑法官以次推恩。

六月癸卯朔，日有食之。乙巳，詔以靈平功遷太常博士苗師中等各一官。

秋七月癸酉朔，命西上閤門使、忠州團練使韓存寶經制瀘州納溪夷。己亥，詔齊州預備水災。辛丑，夔州言甘露降。

八月癸卯，西邊將訥兒溫、祿尊謀反伏誅。丁未，詔河北被水者蠲其租。甲寅，遣黃履等賀遼主生辰、正旦。戊午，以韓絳爲建雄軍節度使。己巳，詔：濱、棣、滄三州被水民以常平糧貸之。庚午，詔：青、齊、淄三州給流民食。

九月癸酉，交阯來貢。癸未，李乾德表乞還廣源等州，詔不許。乙酉，以端明殿學士呂公著、樞密直學士薛向並同知樞密院事。詔祀天地及配帝並用特牲。是月，武康軍嘉禾生，河中府甘露降。

冬十月庚戌，定秋試諸軍賞格。侍禁仵全死事，錄其弟宣爲三班借職。辛亥，韓存寶破瀘夷後城十有三囤。癸亥，于闐來貢。

十一月己丑，命龍圖閣直學士宋敏求等詳定正旦御殿儀注。癸巳，辰州徭賊叛，詔沅州兵討之。己亥，罷文武功臣號。是月，梁縣嘉禾生。

十二月丙午，日中有黑子，凡十二日。辛亥，錄囚，降死罪一等，杖以下釋之。丙辰，詔：青州民王贇以復父讎免死，刺配鄰州。戊午，置大理寺獄。己未，詔罷都大提舉在京諸司庫務司。甲子，以婉儀邢氏爲賢妃。詔罷三司推勘公事官；減軍器監勾當公事，審官東院、流內銓及將作監、三班院主簿，左右軍巡判官。丙寅，遼遣耶律隆等來賀正旦。

二年春正月乙亥，罷嵓嵐、火山軍市馬。丙子，詔立高麗交易法。壬午，以容州管內觀察使、上柱國、南陽郡開國公楊遂爲寧遠軍節度使。癸未，詔知沅州謝麟督捕徭賊。甲申，御宣德門觀燈。丁亥，詔以經義、論試宗室。甲午，京兆府學教授蔣夔乞以十哲從祀孔子，從之。詔辰州敍浦縣置龍潭堡。是月，潁州、壽州甘露降。

二月甲寅，詔瘞漢州暴骸。日中有黑子。乙卯，以瀘州夷乞弟犯邊，詔王光祖等討之。

丙辰，詔定解鹽歲額。乙丑，滄州饑，發倉粟振之。

三月庚午朔，董氈遣使來貢。辛未，詔給地葬畿內寄菆之喪，無所歸者官瘞之。庚辰，親試禮部進士。壬午，試特奏名進士及武舉。癸未，試諸科明法。賜董氈緡錢、銀帛、對衣、金帶等物。丙戌，詔：雄州兩輸戶南徙者諭令復業。庚寅，疏汴、洛。

夏四月辛丑，幸金明池觀水嬉，宴射瓊林苑。甲辰，遼遣蕭晟等來賀同天節。丁巳，陳升之以檢校太尉依前同中書門下平章事、鎮江軍節度使、上柱國、秀國公致仕。己未，陳升之卒。癸亥，定正旦御殿儀。甲子，詔增審刑院詳議、詳斷官，罷刑部檢法官。是月，南康軍甘露降，眉州生瑞竹。

五月丙子，順州蠻叛，峒兵討平之。庚辰，詔以濮安懿王三夫人並稱王夫人，祔濮園。辛巳，太子太師致仕趙槩上所集諫林。甲申，元絳罷知亳州。乙酉，詔：安南軍死事孤寡廩給之。戊子，御史中丞蔡確參知政事。

六月甲辰，廣西捕斬儂智春，執其妻子以獻。戊申，命蔡確參定編修傳法寶錄。癸丑，詔五路帥臣、副總管軍臣僚各舉任將領及大使臣者二人。甲寅，清汴成。辛酉，詔鎮寧軍節度使、魏國公宗懿追封舒王。是月，南康軍甘露降，忠州雨豆。

秋七月甲戌，張方平以太子少師致仕。戊寅，詳定朝會儀。己卯，命中書句考四方詔獄。庚辰，以淮康軍節度使宗暉同中書門下平章事。丁亥，詳定郊廟禮儀。是月，陳州芝草生，南賓縣雨豆，瓊州甘露降。

八月丙申朔，夏人寇綏德城，都監李浦敗之。辛丑，分涇原路兵爲十一將。壬寅，復八作司爲東西兩司，各置監官，文臣一員，武臣二員。遣李清臣等賀遼主生辰、正旦。甲寅，詔：「增太學生舍爲八十齋，齋三十人，外舍生二千人，內舍生三百人。月一私試，歲一公試，補內舍生。間歲一舍試，補上舍生。」以潁州爲順昌軍節度。是月，曹州生瑞穀，河陽生芝草。

九月癸未，降順昌軍囚罪一等，徒以下釋之。甲申，西南龍蕃來貢。丁亥，大宴集英殿。己丑，進婕妤朱氏爲昭容。壬辰，出馬步射格鬬法頒諸軍。甲午，西南羅蕃、方蕃來貢。

冬十月丙申，西南石蕃來貢。癸卯，置籍田令。詔立水居船戶，五戶至十戶爲一甲。戊申，交阯歸所掠民，詔以順州賜之。己酉，太皇太后疾，上不視事。庚戌，罷朝謁景靈宮，命輔臣禱于天地、宗廟、社稷。減天下囚死罪一等，流以下釋之。乙卯，太皇太后崩。戊午，詔易太皇太后園陵曰山陵。辛酉，以羣臣七上表，始聽政。命王珪爲山陵使。

十一月癸未，始御崇政殿。丁亥，雨土。

十二月乙巳，御史中丞李定上國子監敕式令并學令，凡百四十條。丙午，復置御史六察。庚申，遼遣蕭寧等來賀正旦。是月，全州芝草生，桂州甘露降。

校勘記

〔一〕罷潞州交子務　「罷」，原作「置」，長編卷二一三作「罷」。按本書卷一八一食貨志，潞州交子務置于熙寧二年，「轉運司以其法行則鹽礬不售，有害入中糧草，遂奏罷之」。據此則長編作「罷」爲是，據改。

〔二〕宣撫司指揮使　「指揮使」，長編卷二一七作「指使」。按宋會要選舉一七之九說：「臧昌齡等七人補下班殿侍，并邊上指使。」事例正同。此處「揮」字疑衍。

〔三〕汝州團練副使　「副」字原脫，據本書卷三三五种諤傳、宋會要職官六五之三五、太平治蹟統類卷一五補。

〔四〕开贇　長編卷一七三作「丌贇」，卷二二二又作「亓贇」。按鄭樵通志卷二九氏族略「亓氏」條說：「古其字，音其」，「宋又有諸司使亓贇」。鄭樵南宋人，所說當較可靠。「亓」、「开」二字形似，疑此處誤「亓」爲「开」；長編卷一七三也誤。

〔五〕通遠軍　原作「安遠軍」，據本書卷八七地理志、編年綱目卷一九、王存元豐九域志（以下簡稱九域志）卷三改。

〔六〕張商英　「商」字原脫，據本書卷三五一本傳、長編卷二四〇補。

〔七〕罷兩浙增額預買紬絹　「預買」，原作「預置」，據長編卷二五一、編年綱目卷一九改。

〔八〕虔州江水溢　「虔」，原作「處」，長編卷二六六說：「江南西路轉運司言：虔州江水漲。」虔州隸江南西路，處州隸兩浙路，作虔州是，據改。

〔九〕木宗城　原作「木宗域」，據長編卷二七一改。

〔一〇〕內侍押班王中正　「侍」，原作「副」，據本書卷四六七本傳、長編卷二七四改。

〔一一〕諸軍自廣南入　長編卷二七七作「諸將九軍自廣西進」。上文既說「水軍涉海自廣東入」，此處「廣南」當是「廣西」之誤。

宋史卷十六

本紀第十六

神宗三

三年春正月乙丑朔，以大行太皇太后在殯，不視朝。癸酉，陞許州爲潁昌府。丙子，降潁昌囚罪一等，徒以下釋之。戊寅，上太皇太后謚曰慈聖光獻。戊子，詔審刑院、刑部斷議官失入者，歲具數罰之。己丑，高麗國遣使來貢。白虹貫日。辛卯，于闐國大首領阿令顛顙温等來貢。癸巳，白虹貫日。

二月丙午，以翰林學士章惇參知政事。丙辰，始御崇政殿視朝。丁巳，命輔臣禱雨。

三月乙丑，工部侍郎同平章事吳充罷爲觀文殿大學士、西太一宮使。癸酉，葬慈聖光獻皇后于永昭陵。丙子，南丹州入貢，以刺史印賜之。乙酉，祔慈聖光獻皇后神主于太廟。戊子，降兩京、河陽囚罪一等，民緣山陵役者，蠲其賦。己丑，以慈聖光獻皇后弟昭德軍節度使曹佾爲司徒兼中書令，改護國軍節度使，餘親屬加恩有差。

夏四月乙未，觀文殿大學士吳充薨。丁酉，封宗暉爲濮陽郡王，濮安懿王子孫皆進官一等。己亥，遼遣耶律永芳等來賀同天節。乙巳，以瀘州夷乞弟侵擾，詔邊將討之。戊申，乞弟寇戎州，兵官王宣等戰歿。甲寅，罷羣牧行司，復置提舉買馬監牧司。乙卯，令御史分案諸路監司。庚申，詔御史臺六察以糾劾多寡爲殿最，任滿取旨升黜。辛酉，增國子監歲賜錢六千緡。

五月乙丑，詔：自今三伏內，五日一御前殿。辛巳，以潁昌進士劉堂上制盜十策，授徐州蕭縣尉。甲申，復命韓存寶經制瀘夷。詔改都大提舉導洛通汴司爲都提舉汴河堤岸司。是月，青州臨朐、益都石化爲麪。

六月甲午，日有五色雲。戊戌，詔省宗室教授，存十三員。丙午，詔中書詳定官制。罷兵部勾當公事官。詔河北、河東、陝西路各選文武官一員提舉義勇保甲。壬子，詔罷中書門下省主判官，歸其事於中書。是月，安州、臨江軍產芝及連理麥。

秋七月庚午，河決澶州。甲戌，詔自今遇大禮罷上尊號。癸未，彗出太微垣。丙戌，避殿減膳，詔求直言。丁亥，罷羣神從祀明堂。戊子，太白晝見。

八月乙巳，罷省、寺、監官領空名者。癸丑，遣王存等賀遼主生辰、正旦。戊午，彗不見。

九月壬戌，增宣祖定州東安墳地二十頃及守園戶。丙寅，御殿復膳。乙亥，正官名。以開府儀同三司易中書令、侍中、同平章事，特進易左右僕射，自是以下至承務郎易祕書省校書郎、正字、將作監主簿有差，檢校僕射以下及階散憲銜並罷，詳在職官志。辛巳，大饗明堂，以英宗配，赦天下。癸未，薛向、孫固並爲樞密副使。乙酉，詔卽景靈宮作十一殿，以時王禮祠祖宗。以王安石爲特進，改封荆國公。丙戌，進封岐王顥爲雍王，嘉王頵爲曹王，並爲司空。文彥博爲太尉。封曹佾爲濟陽郡王，宗旦爲華陰郡王。馮京爲樞密使。薛向罷知潁州。丁亥，以呂公著爲樞密副使。

閏九月乙卯，加文彥博河東、永興軍節度使，以富弼爲司徒。

十一月己丑朔，日當食，雲陰不見。

十二月甲辰，遼遣蕭偉等來賀正旦。

四年春正月乙未，命步軍都虞候林廣代韓存寶經制瀘夷。庚子，詔試進士加律義。辛亥，于闐來貢。馮京罷知河陽。孫固知樞密院，龍圖閣直學士韓縝同知樞密院事。

二月辛未，置秦州鑄錢監。己卯，分東南團結諸軍爲十三將。

三月乙未，詔在京官毋舉辟執政有服親。癸卯，章惇罷知蔡州。甲辰，以翰林學士張璪參知政事。乙巳，命官閱九軍營陣法於京城南。戊申，大閱。丙辰，董氈遣使來貢。

夏四月癸亥，遼遣耶律祐等來賀同天節。御延和殿閱試保甲。己巳，詔罷南郊合祭天地，自今親祀北郊如南郊儀，有故不行則以上公攝事。壬申，慮囚。山陰縣主簿余行之謀反伏誅。乙酉，河決澶州小吳埽。

五月丁酉，詔河東路提點刑獄劉定專振被水民。戊申，封晉程嬰爲成信侯，公孫杵臼爲忠智侯，立廟于絳州。

六月戊午，河北諸郡蝗生。癸未，命提點開封府界諸縣公事楊景略、提舉開封府界常平等事王得臣督諸縣捕蝗。

秋七月己丑，太白晝見。庚寅，西邊守臣言夏人囚其主秉常，詔陝西、河東路討之。甲午，鄜延、涇原、環慶、熙河、麟府路各賜金銀帶、綿襖、銀器、鞍轡、象笏。甲辰，韓存寶坐逗留無功伏誅。丁未，大軍進攻米脂砦。己酉，詔曾鞏充史館修撰，專典史事。詔內外官司舉官悉罷。令大理卿崔台符同尙書吏部，審官東西、三班院議選格。

八月乙卯朔，罷中書堂選，悉歸有司。丙辰，詔蠲河北東路災傷州軍今年夏料役錢。辛酉，夏人寇臨川堡，詔董氈會兵伐之。以金州刺史燕達爲武康軍節度使。己巳，復置滑州。丁丑，熙河經制李憲敗夏人于西市新城，獲酋首三人、首領二十餘人。庚辰，又襲破于女遮谷，斬獲甚衆。辛巳，司馬光、趙彥若上所修百官公卿年表十卷，宗室世表三卷。

九月乙酉，董氊遣使來貢，且言已遣首領洛施軍篤喬阿公等將兵三萬會擊夏國。李憲復蘭州古城。戊子，蘭州新順首領巴令謁等三族率所部兵攻夏人撒逋宗城，敗之。己亥，王珪上國朝會要。壬寅，閱河北保甲于崇政殿，官其優者三十六人。甲辰，詳定郊廟奉祀禮儀。丙午，詔諭夏主左右并嵬名部族諸部首領，並許自歸。戊申，太白犯斗。庚戌，夏兵救米脂砦，鄜延經略副使种諤率衆擊破之。辛亥，种諤又敗夏人于無定川。

十月丁巳，米脂砦降。己未，拂林國來貢。庚申，熙河兵至女遮谷，與夏人遇，戰敗之。乙丑，涇原兵至磨哆隘，遇夏人，與其統軍梁大王〔一〕戰，敗之，追奔二十里，斬大首領沒囉臥沙、監軍使梁格嵬等十五級，獲首領統軍姪訖多埋等二十二人。己巳，入銀州。庚午，環慶行營經略使高遵裕復淸遠軍〔二〕。种諤遣曲珍等領兵通黑水安定堡路，遇夏人，與戰破之，斬獲甚衆。癸酉，復韋州。乙亥，李憲敗夏人于屈吳山。丁丑，曲珍與夏人戰于蒲桃山，敗之。戊寅，种諤入夏州〔三〕。詔諸將存撫降人。辛巳，史館修撰曾鞏乞收采名臣高士事迹遺文，詔從之。涇原節制王中正入宥州。

十一月癸未朔，日有食之。丁亥，諸軍合攻靈州，种諤敗夏人于黑水。己丑，李憲敗夏人于囉逋川。辛卯，种諤降橫河平人戶，破石堡城，斬獲甚衆。辛丑，師還。癸卯，种諤至夏州索家平，兵衆三萬人，以無食而潰。丙午，高遵裕以師還，夏人來追，遂潰。十二月辛未，林廣破乞弟于納江。乙亥，慈聖光獻皇后禫祭，宰臣王珪等上表請聽樂，不許，自是五表，乃從之。戊寅，遼遣蕭福全等來賀正旦。

五年春正月癸未朔，不受朝。丙申，御宣德門觀燈。己亥，白虹貫日。庚子，責授高遵裕郢州團練副使，本州安置。乙巳，作新渾儀、浮漏。辛亥，詔再議西討，以熙河經制李憲爲涇原、熙河蘭會安撫制置使，李浩權安撫副使。

二月癸丑朔，頒三省、樞密、六曹條制。詔鄜延軍士病不能歸者，賜其家絹十匹。丙辰，以乞弟平班師。辛酉，詔：董氈首領結隣死，其朝辭物〔四〕給其子董訥支藺氈，增賜絹百匹。癸亥，華陰郡王宗旦薨。丁卯，封武昌軍節度觀察留後宗惠爲江夏郡王。癸酉，以出師赦梓州路，減囚罪一等，民緣軍事役者蠲其賦。封董氈爲武威郡王。丙子，渤泥來貢。

三月壬辰，親策進士。甲午，策武舉。己亥，以日當食，避殿減膳，赦天下，降死罪一等，流以下原之。詔杭州歲修吳越王墳廟。壬寅，鄜延路副總管曲珍敗夏人于金湯。乙巳，賜進士、諸科出身千四百二十八人。丙午，雨土。

夏四月壬子朔，日食不見。甲寅，御殿復膳。丁巳，遼遣耶律永端等來賀同天節。己未，沈括奏遣曲珍將兵綏德城，應援討葭蘆寨〔五〕左右見聚羌落，詔從之。乙丑，以直龍圖閣徐禧知制誥、權御史中丞。癸酉，官制成。以王珪爲尚書左僕射兼門下侍郎，蔡確爲尚書右僕射兼中書侍郎。甲戌，太中大夫章惇爲門下侍郎，張璪爲中書侍郎，翰林學士蒲宗孟爲尚書左丞，翰林學士王安禮爲尚書右丞。錄唐段秀實後，復其家。丁丑，同知樞密院呂公著罷知定州。

五月辛巳朔，行官制。丁亥，賞平蠻將士有差。癸巳，豐州卒張世矩等作亂伏誅。其黨王安以母老，詔特原之〔六〕。作尚書省。戊戌，詔兩省官人舉可任御史者各二人。甲辰，遣給事中徐禧治鄜延邊事。

六月辛亥朔，環慶經略司遣將與夏人戰，破之，斬其統軍嵬名妹精嵬、副統軍訛勃遇。甲寅，王珪上兩朝史。戊午，詔修兩朝寶訓。詔以成都路供給瀘州邊事，曲赦，免二稅。甲子，改翰林醫官院爲醫官局。壬申，交阯獻馴犀二。癸酉，豫章郡王宗諤薨。戊寅，曲珍等敗夏人于明堂川。作天源河。

秋七月辛巳，廣西經略司言知宜州王奇與賊戰，敗績。壬午，詔罷大理寺官赴中書省讞案。戊子，詔御史中丞舒亶舉任言事或察官十人。辛卯，詔尚書考功員外郎蔡京編手詔。庚子，以蔡京爲起居郎，仍同詳定官制。丁未，垂拱殿宴修史官。己酉，始建雩壇祀上帝，以太宗配。

八月庚戌朔，封御侍武氏爲才人。壬子，進封均國公傭爲延安郡王。以昭容朱氏爲賢妃。庚申，帝有疾。詔歲以四孟月朝獻景靈宮。辛未，遣韓忠彥等賀遼主生辰、正旦。鳳州團練使种諤以行軍迂道，降授文州刺史。壬申，詔罷增減幕職、州縣官奉。甲戌，城永樂。戊寅，河決原武。

九月丁亥，夏人三十萬衆寇永樂，曲珍戰不利，裨將寇偉等死之，夏人遂圍城。己丑，帝以疾愈，降京畿四罪一等，徒以下釋之。壬辰，遣使行視畿縣民被水患者。乙未，詔張世矩等將兵救永樂砦。戊戌，永樂陷，給事中徐禧、內侍李舜舉、陝西轉運判官李稷死之。己亥，詔客省、引進、四方館、東西上閤門各置使、副等職。庚子，安化蠻寇宜州，知州王奇死之，詔贈忠州防禦使。辛丑，賞董氊將士有差。癸卯，滑州河水溢。

冬十月辛亥，洛口、廣武大河溢。甲寅，知延州沈括以措置乖方，責授均州團練副使，隨州安置；鄜延路副都總管曲珍以城陷敗走，降授皇城使。丙辰，修定景靈宮儀。乙丑，詔贈永樂死事臣徐禧金紫光祿大夫、吏部尚書，李舜舉昭化軍節度使，並賜謚忠愍，李稷朝奉大夫、工部侍郎，入內高品張禹勤皇城使，各推恩賜贈有差。癸酉，貶知太原府、資政殿大學士呂惠卿知單州。

十一月戊寅朔，罷御史察諸路。壬午，景靈宮成，告遷祖宗神御。癸未，初行酌獻禮。乙酉，以奉安神御赦天下，官與享大臣子若孫一人。庚寅，紫宸殿宴恃祠官。

十二月丁巳，新樂成。以賢妃周氏爲德妃。辛酉，塞原武決河。丙寅，休日御延和殿，引進對官十人。辛未，西南龍蕃來貢。壬申，遼遣耶律儀等來賀正旦。丙子，錄永樂死事將皇城使寇偉等十三人及東上閤門副使景思誼等九十人，贈賜有差。

六年春正月丁丑朔，御大慶殿受朝，始用新樂。儀鸞司徹幕屋壞，毀玉輅。甲申，白虹貫日。丁亥，朝獻景靈宮。己丑，層檀入貢。庚寅，御宣德門觀燈。癸巳，詔御史六察罷上下半年更易法。乙未，詔修周、漢以來陵廟。乙巳，御崇政殿閱武士。丙午，封楚三閭大夫屈平爲忠潔侯。

二月丁未，夏人數十萬衆攻蘭州，鈐轄王文郁率死士七百餘人擊走之。丙辰，以夏人犯蘭州，貶熙河經略使李憲爲經略安撫都總管，以王文郁爲西上閤門使、知蘭州，副使李浩爲四方館使〔七〕。甲子，詔供備庫使高遵治、西京左藏庫副使張壽各降一官。

三月辛卯，夏人寇蘭州，副總管李浩以衞城有功，復隴州團練使。乙未，休日御延和殿，引進對官八人。丙申，河東將薛義敗夏人于葭蘆西嶺。戊戌，以檢校太尉、上柱國、太原郡開國公王拱辰爲武安軍節度使。麟、府州將郭忠詔〔八〕等敗夏人于乜離抑部，詔行賞有差。己亥，河東將高永翼敗夏人于眞卿流部。

夏四月己酉，朝獻景靈宮。辛亥，遼遣蕭固等來賀同天節。甲子，禮部郎中林希上兩朝寶訓。李浩敗夏人于巴義谿。辛未，雨土。壬申，御邇英閣，蔡卞進講周禮。

五月丙子朔，于闐入貢。甲申，以時暑趣決開封大理獄。庚寅，以旱慮囚。甲午，夏人寇蘭州，右侍禁韋定死之。癸卯，詔賜資州孝子支漸粟帛。是月，夏人寇麟州，知州訾虎敗之。

六月乙巳朔，詔御史臺六察各置御史一員。癸丑，詔御史中丞、兩省官各舉可任言事或監察御史五人。

閏月乙亥朔，夏主秉常請修貢，許之。戊寅，詔陝西、河東毋輒出兵。丙戌，詔內外文武各舉應武舉一人。汴水溢。丙申，太師、守司徒、韓國公富弼薨，謚文忠。

秋七月乙卯，祔孝惠、孝章、淑德、章懷皇后于廟。丙辰，以四后祔廟，降京畿囚罪一等，流以下原之。孫固罷知河陽。以同知樞密院韓縝知樞密院，戶部尙書安燾同知樞密院。戊午，朝獻景靈宮。

八月丙子，賜升祔陪祠官宴于尚書省。己卯，太白晝見。乙酉，遣蔡京等賀遼主生辰、正旦。辛卯，蒲宗孟罷，王安禮爲尚書左丞，吏部尚書李清臣爲尚書右丞。

九月癸卯朔，日有食之。

冬十月癸酉朔，秉常遣使上表，請復修職貢，乞還舊疆。戊子，封孟軻爲鄒國公。癸巳，會稽郡王世清薨。庚子，尚書省成。辛丑，封馬援爲忠顯王。

十一月癸卯，加上仁宗謚曰體天法道極功全德神文聖武睿哲明孝皇帝，英宗曰體乾應曆隆功盛德憲文肅武睿神宣孝皇帝。甲辰，朝獻景靈宮。乙巳，朝享太廟。丙午，祀昊天上帝于圜丘，赦天下。甲寅，文彥博以太師致仕。乙卯，以觀文殿大學士韓絳爲建雄軍節度使。庚申，幸尚書省，官執政五服內未仕者一人，進尚書以下官一等。

七年春正月丙午，封洛州防禦使世準爲安定郡王。癸丑，夏人寇蘭州，李憲等擊走之。甲寅，以賢妃朱氏爲德妃。

二月甲戌，太師文彥博入覲，置酒垂拱殿。癸未，進封濮陽郡王宗暉爲嗣濮王，封宗晟爲高密郡王，宗綽爲建安郡王，宗隱爲安康郡王，宗瑗爲漢東郡王，宗愈爲華原郡王。

三月辛丑，賜文彥博宴于瓊林苑，帝製詩以賜之。庚申，御崇政殿大閱。壬戌，詔賜鬼章寫經紙，還其所獻馬。癸亥，白虹貫日。

夏四月辛未，大食國來貢。乙亥，遼遣蕭浹等來賀同天節。丁丑，賜饒州童子朱天錫五經出身。丙戌，景靈宮天元殿門生芝草六本。壬辰，朝獻景靈宮。癸巳，夏人寇延州安塞堡，將官呂眞敗之。

五月壬子，慮囚，降死罪一等，杖以下釋之。辛酉，白虹貫日。壬戌，以孟軻配食文宣王，封荀況、楊雄、韓愈爲伯，並從祀。詔諸路帥臣、監司等舉大使臣爲將領。

六月丙子，夏人寇德順軍，巡檢王友死之。辛卯，江夏郡王宗惠薨。

秋七月甲辰，伊、洛溢，河決元城。丙午，遣使振恤，賜溺死者家錢。壬子，朝獻景靈宮。甲寅，王安禮罷。

八月庚午，詔王光祖遣人招諭乞弟，許出降免罪補官，是歲乞弟死。辛巳，遣陳睦等賀遼主生辰、正旦。

九月壬寅，西南龍蕃來貢。乙巳，三佛齊來貢。乙丑，夏人圍定西城，熙河將秦貴敗之。

冬十月乙亥，夏人寇熙河。庚辰，饒州童子朱天申對于睿思殿，賜五經出身。辛巳，朝獻景靈宮。戊子，詔分晝交阯界，以六縣二峒賜之。乙未，夏人寇靜邊砦，涇原將彭孫敗之。

十一月丁酉朔，寇淸邊砦，隊將白玉、李貴死之。甲辰，夏國主秉常遣使來貢。乙卯，太白晝見。

十二月戊辰，端明殿學士司馬光上資治通鑑，以光爲資政殿學士，降詔獎諭。庚寅，詔門下、中書外省官同舉言事御史。辛卯，遼遣耶律襄等來賀正旦。

是歲，河東饑，河北水，壞洺州廬舍，蠲其稅。

八年春正月戊戌，帝不豫。甲辰，赦天下。乙巳，命輔臣代禱景靈宮。乙卯，分遣羣臣禱于天地、宗廟、社稷。

二月辛巳，開寶寺貢院火。丁亥，命禮部鎖試別所。癸巳，上疾甚，遷御福寧殿，三省、樞密院入見，請立皇太子及請皇太后權同聽政，許之。

三月甲午朔，立延安郡王傭爲皇太子，賜名煦，皇太后權同處分軍國事。乙未，赦天下，遣官告于天地、宗廟、社稷、諸陵。丁酉，皇太后命吏部尙書曾孝寬爲册立皇太子禮儀使。戊戌，上崩于福寧殿，年三十有八。皇太子卽皇帝位，尊皇太后爲太皇太后，皇后爲皇太后，德妃朱氏爲皇太妃。太皇太后權同處分軍國事。

九月己亥，上大行皇帝謚曰英文烈武聖孝皇帝，廟號神宗。

十月乙酉，葬于永裕陵。

贊曰：帝天性孝友，其入事兩宮，必侍立終日，雖寒暑不變。嘗與岐、嘉二王讀書東宮，侍講王陶講論經史，輒相率拜之，由是中外翕然稱賢。其卽位也，小心謙抑，敬畏輔相；求直言，察民隱，恤孤獨，養耆老，振匱乏；不治宮室，不事遊幸，厲精圖治，將大有爲。未幾，王安石入相。安石爲人，悻悻自信，知祖宗志吞幽薊、靈武，而數敗兵，帝奮然將雪數世之恥，未有所當，遂以偏見曲學起而乘之。青苗、保甲、均輸、市易、水利之法既立，而天下洶洶騷動，慟哭流涕者接踵而至。帝終不覺悟，方斷然廢逐元老，擯斥諫士，行之不疑。卒致祖宗之良法美意，變壞幾盡。自是邪佞日進，人心日離，禍亂日起，惜哉！

校勘記

〔一〕梁大王　原作「梁大玉」，據本書卷四八六夏國傳、長編卷三一七、宋會要兵八之二五改。

〔二〕淸遠軍　原作「通遠軍」，據本書卷四八六夏國傳、長編卷三一八、宋會要兵八之二六改。按高遵裕從這裏進攻靈州，淸遠軍正在靈州之南，而通遠軍離靈州很遠，與戰爭形勢不合。

〔三〕夏州　原作「貢州」，據長編卷三一八、宋會要兵八之二五改。

〔四〕其朝辭物　「其」，原作「者」，據長編卷三二三、宋會要蕃夷六之一六改。

〔五〕葭盧寨　「寨」，原作「塞」，據長編卷三二五、太平治蹟統類卷一五改

〔六〕其黨王安以母老詔特原之　按長編卷三二六載經略司言：「安等已斬，……而安有母年六十二，上特貸之。」據此，當時「詔特原」的是王安母而非王安本人，「王安以母老」當爲「王安母以老」之誤。

〔七〕貶熙河經略使李憲爲經略安撫都總管以王文郁爲西上閤門使知蘭州副使李浩爲四方館使　此文有脫誤。據宋會要職官六六之二二，此時李憲降授宣慶使，經略安撫都總管苗授罰銅三十斤，經略安撫副使知蘭州李浩降授四方館使。長編卷三三三同，并說：「王文郁爲西上閤門使知蘭州，代李浩。」

〔八〕郭忠詔　長編卷三三四、編年綱目卷二一、十朝綱要卷一〇都作「郭忠紹」。

宋史卷十七

本紀第十七

哲宗一

哲宗憲元繼道顯德定功欽文睿武齊聖昭孝皇帝，諱煦，神宗第六子也，母曰欽聖皇后朱氏〔一〕。熙寧九年十二月七日己丑，生于宮中，赤光照室。初名傭，授檢校太尉、天平軍節度使，封均國公。元豐五年，遷開府儀同三司、彰武軍節度使，進封延安郡王。七年三月，神宗宴羣臣于集英殿，王侍立，天表粹温，進止中度，宰相而下再拜賀。八年二月，神宗寢疾，宰相王珪乞早建儲，爲宗廟社稷計，又奏請皇太后權同聽政，神宗首肯。三月甲午朔，皇太后垂簾于福寧殿，諭珪等曰：「皇子性莊重，從學穎悟，自皇帝服藥，手寫佛書，爲帝祈福。」因出以示珪等，所書字極端謹，珪等稱賀，遂奉制立爲皇太子。初，太子宮中常有赤光，至是光益熾如火。

戊戌，神宗崩，太子卽皇帝位。己亥，大赦天下常赦所不原者。羣臣進秩，賜賚諸軍。遣使告哀于遼。白虹貫日。庚子，尊皇太后曰太皇太后，皇后曰皇太后，德妃朱氏曰皇太妃。命宰臣王珪爲山陵使。甲寅，以羣臣固請，始同太皇太后聽政。

己未，賜叔雍王顥、曹王頵贊拜不名。令中外避太皇太后父遵甫名。詔邊事稍重者，樞密院與三省同議以進。庚申，尚書左僕射、郇國公王珪進封岐國公。顥進封揚王，頵爲荆王，並加太保。弟寧國公佶爲遂寧郡王，儀國公佖爲大寧郡王，成國公俁爲咸寧郡王，和國公似爲普寧郡王。高密郡王宗晟、漢東郡王宗瑗、華原郡王宗愈、安康郡王宗隱、建安郡王宗綽並爲開府儀同三司。太師、潞國公文彥博爲司徒，濟陽郡王曹佾爲太保，特進王安石爲司空，餘進秩，賜致仕、服帶、銀帛有差。辛酉，詔顏子、孟子配享孔子廟庭。

夏四月丙寅，初御紫宸殿。辛未，蠲元豐六年以前逋賦。甲戌，加李乾德同中書門下平章事，董氊檢校太尉。詔曰：「先皇帝臨御十有九年，建立政事以澤天下，而有司奉行失當，幾於煩擾，或苟且文具，不能布宣實惠。其申諭中外，協心奉令，以稱先帝惠安元元之意。」

乙亥，詔以太皇太后生日爲坤成節。丁丑，召呂公著侍讀。諭樞密、中書通，議事都堂。詔遵先帝制，遣官察舉諸路監司之法。庚辰，呂惠卿遣兵入西界，破六砦，斬首六百餘級。辛巳，遣使以先帝遺留物遺遼國及告卽位。甲申，水部員外郎王諤非職言事，坐罰金。丙戌，以蕃官高福戰死，錄其子孫。丁亥，復蠲舊年逋賦。

五月丙申，詔百官言朝政闕失。資政殿學士司馬光過闕入見。丁酉，羣臣請以十二月八日爲興龍節〔三〕。壬寅，城熙、蘭、通遠軍，賜李憲、趙濟銀帛有差。甲辰，作受命寶。丙午，京師地震。復置遂州。庚戌，王珪薨。改命蔡確爲山陵使。丙辰，賜禮部奏名進士、諸科及第出身四百六十一人。戊午，以蔡確爲尙書左僕射兼門下侍郎，韓縝爲尙書右僕射兼中書侍郎，章惇知樞密院，司馬光爲門下侍郎。

六月庚午，賜楚州孝子徐積絹米。丁亥，詔：中外臣庶許直言朝政闕失、民間疾苦。

秋七月戊戌，以資政殿大學士呂公著爲尙書左丞。詔府界、三路保甲罷團教。丙午，遼人來吊祭。丙辰，白虹貫日。吏部侍郎熊本奏歸化儂智會異同，坐罰金。罷沅州增修堡砦。

八月乙丑，詔：按察官所至，有才能顯著者以名聞。己巳，鎭江軍節度使韓絳進開府儀同三司。癸酉，遣使賀遼主生辰、正旦。乙亥，以供奉王英戰死葭蘆，錄其子。

九月戊戌，以神宗英文烈武聖孝皇帝之謚告于天地、宗廟、社稷。己亥，上寶册于福寧殿。己酉，遣使報謝于遼。

冬十月甲子，夏國遣使進助山陵馬。癸酉，詔倣唐六典置諫官。丁丑，令侍從各舉諫官二人。詔監察御史兼言事，殿中侍御史兼察事。罷義倉。己卯，詔：均寬民力，有司或致廢格者，監司、御史糾劾之。河決大名。乙酉，葬神宗皇帝于永裕陵。丙戌，罷方田。以夏國主母卒，遣使弔祭。

十一月癸巳，詔按問強盜，欲舉自首者毋減。丁酉，祧翼祖，祔神宗于太廟，廟樂曰大明之舞。辛丑，減兩京、河陽四罪一等，杖已下釋之，民緣山陵役者蠲其賦。己酉，遼遣使賀即位。

十二月壬戌，于闐進獅子，詔卻之。開經筵，講魯論，讀三朝寶訓。罷太學保任同罪法。丙寅，夏人以其母遺留物、馬、白駝來獻。辛未，左僕射蔡確、右僕射韓縝並遷秩加食邑，揚王顥、荆王頵並爲太傅。壬申，章惇、司馬光等進秩有差。甲戌，罷後苑西作院。乙亥，詔執政、侍臣講讀。戊寅，罷增置鑄錢監十有四。乙酉，遼遣蕭睦等來賀正旦。

是歲，日有五色雲者六。高麗、大食入貢。

元祐元年春正月庚寅朔，改元。丙午，錄在京四，減死罪以下一等，杖罪者釋之。丁未，詔回賜高麗王鞍馬、服帶、器幣有加。罷陝西、河東元豐四年後凡緣軍興添置官局。丙辰，久旱，幸相國寺祈雨。立神宗原廟。戊午，甘露降。

二月辛酉，以河決大名壞民田，民艱食者衆，詔安撫使韓絳振之。乙丑，修神宗實錄。丁卯，詔左右侍從各舉堪任監司者二人，舉非其人有罰。庚午，禁邊民與夏人爲市。辛未，董氈卒，以其子阿里骨襲河西軍節度使、邈川首領。庚辰，夏人入貢。辛巳，刑部侍郎蹇周輔坐變鹽法落職。

閏月庚寅，蔡確罷。以司馬光爲尚書左僕射、門下侍郎。詔韓維、呂大防、孫永、范純仁詳定役法。壬辰，以呂公著爲門下侍郎。丙午，守尚書右丞李淸臣爲尚書左丞，試吏部尚書呂大防爲尚書右丞。白虹貫日。丁未，羣臣上太皇太后宮名曰崇慶，殿曰崇慶壽康；皇太后宮曰隆祐，殿曰隆祐慈徽。庚戌，賜于闐國王服帶、器幣。辛亥，章惇罷。甲寅，詔侍從、御史、國子司業各舉經明行修可爲學官者二人。乙卯，以吏部尚書范純仁同知樞密院事。丙辰，掩京城暴骸。罷諸州常平管勾官。

三月辛未，詔毋以堂差衝在選已注官。置訴理所，許熙寧以來得罪者自言。命太學公試，司業、博士主之，如春秋補試法。癸酉，置開封府界提點刑獄一員。乙亥，罷熙河蘭會路經制財用司。己卯，復廣濟河輦運。辛巳，詔民間疾苦當議寬恤者監司具聞。以程頤爲崇政殿說書。乙酉，許職事官帶職。

夏四月己丑，韓縝罷。辛卯，詔諸路旱傷蠲其租。壬辰，以旱慮囚。癸巳，王安石薨。辛丑，詔執政大臣各舉可充館閣者三人。壬寅，以呂公著爲尙書右僕射兼中書侍郎，文彥博平章軍國重事。乙巳，詔戶部裁冗費，著爲令。李憲等以用兵失利爲劉摯所劾，貶秩奉祠。辛亥，揚王顥、荆王頵並特授太尉。詔：遇科舉，令升朝官各舉經明行修之士一人，俟登第日與升甲。罷謁禁之制。知誠州周士隆撫納溪洞民一千三百餘戶，賜士隆銀帛。癸丑，定六曹郎官員數。

五月丁巳朔，以資政殿大學士韓維爲門下侍郎。罷諸路重祿，復熙寧前舊制。庚申，夏人來賀卽位。壬戌，詔侍從、臺官、監司各舉縣令一人。戊辰，命程頤同修立國子監條制。己巳，幸揚王、荆王第，官其子九人。癸酉，復左右天廐坊。壬午，詔文彥博班宰相之上。

六月甲辰，置春秋博士。呂惠卿落職，分司南京，蘇州居住。戊申，以富弼配享神宗廟庭。庚戌，太白晝見。甲寅，詔正風俗，修紀綱，勿理隱疵細故。復置通利軍。程頤上疏論輔養君德。

秋七月丁巳，置檢法官。辛酉，設十科舉士法。劉恕同修資治通鑑，未沾恩而卒，詔官其子。乙丑，夏國主秉常卒。庚午，夏國遣使賀坤成節。

八月辛卯，詔常平依舊法，罷青苗錢。壬辰，封弟偲爲祁國公。甲午，占城國遣使入貢。壬子，日傍有五色雲。磁州穀異龔同穗。

九月丙辰朔，司馬光薨。己未，朝獻景靈宮。辛酉，大享明堂，以神宗配，赦天下。丁卯，試中書舍人蘇軾爲翰林學士、知制誥。己卯，張璪罷。

冬十月丙戌，改衍聖公爲奉聖公。庚寅，太白晝見。壬辰，夏人來告哀。庚子，遣使吊祭。

十一月戊午，以尚書左丞呂大防爲中書侍郎，御史中丞劉摯爲尙書右丞。乙亥，于闐國遣使入貢。庚辰，蠲鹽井官溪錢。

十二月庚寅，詔：將來服除，依元豐三年故事，羣臣勿上尊號。戊戌，華州鄭縣小敷谷山崩。戊申，詔以冬温無雪，決繫囚。

是歲，河北、楚海諸州水。

二年春正月乙丑，封秉常子乾順爲夏國主。戊辰，詔：舉人程試，主司毋得於老、莊、列子書命題。辛巳，詔蘇轍、劉攽編次神宗御製。白虹貫日。

二月丁亥，遣左司諫朱光庭使河北，振民被災者。詔施、黔、戎、瀘等州保甲監司免歲閱。丁酉，加賜于闐國金帶、錦袍、器幣。己亥，命吏部選人改官歲以百人爲額。辛丑，詔陝西、河東行策應牽制法。是月，代州地震。

三月壬戌，太皇太后手詔，止就崇政殿受册。戊辰，詔中外侍從歲舉郡守各一人〔三〕。令御史臺察民俗奢僭者。夏人遣使入謝。癸酉，奉安神宗神御于景靈宮宣光殿。庚辰，詔內侍省供奉官以下百人爲額。

夏四月丙戌，交阯入貢。丁亥，鬼章子結呧齪寇洮東。戊子，慮囚。己丑，詔太師文彥博十日一議事都堂。辛卯，詔：冬夏旱暵，海內被災者廣，避殿減膳，責躬思過，以圖消復。丁酉，以四方牒訴上尚書者，或寃抑不得直，令御史分察之。己亥，太皇太后以旱權罷受册禮。癸卯，雨。乙丑，以徐州布衣陳師道爲亳州司戶參軍。丁未，復制科。戊申，御殿復膳。李清臣罷。

五月癸丑，夏人圍南川砦。丁卯，以劉摯爲尚書左丞，兵部尚書王存爲尚書右丞。壬申，于闐入貢。丁丑，詔：御史官闕，御史中丞〔四〕、翰林學士、兩省諫議大夫以上雜舉。

六月辛丑，以安燾知樞密院事。壬寅，有星如瓜出文昌。丙午，邈川首領結藥來降，授三班奉職。

秋七月辛亥，詔戶部修會計錄。韓絳以司空致仕。夏人寇鎮戎軍。詔府界、三路教閱保甲。復課利場務虧額科罰。丙辰，罷諸州數外歲貢。戊午，以遼蕭德崇等賀坤成節，曲宴垂拱殿，始用樂。庚申，進封李乾德爲南平王。辛酉，改誠州爲渠陽軍。辛未，韓維罷。

八月辛巳，程頤罷經筵，權同管勾西京國子監。癸未，以西蕃寇洮、河，民被害者給錢粟，死者賜帛其家。詔復進納人改官舊法。乙酉，命呂大防爲西京安奉神宗御容禮儀使。庚寅，西南蕃遣人入貢。癸巳，以夏國政亂主幼，強臣乙逋等擅權逆命，詔諸路帥臣嚴兵備之。庚子，授西蕃首領心牟欽氊銀州團練使，温溪心瓜州團練使。辛丑，涇原言夏人寇三川諸砦，官軍敗之。丁未，岷州行營將种誼復洮州，執蕃酋鬼章青宜結。

九月乙卯，發太皇太后册寶于大慶殿。丙辰，發皇太后、皇太妃册寶于文德殿。己未，夏人寇鎭戎軍。丁卯，禁私造金箔。

冬十月壬午，奉安神宗御容于會聖宮及應天院。癸未，日有五色雲。戊子，恭謝景靈宮。辛卯，減西京囚罪一等，杖已下釋之。己亥，西南龍、張蕃遣人入貢。庚子，論復洮州功，种誼等遷秩，賜銀絹有差。

十一月丙辰，復置漣水軍。庚申，獻鬼章于崇政殿，以罪當死，聽招其子及部屬歸以自贖。乙亥，大雪甚，民凍多死，詔加振恤，死無親屬者官瘞之。罷內殿承制試換文資格。丙子，決四。

十二月乙酉，賜諸軍及貧民錢。丙戌，興龍節，初上壽于紫宸殿。己丑，大寒，罷集英殿宴。壬辰，兀征聲延部族老幼萬人渡河南，遣使稟食之，仍諭聲延勿失河北地。乙未，白虹貫日。壬寅，頒元祐敕令式。

是冬，始閉汴口。

三年春正月己酉朔，不受朝。庚戌，復廣惠倉。己未，朝獻景靈宮。庚申，雪寒，發京西穀五十餘萬石，損其直以紓民。辛酉，詔廣南西路朱崖軍開示恩信，許生黎悔過自新。壬戌，罷上元遊幸。壬申，阿里骨奉表詣闕謝罪，令邊將無出兵，仍罷招納。甲戌，決囚。

二月甲申，罷修金明池橋殿。乙酉，德音：「減囚罪一等，徒以下釋之，工役權放一年，流民饑貧量與應副。」丙戌，詔河東苦寒，量度存恤戍兵。癸巳，罷春宴。乙未，白虹貫日。辛丑，太白晝見。乙巳，廣東兵馬監童政坐擅殺無辜伏誅。

三月丙辰，韓絳薨。丁巳，御集英殿策進士。戊午，策武舉。己巳，賜禮部奏名進士、諸科及第出身一千一百二十二人。乙亥，夏人寇德靖砦〔五〕，將官張誠等敗之。

夏四月戊寅，令諸路郡邑具役法利害以聞。辛巳，以呂公著爲司空、同平章軍國事，呂大防爲尚書左僕射兼門下侍郎，范純仁爲尚書右僕射兼中書侍郎。壬午，以觀文殿學士孫固爲門下侍郎，劉摯爲中書侍郎，王存爲尙書左丞，御史中丞胡宗愈爲尙書右丞，戶部侍郎趙瞻簽書樞密院事。癸巳，詔定職事官歲舉升陟人數。丁酉，阿里骨來貢。庚子，詔天下郡城以地里置壯城兵額，禁勿他役。

五月癸亥，漢東郡王宗瑗薨。

六月癸未，詔：司諫、正言、殿中、監察御史，倣故事以升朝官通判資序歷一年者爲之。辛丑，夏人寇塞門砦。甲辰，五色雲見。

秋七月戊申，荆王頵薨。戊辰夜，東北方明如晝，俄成赤氣，中有白氣經天。辛未，太白晝見。癸酉，忠州言臨江塗井鎭雨黑黍。

八月戊寅，阿里骨入貢。己卯，進封揚王顥爲徐王。辛巳，復置荆門軍。丙戌，罷吏試斷刑法。丁酉，渠陽蠻入寇。辛丑，降繫囚罪一等，杖以下釋之。

九月庚申，禁宗室聯姻內臣家。乙丑，阿里骨復遷職，加封邑。詔觀察使以上給永業田。丁卯，御集英殿策賢良方正能直言極諫科。

十月丙戌，詔罷新創諸堡砦，廢渠陽軍。戊戌，復南、北宣徽院。

十一月甲辰，遣吏部侍郎范百祿等行河。丁卯，大食麻囉拔國入貢。詔歲以十月給巡城兵衣裘。

十二月丁酉，渝州獠人寇小溪〔六〕。壬寅，白虹貫日。

閏月癸卯朔，頒元祐式。甲辰，范鎮定鑄律、度量、鍾磬等以進，令禮部、太常參定。戊申，減宰執賜予。庚申，置六曹尙書權官。丙寅，詔吏部詳定六曹重複利害以聞。

是歲，三佛齊、于闐、西南蕃入貢。天下上戶部：主戶二百一十三萬四千七百三十三，丁二千八百五十三萬三千九百三十四；客戶六百一十五萬四千六百五十二，丁三百六十二萬九千八十三。斷大辟二千九百一十五人。

四年春正月壬申朔，不受朝，羣臣及遼使詣東上閤門、內東門拜表賀。丙子，宴遼使于紫宸殿。甲申，以夏人通好，詔邊將毋生事。

二月甲辰，呂公著薨。庚戌，白虹貫日。乙卯，夏人來謝封册。

三月己卯，作渾天儀。胡宗愈罷。丁亥，以不雨罷春宴。己丑，詔自今大禮毋上尊號。辛卯，晝有流星出東方。癸巳，錄囚。乙未，罷幸瓊林苑、金明池。

夏四月乙巳，呂大防等以久旱求罷，不允。丁未，曹佾薨。戊申，罷大禮使及奏告執政加賜。戊午，立試進士四場法。壬戌，弛在京牧地與民。

五月癸酉，詔自今侍讀以三人爲額。中丞李常、侍御史盛陶坐不論蔡確，改官。辛巳，貶觀文殿學士蔡確爲光祿卿。丁亥，復貶確爲英州別駕，安置新州。丁酉，于闐國來貢。

六月甲辰，范純仁、王存罷。丙午，以趙瞻同知樞密院事，戶部尙書韓忠彥爲尙書左丞，翰林學士許將爲尙書右丞。丁未，夏國來貢。癸丑，邈黎國般次冷移、四林栗迷等齎于闐國黑汗王及其國蕃王表章來貢。

秋七月丙子，詔復外都水使者。丁丑，遼國使蕭寅等來賀坤成節，曲宴垂拱殿。庚辰，安燾以母憂去位。

八月壬寅，敕郡守貳以「四善三最」課縣令，吏部歲上監司考察知州狀。辛酉，太皇太后詔：今後明堂大禮，毋令百官拜表稱賀。

九月戊寅，致齋垂拱殿。己卯，朝獻景靈宮。辛巳，大饗明堂，赦天下，百官加恩，賜賚士庶高年九十以上者。乙酉，加賜韓縝、范純仁器幣有差。乙未，檢舉先朝文武七條，戒諭百官遵守。

冬十月辛丑，西南程蕃入貢。丁未，龍蕃入貢。戊申，翰林學士蘇轍上神宗御集，藏寶文閣。癸丑，御邇英殿，講官進講三朝寶訓。

十一月庚午，敕朝請大夫以下進士爲左，餘爲右。溪洞彭儒武等進溪洞布。癸未，以孫固知樞密院事，劉摯爲門下侍郎，吏部尙書傅堯俞爲中書侍郎。乙酉，有星色赤黃，尾跡燭地。己丑，太皇太后卻元日賀禮，令百官拜表。庚寅，章惇〔七〕買田不法，降官。辛卯，改發運、轉運、提刑預妓樂宴會徒二年法。

十二月庚子，遼使耶律常〔八〕等賀興龍節，曲宴垂拱殿。癸丑，更定朝儀二舞曰威加四海、化成天下。甲寅，減鄜延等路戍兵歸營。戊午，以御史闕，令中丞、兩省各舉二人。

是歲，夏國、邈黎、大食麻囉拔國入貢。

五年春正月丁卯朔，御大慶殿視朝。丁丑，朝獻景靈宮。

二月丁酉，罷諸州軍通判奏舉改官。己亥，夏人歸永樂所掠吏士百四十九人。庚子，加溪洞人田忠進等九十二人檢校官有差。辛丑，以旱罷修黃河。癸卯，禱雨嶽瀆，罷浚京城壕。丁未，減天下四罪，杖以下釋之。庚戌，文彥博以太師充護國軍、山南西道節度等使致仕，令所司備禮册命。壬子，彥博乞免册禮，從之。甲子，宴餞文彥博于玉津園。

三月丙寅朔，趙瞻薨。丁卯，詔賜故孫覺家緡錢，令給喪事。壬申，以韓忠彥同知樞密院事，翰林學士承旨蘇頌爲尙書左丞。癸未，罷春宴。壬辰，罷幸金明池、瓊林苑。

夏四月癸卯，詔鄭穆、王巖叟等同舉監察御史二員。甲辰，呂大防等以旱求退，不允。丙午，孫固薨。癸丑，詔講讀官御經筵退，留二員奏對邇英閣。丁巳，詔以旱避殿減膳，罷五月朔日文德殿視朝。辛酉，以保寧軍節度使馮京爲檢校司空。五月壬申，詔差役法有未備者，令王巖叟等具利害以聞。乙亥，雨。己卯，御殿復膳。六月辛丑，錄囚。癸亥，晝有五色雲。七月壬申，涇原路經略司言：諸人違制典買蕃部田土，許以免罪，自二頃五十畝以下，責其出刺弓箭手及買馬備邊用各有差。乙酉，夏人來議分畫疆界。九月丁丑，詔復置集賢院學士。冬十月癸巳，罷提舉修河司。丁酉，詔定州韓琦祠載祀典。十二月辛卯朔，許將罷。安康郡王宗隱薨。丙辰，禁軍大閱，賜以銀楪、匹帛，罷轉資。是歲，東北旱，浙西水災。賜宗室子授官者四十四人。斷大辟四千二百六十有一。高麗、于闐、龍蕃、三佛齊、阿里骨入貢。

六年春正月辛酉朔，不受朝，羣臣及遼使詣東上閤門、內東門拜表賀。癸酉，詔祠祭、游幸毋用羔。

二月辛卯，以劉摯爲尚書右僕射兼中書侍郎，龍圖閣待制王巖叟簽書樞密院事。癸巳，以蘇轍爲尚書右丞，宗室士俔追封魏國公。庚子，拂箖國來貢。丁丑，授阿里骨男溪邦彪籛爲化外庭州團練使。

三月癸亥，呂大防上神宗實錄。己巳，御集英殿策進士。庚午，策武舉。癸酉，詔：御史中丞舉殿中侍御史二人，翰林學士至諫議大夫同舉監察御史二人。丙子，呂大防特授右正議大夫。壬午，賜禮部奏名進士、諸科及第出身九百五十七人。丁亥，罷幸金明池、瓊林苑。

夏四月乙未，復置通禮科。丙申，詔恤刑。辛丑，詔：「大臣堂除差遣，非行能卓異者不可輕授；仍搜訪遺材，以備擢任。」夏人寇熙河蘭岷、鄜延路。壬寅，太白晝見。壬子，賜南平王李乾德袍帶、金帛、鞍馬。

五月己未朔，日有食之，罷文德殿視朝。庚辰，詔：「娶宗室女得官者，毋過朝請大夫、皇城使〔九〕。」丁亥，後省上元祐敕令格。

六月壬辰，錄囚。甲辰，置國史院修撰官。乙卯，詔以田思利爲銀青光祿大夫，充溪洞都巡檢。

秋七月癸亥，復張方平宣徽南院使致仕。乙丑，復制置解鹽使。己卯，振兩浙水災。

八月己丑，三省進納后六禮儀制。辛卯，詔御史臺：臣僚親亡十年不葬，許依條彈奏及令吏部檢察。己亥，改宗正屬籍曰宗藩慶系錄。令文武臣出入京城門書職位、差遣、姓名及所往。己酉，修神宗寶訓。癸丑，詔：「鄜延路都監李儀等以違旨夜出兵入界，與夏人戰死，不贈官，餘官降等。」乙卯，夏人寇懷遠砦。

閏月壬戌，嚴飭陝西、河東諸路邊備。甲子，太白晝見。庚午，詔御史中丞舉殿中侍御史二人，翰林學士、中書舍人、給事中舉監察御史四人。壬申，太子太保致事張方平辭免宣徽使，不允。甲申，刑部侍郎彭汝礪與執政爭獄事，自乞貶逐，詔改禮部侍郎。

九月丁亥，夏人寇麟、府二州。壬辰，詔：州民爲寇所掠，廬舍焚蕩者給錢帛，踐稼者振之，失牛者官貸市之。癸巳，御集英殿策賢良方正能直言極諫科。丁酉，御試方正王普等遷官有差。歲出內庫緡錢五十萬以備邊費。甲辰，幸上清儲祥宮。壬子，宮成，減天下四罪一等，徒以下釋之。癸丑，以執政官行謁禁法非便，詔有利害陳述勿禁。

冬十月丁卯，有流星晝出東北。庚午，朝獻景靈宮，還幸國子監，賜祭酒豐稷三品服，監學官賜帛有差。庚辰，令諸宮院建小學。貴妃苗氏薨。癸未，編修神宗御製官轉秩加賞。詔京西提刑司歲給錢物二十萬緡以奉陵寢。

十一月乙酉朔，劉摯罷。壬辰，作元祐觀天曆。尙書右丞蘇轍罷知絳州〔10〕。辛丑，傅堯俞薨。

十二月戊辰，開封府火。壬申，范純仁以前禦敵失策降官。

是歲，兩浙水，定州野蠶成繭。高麗、交阯、三佛齊入貢。

七年春正月甲辰，以遼使耶律迪卒，輟朝一日。乙巳，張誠一以穿父墓取犀帶，責授左武衞將軍，提舉亳州明道宮。

二月丁卯，詔陝西、河東邊要進築守禦城砦。

三月己亥，錄囚。

夏四月己未，立皇后孟氏。甲子，命呂大防爲皇后六禮使。甲戌，立考察縣令課績法。

五月戊戌，御文德殿册皇后。庚子，罷侍從官轉對。丙午，王巖叟罷知鄭州。大食進火浣布。

六月辛酉，以呂大防爲右光祿大夫，蘇頌爲尙書右僕射兼中書侍郎，韓忠彥知樞密院事，蘇轍爲門下侍郎，翰林學士范百祿爲中書侍郎，翰林學士梁燾爲尙書左丞，御史中丞鄭雍爲尙書右丞，戶部尙書劉奉世簽書樞密院事。甲子，置廣文館解額。戊辰，渾天儀象成。甲戌，日旁五色雲見。

七月癸巳，詔修神宗史。復翰林侍講學士。己酉，詔諸路安撫鈐轄司及西京、南京各賜資治通鑑一部。庚戌，宗室緦麻以上者禁析居。

八月丙辰，罷監酒稅務增剩給賞法。己未，詔西邊諸將嚴備，毋輕出兵。乙亥，戒邊將毋掊克軍士。前陷交阯將吏蘇佐等十七人自拔來歸。

九月戊戌，詔：「冬至日南郊宜依故事設皇地祇位〔二〕，禮畢，別議方澤之儀以聞。」己酉，永興軍、蘭州、鎮戎軍地震。

冬十月庚戌朔，環州地震。丁巳，陝西有前代帝王陵廟處，給民五家充守陵戶。丁卯，夏人寇環州。

十一月辛巳，太白晝見。甲申，詔太中大夫以上許占永業田。丙戌，于闐入貢。庚寅，帝齋大慶殿。辛卯，朝獻景靈宮。壬辰，饗太廟。癸巳，祀天地于圜丘，赦天下，羣臣中外加恩。罷南京榷酒。民罹親喪者戶以差等與免徭。辛丑，賜徐王劍履上殿。

十二月辛亥，阿里骨、李乾德加食邑實封。甲子，罷飲福宴。庚午，祈雪。

是歲，兗州僊源縣生瑞穀。高麗、占城、西南蕃龍氏羅氏入貢。

八年春正月己卯朔，不受朝。甲申，蔡確卒。丁亥，御邇英閣，召宰臣讀寶訓。庚寅，詔復范純仁太中大夫。壬辰，幸太乙宮。庚子，詔頒高麗所獻黃帝鍼經于天下。

二月己酉，詔西南蕃龍氏遷秩補官。辛亥，禮部尙書蘇軾言：「高麗使乞買歷代史及策外學。

府元龜等書，宜卻其請不許。」省臣許之，軾又疏陳五害，極論其不可。有旨：「書籍曾經買者聽。」壬子，詔刑部不得分禁繫人數，瘐死數多者申尚書省。癸丑，詔大寧郡王以下出就外學。

三月甲申，蘇頌罷。辛卯，范百祿罷。庚子，詔御試舉人復試賦、詩、論三題。

夏四月丁未朔，夏人來謝罪，願以蘭州易塞門砦，不許。癸丑，詔恤刑。甲寅，令范祖禹依先朝故事止兼侍講。丁巳，詔南郊合祭天地，罷禮部集官詳議。

五月癸未，置蘄州羅田縣。丁亥，罷二廣鑄折二錢。己丑，錄囚。辛卯，監察御史董敦逸、黃慶基以論蘇軾、蘇轍，罷爲湖北、福建轉運判官。己亥，祁國公偲爲開府儀同三司。

六月戊午，梁燾罷。壬戌，中書後省〔三〕上元祐在京通用條貫。

秋七月丙子朔，以觀文殿大學士范純仁爲尚書右僕射兼中書侍郎。戊寅，令陝西沿邊鐵錢銅錢悉還近地。

八月丁未，久雨，禱山川。辛酉，以太皇太后疾，帝不視事。壬戌，遣使按視京東西、河南北、淮南水災。癸亥，減京師囚罪一等，徒以下釋之。丁卯，禱于嶽瀆、宮觀、祠廟。戊辰，赦天下。庚午，詔陝西復鑄小銅錢。辛未，禱于天地、宗廟、社稷。乙亥，禱于諸陵。

九月戊寅，太皇太后崩。己卯，詔以太皇太后園陵爲山陵。庚辰，遣使告哀于遼。甲申，命呂大防爲山陵使。壬辰，詔山陵修奉從約，諸道毋妄有進助。

冬十月戊申，羣臣七上表請聽政。戊辰，徐王顥乞解官給喪，詔不允。庚午，復內侍劉瑗等六人。

十一月丙子，始御垂拱殿。乙未，以雪寒振京城民饑。壬寅，賜勞修奉山陵兵士。

十二月乙巳，范純仁乞罷，不允。甲寅，倣唐六典修官制。丁巳，遼人遣使來吊祭。出錢粟十萬振流民。己巳，上太皇太后謚曰宣仁聖烈皇后。

是歲，河入德淸軍，決內黃口。

校勘記

〔一〕欽聖皇后朱氏　「聖」，當爲「成」字之誤。「欽聖」乃向皇后之謚，哲宗生母朱氏謚爲「欽成」，見本書卷二四三本傳、宋會要后妃一之四。

〔二〕以十二月八日爲興龍節　「八」，原作「七」，據本書卷一一二禮志、宋會要禮五七之一八改。禮志說：「哲宗本七日生，以避僖祖忌，故後一日。」

〔三〕詔中外侍從歲舉郡守各一人　「守」字原脫，據本書卷一六〇選舉志、長編卷三九六所載呂陶奏文補。

〔四〕御史中丞　原作「中丞御史」，據長編卷四〇一改。

〔五〕德靖砦　原作「德靜砦」，據本書卷八七地理志、卷四八六夏國傳、長編卷四〇九改。

〔六〕渝州獠人寇小溪　「獠」，原作「獵」，據長編卷四一八改。

〔七〕章惇　原作「張惇」，據本書卷四七一本傳、長編卷四三五改。

〔八〕耶律常　「常」字原脫，據長編卷四三六補。

〔九〕毋過朝請大夫皇城使　「請」，原作「散」，據長編卷四五八、十朝綱要卷一三改。

〔一〇〕尙書右丞蘇轍罷知絳州　此句有誤。按本書卷二一二宰輔表蘇轍於紹聖元年以尙書右丞罷知汝州，無罷知絳州事。長編卷四六八說：「監察御史安鼎知絳州，……鼎劾蘇轍不當故出。」這時罷知絳州的是安鼎而不是蘇轍。

〔一一〕設皇地祇位　「位」字原脫，據長編卷四七七、通考卷七一補。

〔一二〕中書後省　「後」下原有「從」字。按元豐官制，門下、中書各增建「後省」，沒有「後從省」，「從」字衍，今删。

宋史卷十八

本紀第十八

哲宗二

紹聖元年春正月癸酉朔，羣臣詣西上閤門進名奉慰。丙申，夏人來貢。辛丑，遣中書舍人呂希純等行河。罷河東大銅錢〔一〕。

二月丁未，以戶部尚書李清臣爲中書侍郎，兵部尚書鄧潤甫爲尚書右丞。己酉，葬宣仁聖烈皇后于永厚陵。己未，祔神主于太廟。癸亥，減兩京、河陽、鄭州四罪一等，民緣山陵役者蠲其賦。甲子，詔依章獻明肅皇后故事，罷避高遵惠諱〔二〕。

三月壬申朔，日有食之。乙亥，呂大防罷。庚辰，詔大學合格上舍生推恩免省試，附科場春榜。乙酉，御集英殿策進士。丁亥，策武舉。戊子，以徐王顥爲太師，徙封冀王。癸巳，詔振京東、河北流民，貸以穀麥種，諭使還業，蠲是年租稅。丁酉，賜禮部奏名進士、諸科及第出身九百七十五人。蘇轍罷。

夏四月乙巳朔，阿里骨進獅子。丙午，以旱詔恤刑。己酉，詔中外決獄。庚戌，詔有司具醫藥治京師民疾。壬子，蘇軾坐前掌制命語涉譏訕，落職知英州。癸丑，改元。白虹貫日。甲寅，以王安石配饗神宗廟庭。蔡確追復右正議大夫。戊午，復新城兩廂。庚申，減四京四罪一等，杖以下釋之。壬戌，以資政殿學士章惇爲尚書左僕射兼門下侍郎。范純仁罷。丙寅，罷五路經、律、通禮科。丁卯，詔諸路復元豐免役法。戊辰，同修國史蔡卞請重修神宗實錄。

閏月壬申，復提舉常平官。癸酉，罷十科舉士法。甲申，以觀文殿學士安燾爲門下侍郎。丙戌，復義倉。丁亥，詔神宗隨龍人趙世長等遷秩賜賚有差。戊子，詔在京諸司，所受傳宣中批，並候朝廷覆奏以行。乙未，西南張蕃遣人入貢。丙申，命左僕射章惇提舉修神宗國史。丁酉，詔添差徐州兵馬都監。

五月壬寅，罷修官制局。甲辰，罷進士習試詩賦，令專一經，立宏詞科。己酉，修國史曾布請以王安石日錄載之神宗實錄。太白晝見。辛亥，劉奉世罷。癸丑，詔中外學官，非制科、進士、上舍生入官者並罷。編類元祐群臣章疏及更改事條。甲寅，右正言張商英言先帝謂天地合祭非古，詔禮部、太常詳議以聞。乙丑，鄧潤甫卒。丁卯，嗣濮王宗暉薨。

六月甲戌，來之邵等疏蘇軾詆斥先朝，詔謫惠州。丙子，罷制置解鹽使〔三〕。壬午，封高密郡王宗晟爲嗣濮王。癸未，以翰林學士承旨曾布同知樞密院事。甲申，除進士引用王安石字說之禁。

秋七月丁巳，以御史黃履周秩、諫官張商英言，奪司馬光、呂公著贈謚，王巖叟贈官；貶呂大防爲秘書監，劉摯爲光祿卿，蘇轍爲少府監，並分司南京；梁燾提舉舒州靈仙觀。戊午，詔：「大臣朋黨，司馬光以下各輕重議罰，布告天下。餘悉不問，議者亦勿復言。」

八月丙戌，召輔臣觀稼後苑。日有五色雲。壬辰，應制科趙天啓以累上書狂妄黜。

九月癸卯，遣御史劉拯按河北水災，振饑民。丙午，御集英殿，策賢良方正能直言極諫科。庚戌，罷制科。罷廣惠倉。癸丑，令監司歲察守臣課績優者以聞。甲寅，知廣州唐義問坐棄渠陽砦，責授舒州團練副使。庚申，太白晝見。丁卯，詔京東西、河北振恤流民。戊辰，流星出紫微垣。

冬十月丙申，三佛齊遣使入貢。丁酉，河北流斷絕〔四〕。

十一月己亥朔，復八路差官法。壬子，以冬溫無雪，決繫囚。蔡確特追復觀文殿大學士。甲寅，開封男子呂安斥乘輿當斬，貸之。丁巳，詔河北振饑，諸路恤流亡，官吏有善狀才能顯著者以聞。

十二月辛未，申嚴銅錢出外界法。庚辰，命諸路祈雪。丙戌，滑州浮橋火。己丑，漳河決溢，浸洺、磁等州，令計置堙塞。甲午，范祖禹、趙彥若、黃庭堅坐史事責授散官，永、澧〔五〕、黔州安置。

是歲，京師疫，洛水溢，太原地震，河北水，發京東粟振之。

二年春正月甲辰，詔國史院增補先帝御集。丙午，立宏詞科。己未，遷奉太平興國寺三朝御容于天章閣。乙丑，殿前司奏獄空，詔賜緡錢。

二月乙亥，呂大防以監修史事貶秩，分司南京，安州居住。辛巳，出內庫錢帛二十萬助河北振饑。甲午，罷廣文館解額。

三月己亥，宗晟薨。己未，試宏詞黃符等五人各循一資。

夏四月戊辰，詔職事官罷帶職，朝請大夫以下勿分左右，易集賢院學士爲集賢殿修撰，直集賢院爲直秘閣，集賢校理爲秘閣校理。壬申，封華容郡王宗愈爲嗣濮王。詔許將等七人，不限資格，各舉才行堪備任使者二人。丁亥，詔依元豐條置律學博士二員。

五月乙巳，命蔡卞詳定國子監三學及外州州學制。乙卯，上皇太妃宮名曰聖瑞。

六月壬辰，禁京城士人輿轎。

秋七月丙辰，詔大理寺復置右治獄，仍依元豐例添置官屬。

八月壬申，命彰信軍節度使宗景爲開府儀同三司，封濟陰郡王。甲申，宗愈薨。乙酉，錄趙普後希莊爲閤門祗候。

九月甲午，以安定郡王宗綽爲嗣濮王。壬寅，告遷神宗神御于景靈宮顯承殿。癸卯，詣景靈宮行奉安禮。戊申，加上神宗謚曰紹天法古運德建功英文烈武欽仁聖孝皇帝。己酉，朝獻景靈宮。庚戌，朝饗太廟。辛亥，大饗明堂，赦天下。

冬十月甲子，鄭雍罷。癸酉，告遷宣仁聖烈皇后神御于景靈宮徽音殿。甲戌，詣宮行奉安禮。以吏部尚書許將爲尚書左丞，翰林學士蔡卞爲尚書右丞。辛巳，進封冀王顥爲楚王。辛卯，河南府地震。

十一月乙未，安燾罷知河南府。丙申，太白晝見。戊戌，范鍔自轉運使入對，言有捕盜功，乞賜章服。帝曰：「捕盜常職也，何足言功。」黜知壽州。甲寅，梁惟簡除名，全州安置。丙辰，贈蔡確爲太師，賜謚忠懷。

十二月乙丑，復置監察御史三人，分領六察，不言事。令翰林學士蔡京、御史中丞黃履各舉御史二人。壬申，白虹貫日。戊子，詔如元豐例孟月朝獻景靈宮。

是歲，蘇州夏秋地震。桂陽監慶雲見。出宮女九十一人。交阯、三佛齊、韋蕃、阿里骨入貢。

三年春正月庚子，韓忠彥罷知眞定府。甲辰，酌獻景靈宮，遍詣諸殿如元豐禮。庚戌，引見蕃官包順、包誠等，賜賚有差。詔：鞫獄非本章所指而蔓求他罪者論如律。乙卯，詔戶部尚書勿領右曹。戊午，詔罷合祭，間因大禮之歲，夏至日躬祭地祇於北郊。

二月癸亥，出元豐庫緡錢四百萬于陝西、河東糴邊儲。辛未，復元豐恤孤幼令。癸酉，罷富弼配饗神宗廟庭。癸未，詔封濮王子未王者三人：宗楚爲南陽郡王，宗祐爲景城郡王，並開府儀同三司；宗漢爲東陽郡王。乙酉，宗綽薨。丙戌，詔三歲一取旨，遣郎官、御史按察監司職事。丁亥，夏人寇義合砦。

三月壬辰，以禁中屢火，罷春宴及幸池苑，不御垂拱殿三日。癸巳，夏人圍塞門砦。丁酉，尙書省火。戊午，劍南東川地震。己亥，封宗楚爲嗣濮王。辛亥，封大寧郡王佖爲申王，遂寧郡王佶爲端王。丁巳，幸申王、端王府。

夏四月辛酉，罷宣徽使。丙子，詔：自今景靈宮四孟朝獻，分爲二日。

五月壬子，太白晝見。丙辰，錄囚。

六月癸亥，令眞定立趙普廟。乙酉，立北郊齋宮於瑞聖園。

秋七月庚戌，依元豐職事官以行、守、試三等定祿秩。罷元祐所增聚議錢。甲寅，令熙河立王韶廟。

八月辛酉，夏人寇寧順砦。壬戌，日上有五色暈，下有五色氣。己卯，復置檢法官。庚辰，以范祖禹、劉安世在元祐中構造誣謗，祖禹責授昭州別駕，賀州安置；安世新州別駕，英州安置。

九月己亥，邈川首領阿里骨卒。己酉，滁、沂二州地震。壬子，楚王顥薨。乙卯，廢皇后孟氏爲華陽教主、玉清妙靜仙師，賜名冲眞。

冬十月丁巳朔，以楚王薨，罷文德殿視朝。壬戌，夏人寇鄜、延，陷金明砦。戊辰，詔被邊諸路相度城砦要害，增嚴守備。辛未，西南方雷聲，雨雹。癸酉，鍾傳言築汝遮，詔以爲安西城。

十一月丁未，章惇上神宗實錄。庚戌，宴修實錄官。

十二月辛酉，宗景坐以立妾罔上，罷開府儀同三司，判大宗正司事。癸酉，置施州鑄錢廣積監。甲戌，蔡京上新修太學敕令式、詳定重修敕令。遺棄饑貧小兒三歲以下，聽收養爲眞子孫。

是歲，于闐、大食、龜茲師王國、西南蕃龍氏羅氏入貢。宗室子授官者四十六人。

四年春正月丙戌朔，不受朝。羣臣及遼使詣東上閤門拜表賀。班內外學制。庚寅，以阿里骨子瞎征襲河西軍節度使、邈川首領。甲午，涇原路鈐轄王文振敗夏人于沒煙峽。庚戌，李清臣罷。

二月己未，以三省言，追貶呂公著爲建武軍節度副使，司馬光爲清遠軍節度副使，王巖叟爲雷州別駕，奪趙瞻、傅堯俞贈諡，追韓維致仕〔六〕及孫固、范百祿、胡宗愈遺表恩。詔江、淮巡檢依舊法招置土兵。癸亥，于闐來貢，黑汗王攻夏人三州，遣其子以聞。丙寅，夏人寇綏德城。庚午，詔國信使毋得以非例之物遺人使，仍著條禁。癸酉，詔申王佖、端王佶歲賜錢各六千五百緡。丙子，進神宗婉儀宋氏爲賢妃。己卯，復元豐榷茶法。庚辰，罷春秋科。癸未，以三省言，追貶呂大防爲舒州團練副使〔七〕，劉摯爲鼎州團練副使，蘇轍爲化州別駕，梁燾爲雷州別駕，范純仁爲武安軍節度副使〔八〕，安置于循、新、雷、化、永五州；劉奉世爲光祿少卿，分司南京；黜韓維以下三十人輕重有差。甲申，降文彥博爲太子少保。

閏月丙戌朔，張天說坐上書詆訕先朝處死。壬寅，以曾布知樞密院事，許將爲中書侍郎，蔡卞爲尚書左丞，吏部尚書黃履爲尚書右丞，翰林學士林希同知樞密院事。癸卯，大雨雹。甲辰，蘇軾責授瓊州別駕，移昌化軍安置。范祖禹移賓州安置，劉安世移高州安置。

己酉，御集英殿策進士。庚戌，策武舉。

三月壬戌，夏人犯麟州神堂堡，出兵討之，及進築胡山砦。癸亥，賜禮部奏名進士、諸科及第出身六百九人。甲子，詔武舉謝師古等以遠人賜帛，李惟岳以高年賜帛。丁卯，詔瀘南安撫司、南平軍毋擅誘楊光榮獻納播州疆土。庚午，夏人大至葭蘆城下，知石州張構等擊走之。甲戌，幸金明池。丙子，剋胡山新砦成，賜名平羌砦。辛巳，西上閤門使折克行破夏人于長波川，斬首二千餘級，獲牛馬倍之。壬午，命官編類司馬光等改廢法度論奏事狀。

夏四月丁亥，令諸獄置氣樓涼窗，設漿飲薦席，杻械五日一浣，繫囚以時沐浴，遇寒給薪炭。甲午，熙河築金城關。丙申，詔發解省試添策一道。丁酉，進編臣僚章疏一百四十三帙。己亥，呂大防卒于虔州。庚子，知保安軍李沂伐夏國，破洪州。壬寅，環慶鈐轄張存入鹽州，俘戮甚衆，及還，夏人追襲之，復多亡失。甲辰，置克戎砦、平夏城，置靈平砦。丁未，以西邊板築有勞，曲赦陝西、河東路。追貶王珪爲萬安軍司戶參軍。己酉，復文德殿侍從轉對。

五月丁巳，文彥博薨。辛酉，以皇太妃服藥及亢旱，決四京囚。壬戌，詔陝西添置蕃落馬軍十指揮。丁卯，廢衞州淇水第二馬監、潁昌府單鎭馬監。辛未，韓縝薨。丁丑，貶韓維爲崇信軍節度副使。

六月癸未朔，日有食之。丁亥，太白犯太微垣。戊子，宗楚薨。丙申，詔翰林學士、吏部尚書各舉監察御史二人。丁酉，環慶路安疆砦成，詔防托蕃漢官賜帛有差。甲辰，熙河進築靑石峽畢工，賜名西平。乙巳，保寧軍觀察留後宗漢爲開府儀同三司，徙封安康郡王。己酉，太原地震。太白晝見。

秋七月壬子朔，太白晝見。

八月乙酉，封湖州觀察使世開爲安定郡王。丙戌，鄜延將王愍復宥州。戊戌，封宗祐爲嗣濮王。築威戎城。己酉，彗出西方。

九月壬子，以星變避殿減膳，罷秋宴，詔公卿悉心修政，以輔不逮，求中外直言。乙卯，赦天下，出元豐庫緡錢四百萬付陝西廣糴，詔歸明人未給田者舍以官屋。戊辰，彗滅。癸酉，謁中太一宮爲民祈福。丙子，御殿復膳。命宗景爲開府儀同三司。己卯，封婉儀劉氏爲賢妃。

冬十月戊戌，宗景薨。壬寅，廢安國、安陽、淇水監及洛陽、原武監。

十一月丁卯，詔諫議大夫以上各舉監察御史一人。癸酉，貶劉奉世爲隰州團練副使，郴州安置〔九〕。丁丑，詔放歸田里程頤涪州編管。

十二月癸未，劉摯卒。甲申，曲宴遼使于垂拱殿。乙酉，侍御史董敦逸坐奏對不實貶秩，知興國軍。

是歲，兩浙旱饑，詔行荒政，移粟振貸。出宮女二十四人。宣城民妻一產四男子。于闐、西南蕃羅氏入貢。播州夷楊光榮等內附。戶部主戶一千三百六萬八千七百四十一，丁三千三十四萬四千二百七十四；客戶六百三十六萬六千八百二十九，丁三百六萬七千三百三十二。大辟三千一百九十二人。

元符元年春正月庚戌朔，不視朝。丙寅，咸陽民段義得玉印一紐。甲戌，幸瑞聖園，觀北郊齋宮。

二月丙戌，白虹貫日。庚寅，詔建五王外第。壬辰，復罷翰林侍讀、侍講學士。丁酉，宗祐薨。戊申，知蘭州王舜臣討夏人于塞外。築興平城。

三月壬子，令三省、樞密吏三歲一試刑法。甲寅，開楚州通漣河。丙辰，米脂砦成。丁巳，五王外第成，賜名懿親宅。戊午，封宗漢爲嗣濮王。殺朱崖流人陳衍。壬戌，申王佖、端王佶並爲司空。令太常寺與閤門修定刈麥儀。乙丑，詔翰林學士承旨蔡京等辯驗段義所獻玉璽，定議以聞。戊辰，吏部郎中方澤等坐私謁后族宴聚，罰金補外。庚午，幸申王府。辛未，幸端王府。甲戌，進封咸寧郡王俁爲莘王，普寧郡王似爲簡王，祁國公偲爲永寧郡王。丙子，築熙河通會關。

夏四月庚辰，世開薨。甲申，幸睿成宫及莘王、簡王府。丙戌，章惇等進神宗帝紀。梁燾卒于化州。壬辰，林希罷。丙申，建顯謨閣，藏神宗御集。庚子，幸睿成宫。壬寅，學士院上寶璽、靈光、翔鶴樂章。癸卯，詔學官增習兩經。丁未，曾布上删修軍馬敕例。

五月戊申朔，御大慶殿，受天授傳國受命寶，行朝會禮。己酉，班德音于天下，減四罪一等，徒以下釋之。癸丑，受寶〔一〇〕，恭謝景靈宫。戊午，宴紫宸殿。庚申，詔獻寶人段義爲右班殿直，賜絹二百匹。

六月戊寅朔，改元。丙戌，遣官分詣鄜延、涇原、河東、熙河按驗所築城砦。甲午，蔡京等上常平免役敕令。

秋七月乙卯，詔增置大府丞一員。乙丑，赦：大禮五使，自今並差執政官，定爲令。丁卯，令學官試三經。庚午，詔范祖禹移化州安置，劉安世梅州安置，王巖叟、朱光庭諸子並勒停不敍。壬申，京師地震。

八月丙子朔，熙河蘭岷路復爲熙河蘭會路。庚辰，詔：「自今三省、樞密院進擬在京文臣、開封推判官、武臣横班使副及諸路監司、帥守，並取旨召對。」丁亥，詔：「侍從中書舍人以上各舉所知二人，權侍郎以上舉一人，仍指言所堪職任。」

九月丁未，以霖雨罷秋宴。庚戌，秦觀除名，移雷州編管。癸亥，賜王安石第于京師。

冬十月乙未，詔武官試換文資〔二〕。丁酉，以河北、京東河溢，遣官振恤。己亥，夏人寇平夏城。癸卯，駙馬都尉張敦禮坐元祐初上疏譽司馬光，奪留後，授環衞官。

十一月壬戌，朝獻景靈宮。癸亥，朝饗太廟。甲子，祀昊天上帝于圜丘，赦天下。

是歲，澶州河溢，振恤河北、京東被水者。眞定府、祁州野蠶成繭。涇原路禽夏國統軍嵬名阿埋等。高麗、唃廝囉、西南蕃張氏羅氏程氏入貢。西蕃首領李訛哆、巴詘支、呂承信〔三〕等內附。

二年春正月甲辰朔，御大慶殿，以雪罷朝，羣臣及遼使詣東上閤門拜表賀。羣臣又詣內東門，賀如儀。丁卯，出內金帛二百萬，備陝西邊儲。

二月甲戌朔，令監司舉本路學行優異者各二人。韋蕃入貢。己卯，詔許高麗國王遣士賓貢。辛巳，增置神臂弓。詔：「自今應被旨舉官，所舉不當，具舉主姓名以聞。」甲申，夏人以國母卒，遣使告哀，且謝罪，卻其使不納。戊子，鄜延鈐轄劉安敗夏人于神堆。甲午，大食入貢。乙未，詔吏部：守令課績，從御史臺考察，黜其不實者。

三月丙辰，遼人遣簽書樞密院事蕭德崇來爲夏人請緩師，仍獻玉帶。築環慶路定邊城。丁巳，秦鳳經略司言吳名革率部族、孳畜歸順。詔名革補内殿承制，首領李哆補右侍禁及賜錢帛有差。庚申，知府州折克行獲夏國鈐轄令王皆保。乙丑，祈雨。己巳，莘王俁爲司空。

夏四月庚辰，幸莘王府。令廣西提點刑獄司兼領鹽事。丙戌，築鄜延、河東路暖泉，烏龍砦。丁亥，以旱，減四京囚罪一等，杖以下釋之。辛卯，詔鞫獄，徒以上須結案及寄錄覆奏，然後斷遣，不如令者坐之。癸巳，封永嘉郡王偲爲睦王。遣中書舍人郭知章報聘于遼。丁酉，築威羌城。

五月甲辰，太白晝見。庚戌，築鄜延路金湯城。癸亥，奉遷眞宗神御于萬壽觀延聖殿。曲赦陝西、河東路，減四罪一等，流以下釋之。建西安州及天都等砦。乙丑，進章惇官五等，曾布三等，許將、蔡卞、黃履皆二等。辛未，詔莘王俁、睦王偲母進封婕妤。

六月庚辰，賜蘭、會州新砦名會川城。甲午，賜環慶路之字平曰清平關。戊戌，築定邊、白豹城訖工，閤門使張存等轉官，賜金帛有差。

秋七月乙巳，盛暑，中外決繫囚。丁未，放在京工役。庚戌，河北河漲，沒民田廬，遣官振之。甲子，知環州种朴獲夏國監軍訛勃囉。丙寅，洮西安撫使王贍復邈川城，西蕃首領欽彪阿成以城降。

八月癸酉，章惇等進新修敕令式。惇讀於帝前，其間有元豐所無而用元祐敕令修立者，帝曰：「元祐亦有可取乎？」惇等對曰：「取其善者。」甲戌，太原地震。戊寅，皇子生〔三〕。辛巳，降德音于諸路，減囚罪一等，流以下釋之。乙酉，賜熙河路緡錢百萬撫納部族。丁亥，修復會州。癸巳，太白晝見。瞎征降。甲午，建葭蘆戍爲晉寧軍。丙申，保寧軍節度呂惠卿特授檢校司空。

九月庚子朔，夏人來謝罪。癸卯，命御史點檢三省、樞密院，並依元豐舊制。甲辰，幸儲祥宮。乙巳，幸醴泉觀。丁未，立賢妃劉氏爲皇后。己未，青唐酋隴拶以城降。壬戌，雨，罷秋宴。甲子，右正言鄒浩論劉氏不當立，特除名勒停，新州羈管。丙寅，御文德殿册皇后。

閏月癸酉，置律學博士員。詔詳議廟制。以青唐爲鄯州，隴右節度；邈川爲湟州，宗哥城爲龍支城，俱隸隴右。戊寅，以廓州爲寧砦城。丙戌，果州團練使仲忽進古方鼎，誌曰「魯公作文王尊彝」。甲午，熒惑犯太微垣左執法。己未，越王茂薨。

冬十月壬子，詔河北大名二十二州軍置馬步軍指揮，以廣威、保捷爲名。甲寅，日有食之，既。

十一月丁亥，詔綏德城爲綏德軍。壬辰，詔河北黃河退灘地聽民耕墾，免租稅三年。

乙未，詔諸州置教授者，依太學三舍法考選生徒升補。是月，河中猗氏縣民妻一產四男子。

三年春正月辛未，帝有疾不視朝。丁丑，奉安太宗皇帝御容于景靈宮大定殿。戊寅，大赦天下，蠲民租。己卯，帝崩。皇太后諭遺制，立弟端王即位于柩前，皇太后權同處分軍國事。

四月己未，上謚曰欽文睿武昭孝皇帝，廟號曰哲宗。七月丁卯，以謚號册寶奏告天地、宗廟、社稷。八月壬寅，葬于永泰陵。癸亥，祔太廟。崇寧三年七月，加謚曰憲元繼道世德揚功欽文睿武齊聖昭孝皇帝。政和三年，改謚憲元繼道顯德定功欽文睿武齊聖昭孝皇帝。

贊曰：哲宗以沖幼踐阼，宣仁同政。初年召用馬、呂諸賢，罷靑苗，復常平，登俊良，闢言路，天下人心，翕然向治。而元祐之政，庶幾仁宗。奈何熙、豐舊姦枿去未盡，已而媒櫱復用，卒假紹述之言，務反前政，報復善良，馴致黨籍禍興，君子盡斥，而宋政益敝矣。吁，可惜哉！

校勘記

〔一〕罷河東大銅錢　按編年綱目卷二四："除河東大銅錢禁。"十朝綱要卷一三："罷河東大銅錢之禁。"此處疑脫"禁"字。

〔二〕罷避高遵惠諱　"高遵惠"，據本書卷一七哲宗紀，當作"高遵甫"。遵甫乃宣仁后之父，哲宗時加贈陳王。宋會要儀制一三之一三說："紹聖元年二月二十三日，三省、樞密院言：宣仁聖烈皇后同聽政之日，天下章奏皆避高陳王名諱。按國朝會要，章獻明肅皇后上仙，中外不復避彭城郡王名。詔依章獻明肅皇后故事。"卽此事。

〔三〕制置解鹽使　"制置"，原作"置制"，據本書卷一七哲宗紀、宋會要職官四四之四〇改。

〔四〕丁酉河北流斷絕　"流"字下原爲墨丁。按長編紀事本末卷一一二載丁酉都水使者王宗望言："凡經九月，上稟成算，遂斷北流，以除河患。"編年綱目卷二四載王宗望奏言："河悉已東還故道，北流斷絕。"據此，"流"下墨丁當爲"斷"字或"斷絕"二字。今補"斷絕"二字。

〔五〕永澧　"澧"，原作"豐"，據東都事略卷六〇趙彥若傳、長編紀事本末卷一〇一改。

〔六〕追韓維致仕　"致仕"，原作"到任"，據本書卷三一五本傳、編年綱目卷二四改。

〔七〕舒州團練副使　"副"字原脫，據本書卷三四〇本傳、宋史全文卷一三補。

〔八〕武安軍節度副使　"武安"，原作"安武"，據本書卷三一四本傳、長編紀事本末卷一〇二改。

〔九〕郴州安置　「郴」，原作「柳」，據長編卷四九三、宋會要職官六七之一九改。

〔一〇〕受寶　長編卷四九八作「以受寶畢」。

〔一一〕詔武官試換文資　長編卷五〇三作「詔武官試換文資，吏部依元豐試法重修以聞」。

〔一二〕呂承信　宋會要蕃夷六之三二、長編卷五〇三都作「呂永信」。

〔一三〕皇子生　「皇」下原衍「太」字，據長編卷五一四删。

宋史卷十九

本紀第十九

徽宗一

徽宗體神合道駿烈遜功聖文仁德憲慈顯孝皇帝，諱佶，神宗第十一子也，母曰欽慈皇后陳氏。元豐五年十月丁巳，生於宮中。明年正月賜名，十月授鎭寧軍節度使，封寧國公。哲宗卽位，封遂寧郡王。紹聖三年，以平江、鎭江軍節度使封端王，出就傅。五年，加司空，改昭德、彰信軍節度。元符三年正月己卯，哲宗崩，皇太后垂簾，哭謂宰臣曰：「家國不幸，大行皇帝無子，天下事須早定。」章惇厲聲對曰：「在禮律當立母弟簡王。」皇太后曰：「神宗諸子，申王長而有目疾，次則端王當立。」惇又曰：「以年則申王長，以禮律則同母之弟簡王當立。」皇太后曰：「皆神宗子，莫難如此分別，於次端王當立。」知樞密院曾布曰：「章惇未嘗與臣等商議，如皇太后聖諭極當。」尙書左丞蔡卞、中書門下侍郎許將相繼曰：「合依聖旨。」皇太后又曰：「先帝嘗言，端王有福壽，且仁孝，不同諸王。」於是惇爲之默然。乃召端王入，卽皇帝位，皇太后權同處分軍國事。庚辰，赦天下常赦所不原者，百官進秩一等，賞諸軍。遣宋淵告哀于遼。辛巳，尊先帝后爲元符皇后。癸未，追尊母貴儀陳氏爲皇太妃。甲申，命章惇爲山陵使。乙酉，出先帝遺留物賜近臣。丙戌，以申王佖爲太傅，進封陳王，賜贊拜不名。丁亥，進仁宗淑妃周氏、神宗淑妃邢氏並爲貴妃，賢妃宋氏爲德妃。戊子，以章惇爲特進，封申國公。己丑，進封莘王俁爲衞王，守太保；簡王似爲蔡王，睦王偲爲定王，並守司徒。罷增八廂邏卒。

二月己亥，始聽政。尊先帝妃朱氏爲聖瑞皇太妃。壬寅，以南平王李乾德爲檢校太師。丁未，立順國夫人王氏爲皇后。庚戌，向宗回、宗良遷節度使，太后弟姪未仕者俱授以官。癸丑，初御紫宸殿。庚申，以吏部尚書韓忠彥爲門下侍郎，資政殿大學士黃履爲尚書右丞。辛酉，名懿親宅潛邸曰龍德宮。甲子，毀承極殿。丙寅，遣吳安憲、朱孝孫以遺留物遺遼國主。

三月戊辰朔，詔宰臣、執政、侍從官各舉可任臺諫者。庚午，遣韓治、曹譜告卽位于遼。辛未，詔追封祖宗諸子光濟等三十三人爲王，女四十八人爲公主。甲申，以西蕃王隴拶爲河西軍節度使，尋賜姓名曰趙懷德，邈川首領瞎征爲懷遠軍節度使。己丑，以日當食降德普于四京，減囚罪一等，流以下釋之。庚寅，錄趙普後。辛卯，詔求直言。癸巳，以寧遠軍節度觀察留後世雄爲崇信軍節度使，封安定郡王。乙未，却永興民王懷所進玉器。

夏四月丁酉朔，日有食之。己亥，令監司分部決獄。甲辰，以韓忠彥爲尙書右僕射兼中書侍郎，禮部尙書李淸臣爲門下侍郎，翰林學士蔣之奇同知樞密院事。乙巳，錄曹佾後。丁未，以帝生日爲天寧節。己酉，長子亶生。辛亥，大赦天下，應元符二年已前係官逋負悉蠲之。癸丑，鹿敏求等以應詔上書遷秩。乙卯，請大行皇帝謚于南郊。丁巳，詔范純仁等復官宮觀，蘇軾等徙內郡居住。癸亥，罷編類臣僚章疏局。乙丑，賜禮部奏名進士及第、出身五百五十八人。

五月丁卯朔，罷理官失出之罰。丙子，詔復廢后孟氏爲元祐皇后。乙酉，蔡卞罷。己丑，詔追復文彥博、王珪、司馬光、呂公著、呂大防、劉摯等三十三人官。辛卯，還司馬光等致仕遺表恩。癸巳，河北、河東、陝西饑，詔帥臣計度振恤。

六月丙申朔，遼主遣蕭進忠、蕭安世等來弔祭。

秋七月丙寅朔，奉皇太后詔，罷同聽政。丁卯，告哲宗欽文睿武昭孝皇帝謚于天地、宗廟、社稷。戊辰，上寶册于福寧殿。癸酉，以皇太后還政，減天下囚罪一等，流以下釋之。癸未，遣陸佃、李嗣徽報謝于遼。罷管句陝西、京西、川路坑冶及江西、廣東、湖北、夔、梓、成都路管句措置鹽事官。辛卯,封子亶爲韓國公。

八月戊戌,詔諸路遇民有疾,委官監醫往視疾給藥。庚子,作景靈西宮,奉安神宗神御,建哲宗神御殿於其西。辛丑,出內庫金帛二百萬羅陝西軍儲。壬寅,葬哲宗皇帝于永泰陵。丙午,遣董敦逸賀遼主生辰,呂仲甫賀正旦。戊申,高麗王王熙遣使奉表來慰。庚戌,詔以仁宗、神宗廟永世不祧。戊午,以蔡王似爲太保。癸亥,祔哲宗神主于太廟,廟樂曰大成之舞。

九月甲子,詔修哲宗實錄。丙寅,遼遣蕭穆來賀卽位。丁卯,減兩京、河陽、鄭州四罪一等,民緣山陵役者蠲其賦。己巳,幸龍德宮。辛未,章惇罷。丙子,以陳王佖爲太尉。丁丑,詔修神宗史。

冬十月乙未,夏國入貢。丙申,蔡京出知永興軍,貶章惇爲武昌軍節度副使。丁酉,以韓忠彥爲尚書左僕射兼門下侍郎。己丑,復均給職田。壬寅,以曾布爲尚書右僕射兼中書侍郎。乙卯,升端州爲興慶軍。己未,詔禁曲學偏見、妄意改作以害國事者。辛酉,罷平準務。

十一月丁卯,詔修六朝寶訓。降德音于端州,減囚罪一等,徒以下釋之。庚午,詔改明年元。戊寅,以觀文殿學士安燾知樞密院事。庚辰,黃履罷。己丑,置春秋博士。辛卯,令陝西兼行銅鐵錢。以禮部尚書范純禮爲尚書右丞〔一〕。

十二月甲午，以皇太后不豫，禱于宮觀、祠廟、嶽瀆。戊戌，出廩粟減價以濟民。辛丑，慮囚。甲辰，詔修國朝會要。戊申，降德音于諸路，減囚罪一等，流以下釋之。戊午，遼人來賀正旦。

是歲，出宮女六十九人。

建中靖國元年春正月壬戌朔，有赤氣起東北，亙西南，中函白氣；將散，復有黑祲在旁。癸亥，有星自西南入尾，其光燭地。癸酉，范純仁薨。甲戌，皇太后崩，遺誥追尊皇太妃陳氏爲皇太后。丁丑，易大行皇太后園陵爲山陵，命曾布爲山陵使。己卯，令河、陝募人入粟，免試注官。

二月丙申，雨雹。己亥，汰秦鳳路土兵。甲辰，始聽政。乙巳，出內庫及諸路常平錢各百萬，備河北邊儲。丁巳，貶章惇爲雷州司戶參軍。

三月甲子，始御紫宸殿。乙丑，遼使蕭恭來告其主洪基殂，遣謝文瓘、上官均等往弔祭，黃寔賀其孫延禧立〔三〕。丁丑，詔以河西軍節度使趙懷德知湟州。壬午，以日當食避殿減膳，降天下囚罪一等，流以下釋之。

夏四月辛卯朔，日食不見。甲午，上大行皇太后謚曰欽聖憲肅。乙未，上追尊皇太后謚曰欽慈。丁酉，御殿復膳。壬寅，詔：「諸路疑獄當奏而不奏者科罪，不當奏而輒奏者勿坐，著爲令。」

五月辛酉朔，大雨雹。詔三省減吏員節冗費。丙寅，葬欽聖憲肅皇后、欽慈皇后于永裕陵。庚辰，蘇頌薨。丙戌，祔欽聖憲肅皇后、欽慈皇后神主于太廟。戊子，減兩京、河陽、鄭州四罪一等，民緣山陵役者蠲其賦。

六月庚寅朔，以韓國公亶爲開府儀同三司，封京兆郡王。戊申，封向宗回爲永陽郡王，向宗良爲永嘉郡王。甲寅，封吳王顥子孝騫爲廣陵郡王，頵子孝參爲信都郡王。戊午，范純禮罷。己未，詔班鬭殺情理輕重格。

秋七月辛巳，內郡置添差宗室闕。丙戌，安燾罷。丁亥，以蔣之奇知樞密院事，吏部尚書陸佃爲尚書右丞，端明殿學士章楶同知樞密院事。

九月己巳，詔諸路轉運、提舉司及諸州軍，有遺利可以講求及冗員浮費當裁損者，詳議以聞。丙戌，子㮨薨。

冬十月乙未，李清臣罷。丁酉，天寧節，羣臣及遼使初上壽于垂拱殿。

十一月庚申，以陸佃爲尚書左丞，吏部尚書温益爲尚書右丞。壬戌，以西蕃賒羅撒爲西平軍節度使、邈川首領。辛未，出御製南郊親祀樂章。戊寅，朝獻景靈宮。己卯，饗太廟，庚辰，祀天地于圜丘，赦天下。改彰信軍爲興仁軍，昭德軍爲隆德軍。改明年元。

十二月壬辰，賜陳王佖詔書不名。癸卯，進神宗昭儀武氏爲賢妃。丙午，奉安神宗神御于景靈西宮大明殿。丁未，詣宮行禮。己酉，降德音于四京，減囚罪一等，徒以下釋之。是歲，遼人來獻遺留物。河東地震，京畿蝗，江、淮、兩浙、湖南、福建旱。

崇寧元年春正月丁丑，太原等十一郡地震，詔死者家賜錢有差。

二月丙戌朔，以聖瑞皇太妃疾，慮囚。甲午，子亶改名烜。以蔡確配饗哲宗廟庭。戊戌，詔：「士有懷抱道德久沈下僚及學行兼備可厲風俗者，待制以上各舉所知二人。」奉議郎趙諗謀反伏誅。庚子，封子煥爲魏國公。辛丑，聖瑞皇太妃薨，追尊爲皇太后。庚戌，追封孔鯉爲泗水侯，孔伋爲沂水侯。

三月丁巳，奉安哲宗神御于景靈西宮寶慶殿。戊午，詣宮行禮。壬戌，以定王偲爲太保。壬申，幸定王第。

夏四月己亥，上皇太后謚曰欽成。

五月丁巳，熒惑入斗。庚申，韓忠彥罷。己巳，瞎征卒。庚午，降復太子太保司馬光爲正議大夫，太師〔三〕文彥博爲太子太保，餘各以差奪官。辛未，詔待制以上舉能吏各二人。

乙亥，黜後苑內侍請以銷金飾宮殿者。丙子，詔：「元祐諸臣各已削秩，自今無所復問，言者亦勿輒言。」戊寅，葬欽成皇后于永裕陵。己卯，陸佃罷。庚辰，以許將爲門下侍郎，溫益爲中書侍郎，翰林學士承旨蔡京爲尚書左丞，吏部尚書趙挺之爲尚書右丞。

六月己丑，祔欽成皇后神主于太廟。壬辰，減西京、河陽、鄭州四罪一等，民緣山陵役者蠲其賦。癸卯，詔：六曹尚書有事奏陳，許獨員上殿。己酉，太白晝見。壬子，改渝州爲恭州。癸丑，詔倣唐六典修神宗所定官制。封伯夷爲淸惠侯，叔齊爲仁惠侯。

閏月甲寅朔，更名哲宗神御殿曰重光。辛酉，慮囚。壬戌，曾布罷。甲子，詔：諸路州縣官有治績最著者，許監司、帥臣各舉一人。壬午，追貶李淸臣爲武安軍節度副使。癸未，詔監司、帥臣於本路小使臣以上及親民官內，有智謀勇果可備將帥者，各舉一人。

秋七月甲申朔，建長生宮以祠熒惑。丙戌，詔：省、臺、寺、監及監司、郡守，並以三年成任。戊子，以蔡京爲尚書右僕射兼中書侍郎。己丑，焚元祐法。甲午，詔於都省置講議司。詔杭州、明州置市舶司。庚子，章楶罷。甲辰，以雨水壞民廬舍，詔開封府振恤壓溺者。辛亥，罷春秋博士。

八月乙卯，子烜改名桓，煥改名楷。乙丑，罷權侍郎官。辛未，置安濟坊養民之貧病者，仍令諸郡縣並置。甲戌，詔天下興學貢士，建外學于國南。丙子，詔司馬光等二十一人子弟毋得官京師。己卯，以趙挺之爲尚書左丞，翰林學士張商英爲尚書右丞。

九月戊子，京師置居養院以處鰥寡孤獨，仍以戶絕財產給養。乙未，詔中書籍元符三年臣僚章疏姓名爲正上、正中、正下三等，邪上、邪中、邪下三等。丁酉，治臣僚議復元祐皇后及謀廢元符皇后者罪，降韓忠彥、曾布官，追貶李淸臣爲雷州司戶參軍，黃履爲祁州團練副使，竄曾肇以下十七人。己亥，籍元祐及元符末宰相文彥博等、侍從蘇軾等、餘官秦觀等、內臣張士良等、武臣王獻可等凡百有二十人，御書刻石端禮門。庚子，以元符末上書人鍾世美以下四十一人爲正等，悉加旌擢；范柔中以下五百餘人爲邪等，降責有差。時世美已卒，詔贈官，仍官其子一人。壬寅，貶曾布爲武泰軍節度副使〔四〕。甲辰，詔：「元符三年、建中靖國元年責降臣僚已經牽復者，其元責告命並繳納尚書省。」

冬十月癸亥，蔣之奇罷。戊辰，詔：責降宮觀人不得同一州居住。甲戌，以御史錢遹、石豫、左膚及輔臣蔡京、許將、溫益、趙挺之、張商英等言，罷元祐皇后之號，復居瑤華宮。丙子，劉奉世等二十七人坐元符末黨與變法，並罷祠祿。戊寅，以資政殿學士蔡卞知樞密院事。

十一月乙酉，邵州言知溪洞徽州楊光銜內附。戊子，以婉儀鄭氏爲賢妃。辛卯，置河北安濟坊。癸巳，置西、南兩京宗正司及敦宗院。戊戌，置顯謨閣學士、待制官。戊申，子楷爲開府儀同三司，封高密郡王。己酉，立卿監、郎官三歲黜陟法。

十二月癸丑，論棄湟州罪，貶韓忠彥爲崇信軍節度副使，曾布爲賀州別駕，安燾爲寧國軍節度副使，范純禮分司南京。庚申，鑄當五錢。辛酉，贈哲宗子鄧王茂爲皇太子，謚獻愍。丁丑，詔：「諸邪說詖行非先聖賢之書，及元祐學術政事，並勿施用。」

是歲，京畿、京東、河北、淮南蝗。江、浙、熙河漳泉潭衡郴州、興化軍旱。辰、沅州徭入寇。出宮女七十六人。

二年春正月辛巳朔。乙酉，竄任伯雨、陳瓘、龔夬、鄒浩于嶺南，馬涓等九人分貶諸州。知荆南舒亶平辰、沅州徭賊，復誠、徽州。改誠州爲靖州，徽州爲蒔竹縣。壬辰，温益卒。乙巳，以復荆湖疆土曲赦兩路。丙午，以沍寒令監司分部決獄。丁未，以蔡京爲尚書左僕射兼門下侍郎。

二月辛亥，安化蠻入寇，廣西經略使程節敗之。壬子，遣官相度湖南、北徭地，取其材植入供在京營造。甲寅，進元符皇后爲太后，宮名崇恩。辛酉，置殿中監。癸亥，奉安哲宗御容于西京會聖宮及應天院。丙子，罷諸路茶場。

三月壬午，進仁宗充儀張氏爲賢妃。乙酉，減西京囚罪一等。詔：「黨人子弟毋得擅到闕下，其應緣趨附黨人罷任在外指射差遣及得罪停替臣僚，亦如之。」丁亥，御集英殿策進士。癸卯，賜禮部奏名進士及第、出身五百三十八人，其嘗上書在正等者升甲，邪等者黜之。

夏四月甲寅，詔侍從官各舉所知二人。乙卯，于闐入貢。丁卯，詔毀呂公著、司馬光、呂大防、范純仁、劉摯、范百祿、梁燾、王巖叟景靈西宮〔三〕繪像。己巳，以初謁景靈宮赦天下。乙亥，詔毀刊行唐鑑并三蘇、秦、黃等文集。戊寅，以趙挺之爲中書侍郎，張商英爲尚書左丞，戶部尚書吳居厚爲尚書右丞，兵部尚書安惇同知樞密院事。奪王珪贈謚，追毀程頤出身文字，其所著書令監司覺察。

五月辛巳，以賢妃鄭氏爲淑妃。癸未，以陳王佖爲太師。丙戌，貶曾布爲廉州司戶參軍。己亥，封子楫爲楚國公。丙午，冊元符皇后劉氏爲太后。

六月壬子，冊王氏爲皇后。庚申，詔：「元符末上書進士，類多詆訕，令州郡遣入新學，依太學自訟齋法，候及一年，能革心自新者許將來應舉，其不變者當屏之遠方。」壬戌，慮囚。是月，中太一宮火。復湟州。

秋七月己卯，學士院火。辛巳，以復湟州進蔡京官三等，蔡卞以下二等。壬午，白虹貫日。甲申，降德音于熙河蘭會路，減囚罪一等，流以下釋之。庚寅，曾肇責授濮州團練副使。辛卯，詔上書進士見充三舍生者罷歸。丁酉，詔：「自今戚里宗屬勿復爲執政官，著爲令。」乙巳，詔：責降人子弟毋得任在京及府界差遣。

八月丁未朔，再論棄湟州罪，貶韓忠彥爲磁州團練副使，安燾爲祁州團練副使，范純禮爲靜江軍節度副使，削蔣之奇秩三等。戊申，張商英罷。辛酉，詔張商英入元祐黨籍。

九月辛巳，詔宗室不得與元祐姦黨子孫爲婚姻。庚寅，封子樞爲吳國公。詔：「上書邪等人，知縣以上資序並與外祠，選人不得改官及爲縣令。」壬辰，置醫學。癸巳，令天下郡皆建崇寧寺。辛丑，改吏部選人自承直郎至將仕郎七階。令天下監司長吏廳各立元祐姦黨碑。甲辰，詔郡縣謹祀社稷。

冬十一月庚辰，以元祐學術政事聚徒傳授者，委監司察舉，必罰無赦。

十二月癸亥，祧宣祖皇帝、昭憲皇后。丙寅，詔六曹長貳歲考郎官治狀，分三等以聞。

是歲，諸路蝗。纂府蠻楊晟銅、融州楊晟天、邵州黃聰內附。

三年春正月己卯，安化蠻降。辛巳，詔：上書邪等人毋得至京師。戊子，鑄當十大錢。壬辰，增縣學弟子員。甲午，賜蔡京子攸進士出身。癸卯，太白晝見。甲辰，鑄九鼎。

二月丙午，以淑妃鄭氏爲貴妃。以刊定元豐役法不當，黜錢遹以下九人。丁未，置漏澤園。己酉，詔：王珪、章惇別爲一籍，如元祐黨。詔：自今御後殿，許起居郎、舍人侍立。壬子，以楚國公楫爲開府儀同三司，封南陽郡王。庚申，令天下坑冶金銀復盡輸內藏。辛未，雨雹。

三月辛巳，置文繡院。丁亥，作圜土以居强盜貸死者。甲午，躋欽成皇后神主於欽慈皇后之上。辛丑，大內災。

夏四月乙巳，以火災降德音于四京，減囚罪一等，流以下原之。乙卯，復鄯州，建爲隴右都護府。辛酉，徙封楫爲樂安郡王。復廓州。乙丑，罷講議司。己巳，曲赦陝西。壬申，楫薨。

五月戊寅，罷開封權知府，置牧、尹、少尹。改定六曹，以士、戶、儀、兵、刑、工爲序，增其員數，倣唐六典易胥吏之稱。己卯，以復鄯、廓，蔡京爲守司空，封嘉國公。庚辰，許將、趙挺之、吳居厚、安惇、蔡卞各轉三官。甲申，改鄯州爲西寧州，仍爲隴右節度。辛丑，詔黜守臣進金助修宮庭者。

六月壬寅朔，圖熙寧、元豐功臣於顯謨閣。癸卯，以王安石配饗孔子廟。丙午，增諸州學未立者。壬子，置書、畫、算學。占城入貢。戊午，詔重定元祐、元符黨人及上書邪等者合爲一籍，通三百九人，刻石朝堂，餘並出籍，自今毋得復彈奏。辛酉，復置太醫局。癸亥，慮囚。乙丑，詔：「內外官毋得越職論事僥倖奔競，違者御史臺彈奏。」辛卯，行方田法。

秋七月癸酉，以婉儀王氏爲德妃。庚辰，詔：自今大禮不受尊號，羣臣毋上表。

八月庚子，詔諸路知州、通判增入「主管學事」四字。壬寅，大雨，壞民廬舍，令收瘞死者。甲辰，蔡京上神宗史。丙午，許將罷。

九月乙亥，以趙挺之爲門下侍郎，吳居厚爲中書侍郎，翰林學士承旨張康國爲尚書左丞，刑部尚書鄧洵武爲尚書右丞。壬辰，詔諸路州學別置齋舍，以養材武之士。

冬十月辛丑朔，大雨雹。丁未，賢妃張氏薨。丙辰，命官編類六朝勳臣。戊午，夏人入涇原，圍平夏城，寇鎮戎軍。庚申，熙河蘭會路經略安撫使王厚言，河西軍節度使趙懷德等出降。己巳，立九廟，復翼祖、宣祖。庚午，貴妃邢氏薨。

十一月甲戌，幸太學，官論定之士十六人；遂幸辟雍，賜國子司業吳絪、蔣靜四品服，學官推恩有差。丙戌，封子杞爲冀國公。丁亥，詔：取士並繇學校，罷發解及省試法，科場如故事。癸巳，更上神宗謚曰體元顯道帝德王功英文烈武欽仁聖孝皇帝，加上哲宗謚曰憲元繼道顯德定功欽文睿武齊聖昭孝皇帝。甲午，朝獻景靈宮。乙未，饗太廟。丙申，祀昊天上帝于圜丘，赦天下。升興仁、隆德軍爲府，還彰信、昭德舊節。

十二月乙巳，升通遠軍爲鞏州。戊午，賜陳王佖入朝不趨。

是歲，諸路蝗。出宮女六十二人。廣西黎洞楊晟免等內附。

校勘記

〔一〕尚書右丞　「右」，原作「左」，據本書卷二一二宰輔表、卷三一四本傳改。

〔二〕黃寔賀其孫延禧立　「孫」，原作「子」，據遼史卷二七天祚紀、編年綱目卷二六改。

〔三〕太師　原作「太保」，據宋會要職官六七之三四、宋大詔令集卷二一〇梁燾等降官制改。

〔四〕武泰軍節度副使　「副」字原脫，據宋會要職官六八之四、宋大詔令集卷二一二曾布責授武泰軍節度副使衡州安置制、杜大珪宋名臣碑傳琬琰之集（以下簡稱琬琰集）下編卷二〇曾文肅公布傳補。

〔五〕景靈西宮　「宮」，原作「京」，據上文元年三月丁巳條、編年綱目卷二六改。

宋史卷二十

本紀第二十

徽宗二

四年春正月庚午朔，改熙河蘭會路爲熙河蘭湟路。丙戌，築溪哥城。壬辰，詔察諸路監司貪虐者論其罪。丙申，詔京畿路改置轉運使、提點刑獄官。蔡卞罷。立武學法。丁酉，秦鳳蕃落獻邦、潘、疊三州。以內侍童貫爲熙河蘭湟、秦鳳路經略安撫制置使。

二月乙巳，築御謀城。己酉，置親衞勳衞翊衞郎、中郎等官，以勳戚近臣之兄弟子孫有官者試充。甲寅，以張康國知樞密院事，兵部尚書劉逵同知樞密院事，吏部尚書何執中爲尚書左丞。乙卯，班方田法。庚申，詔西邊用兵能招納羌人者與斬級同賞。壬戌，升趙州爲慶源軍。甲子，雨雹。乙丑，改三衞郎爲侍郎。

閏月壬申，復元豐銓試斷按法。令州縣倣尚書六曹分六案。甲申，置陝西、河東、河北、京西監，鑄當二夾錫鐵錢。己丑，御端門，受趙懷德降，授感德軍節度使，封安化郡王。壬辰，曲赦熙河蘭湟路。

三月壬寅，置靑海馬監。甲辰，以趙挺之爲尙書右僕射兼中書侍郞。丙午，詔建王口砦〔一〕爲懷遠軍。庚戌，令呂惠卿致仕。戊午，復銀州。乙丑，詔州縣屬鄉聚徒敎授者，非經書、子、史毋習。丁卯，牂牁、夜郞首領以地降。是月，夏人攻塞門砦。

夏四月辛未，遼遣蕭良來，爲夏人求還侵地及退兵。戊寅，夏人攻臨宗砦。辛巳，詔諸路走馬承受毋得預軍政及邊事。己丑，夏人寇順寧砦，鄜延第二副將劉延慶擊破之；復攻湟州北蕃市城，知州辛叔獻等擊却之。

五月戊申，除黨人父兄子弟之禁。壬子，遣林攄報聘于遼。賜張繼先號虛靖先生。癸丑，罷轉運司檢察鈎考法。辛酉，命官分部決獄。

六月丙子，復解池鹽。占城入貢。丁丑，慮囚。辛巳，罷陝西、河東力役。甲申，曲赦熙河、陝西、河東、京西路。戊子，趙挺之罷。

秋七月丙申朔，罷三京國子監官，各置司業一員。辛丑，置熒惑壇。置四輔郡，以潁昌府爲南輔，襄邑縣爲東輔，鄭州爲西輔，澶州爲北輔。甲寅，詔奪元祐輔臣墳寺。丁巳，還上書流人。戶部尙書曾孝廣坐錢帛皆闕，出知杭州。

八月戊辰，以德妃王氏爲淑妃。庚午，以王、江、古州歸順，置提舉溪洞官二員，改懷遠軍爲平州。丙子，以東輔爲拱州。甲申，奠九鼎于九成宮。乙酉，詣宮酌獻。辛卯，賜新樂名大晟，置府建官。壬辰，遣劉正夫使遼。

九月己亥，赦天下。乙巳，詔元祐人貶謫者以次徙近地，惟不得至畿輔。詔京畿、三路保甲並於農隙時教閱。乙卯，賜上舍生三十五人及第。丙辰，詔自今非宰臣毋得除特進。

冬十月，自七月雨，至是月不止。甲申，以左右司所編紹聖、元符以來申明斷例班天下，刑名例班刑部、大理司。丁亥，升武岡縣爲軍。戊子，詔上書進士未獲者限百日自陳免罪。壬辰，日中有黑子。

十一月戊戌，安定郡王世雄薨。丙辰，置諸路提舉學事官。己未，章惇卒。

十二月癸酉，升拱州爲保慶軍。甲申，分平州置允州、格州。

是歲，蘇、湖、秀三州水，賜乏食者粟。泰州禾生穭。

五年春正月戊戌，彗出西方，其長竟天。庚子，復置江、湖、淮、浙常平都倉。甲辰，以吳居厚爲門下侍郎，劉逵爲中書侍郎。乙巳，以星變避殿損膳，詔求直言闕政。毀元祐黨人碑。復謫者仕籍，自今言者勿復彈糾。丁未，太白晝見，赦天下，除黨人一切之禁。權罷方田。戊申，詔侍從官奏封事。己酉，罷諸州歲貢供奉物。庚戌，詔：崇寧以來左降者，各以存歿稍復其官，盡還諸徙者。辛亥，御殿復膳。壬子，罷圜土法。丁巳，罷書、畫、算、醫四學。壬戌，復書、畫、算學。

二月甲子朔，詔監司條奏民間疾苦。丙寅，蔡京罷爲開府儀同三司、中太一宮使。以觀文殿大學士趙挺之爲特進、尚書右僕射兼中書侍郎。庚午，詔翰林學士、兩省官及館閣自今並除進士出身人。壬申，省內外冗官，罷醫官兼宮觀者。蒲甘國入貢。丁丑，以前後所降御筆手詔模印成册，班之中外。州縣不遵奉者監司按劾，監司推行不盡者諸司互察之。

三月丙申，詔星變已消，罷求直言。辛丑，改威德軍爲石堡砦。封眉州防禦使世福爲安定郡王。癸卯，御集英殿策進士。丁未，罷諸州武學。乙卯，廢銀州爲銀川城。丙辰，蔡王似薨。己未，賜禮部奏名進士及第、出身六百七十一人。

夏四月丁丑，停免兩浙水災州郡夏稅。

五月丁未，班紀元曆。辛亥，封子栩爲魯國公。乙卯，罷辟舉，盡復元豐選法。

六月癸亥，立諸路監司互察法，庇匿不舉者罪之，仍令御史臺糾劾。改格州爲從州。甲子，詔求隱逸之士，令監司審覈保奏，其緣私者御史察之。丁卯，詔輔臣條具東南守備策。壬申，慮囚。

秋七月庚寅朔，日當食不虧。壬寅，詔改明年元。

九月辛丑，河南府嘉禾與芝草同本生。

冬十月己卯，升澶州爲開德府。庚辰，降德音于開德府，減囚罪一等，徒以下釋之。

十一月辛卯，陳王佖薨。乙巳，詔立武士貢法。辛亥，併京畿提刑入轉運司。

十二月戊午朔，日當食不虧，羣臣稱賀。己未，劉逵罷。壬戌，詔臣僚休日請對，特御便殿。己巳，詔：監司按事，有懷姦挾情不盡實者，流竄不敍。

是歲，廣西黎洞韋晏閙等內附。

大觀元年春正月戊子朔，赦天下。甲午，以蔡京爲尚書左僕射兼門下侍郎。戊戌，幸興德禪院。復廢官。庚子，復置議禮局於尚書省。甘露降于帝鼒內，羣臣稱賀。壬寅，吳居厚罷。戊申，進封衞王偲爲魏王，定王偲爲鄧王。壬子，以何執中爲中書侍郎，鄧洵武爲尚書左丞，戶部尚書梁子美爲尚書右丞。乙卯，封仲損爲南康郡王，仲御爲汝南郡王。

二月壬戌，以向宗回爲開府儀同三司，徙封安康郡王。甲子，以黎洞納土，曲赦廣西。乙亥，復醫學。己卯，復行方田。丙戌，以平昌郡君韋氏爲才人。

三月丁酉，趙挺之罷。以何執中爲門下侍郎，鄧洵武爲中書侍郎，梁子美爲尚書左丞吏部尚書朱諤爲右丞。甲辰，立八行取士科。癸丑，趙挺之卒。

夏四月乙丑，以淑妃王氏爲貴妃。

五月己丑，封子棫爲揚國公。朝散郎吳儲、承議郎吳侔坐與妖人張懷素謀反，伏誅。貶呂惠卿爲祁州團練副使。庚寅，鄧洵武罷。甲午，詔班新樂于天下。癸卯，詔：自今凡總一路及監司之任，勿以元祐學術及異意人充選。以安化蠻犯邊，益兵赴廣西討之。乙巳，子構生。

六月己未，以梁子美爲中書侍郎。壬戌，詔景靈宮建僖祖殿室。甲子，以黎人地爲庭、孚二州。癸酉，賜上舍生二十九人及第。乙亥，朱諤卒。丁丑，慮囚。甲申，以才人韋氏爲婕妤。

秋七月乙酉朔，伊、洛溢。戊子，詔括天下漏丁。壬寅，班祭服于州郡。乙巳，賢妃武氏薨。

八月乙卯，曾布卒。丁巳，封子構爲蜀國公。庚申，以戶部尚書徐處仁爲尚書右丞，吏部尚書林攄同知樞密院事。己巳，降德音于淮、海、吳、楚二十六州，減囚罪一等，流以下釋之。

九月庚寅，建顯烈觀於陳橋。己酉，加上僖祖謚曰立道肇基積德起功懿文憲武睿和至孝皇帝，朝獻景靈宮。庚戌，饗太廟。辛亥，大饗明堂，赦天下。升永興軍爲大都督府。育縱坐冒法竄海島。李景直等四人以上書觀望罪，並編管嶺南。

冬十月己未，詔：士有才武絕倫者，歲貢準文士上舍上等法。辛酉，蘇州地震。乙丑，貶張商英爲安化軍節度副使。己巳，大雨雹。

閏月丙戌，以林攄爲尚書左丞，資政殿學士鄭居中同知樞密院事。乙未，詔守令以戶口爲殿最。升桂州爲大都督府，鎭州爲靖海軍節度。壬寅，禁用翡翠。乙巳，升太原府、鄆州並爲大都督府。

十一月壬子朔，日有食之，蔡京等以不及所當食分，率羣臣稱賀。乙丑，置符寶郎。己巳，升瀛州爲河間府、瀛海軍節度。戊寅，南丹州刺史莫公佞降。徐處仁以母憂去位。

十二月庚寅，以蔡京爲太尉，進何執中以下官二等。癸巳，以江寧、荆南、揚、杭、越、洪、福、潭、廣、桂並爲帥府。置黔南路。丁酉，置開封府府學。己亥，以婉容喬氏爲賢妃。開濮河。

是歲，秦鳳旱。京東水，河溢，遣官振濟，貸被水戶租。盧州雨豆。汀、懷二州慶雲見。乾寧軍、同州黃河清。于闐、夏國入貢。涪州夷駱世華、駱文貴內附。

二年春正月壬子朔，受八寶于大慶殿，赦天下，文武進位一等。蔡京表賀符瑞。乙卯，以婉儀劉氏爲德妃。己未，蔡京進太師；加童貫節度使，仍宣撫。庚申，進封魏王俁爲燕王，鄧王偲爲越王，並爲太尉；京兆郡王桓爲定王，高密郡王楷爲嘉王，並爲司空；吳國公樞爲建安郡王，冀國公杞爲文安郡王，楚國公栩爲安康郡王，揚國公棫爲濟陽郡王，蜀國公構爲廣平郡王，並爲開府儀同三司。甲子，以神宗德妃宋氏、劉氏爲淑妃，賢妃喬氏爲德妃。庚午，徙封仲損爲齊安郡王，仲御爲華陽郡王，孝騫爲晉康郡王，孝參爲豫章郡王，並開府儀同三司；封仲增爲信安郡王，仲忽爲普安郡王，仲癸爲咸安郡王，仲僕爲同安郡王，仲糜爲淮安郡王。戊寅，徙封向宗回爲漢東郡王，向宗良爲開府儀同三司。仲損薨。河東、北盜起。

二月甲申，置諸州曹掾官。甲午，詔建徽猷閣，藏哲宗御集，置學士、直學士、待制官。己亥，以安德軍節度使錢景臻爲開府儀同三司。庚戌，以婕妤韋氏爲修容。

三月庚申，班金籙靈寶道場儀範于天下。甲子，封子材爲魏國公。乙亥，封子模爲鎭國公。戊寅，賜上舍生十三人及第。升乾寧軍爲淸州。詔監司歲舉所部郡守二人，縣令四人，赴三省審察。

夏四月甲辰，復洮州。

五月庚戌朔，日有食之。辛亥，慮囚。以復洮州功，賜蔡京玉帶，加童貫檢校司空，仍宣撫。甲寅，復諸路歲貢供奉物。壬戌，溪哥王子臧征撲哥降，復積石軍。戊辰，詔官蔡京子孫一人，進執政官一等。

六月乙酉，以涪夷地爲珍州。甲午，以平夏城爲懷德軍。乙未，以殿中六尙、算學、太官局、翰林儀鸞司皆隸六察。

秋七月庚戌，罷建僖祖殿室。乙卯，以婉容王氏爲賢妃。

八月辛巳，邢州河水溢，壞民廬舍，復被水者家。丙申，中書侍郎梁子美罷知鄆州。己亥，置保州敦宗院。

九月辛亥，以林攄爲中書侍郎，吏部尙書余深爲尙書左丞。壬戌，貶向宗回爲太子少保致仕。壬申，封子植爲吳國公。癸酉，皇后王氏崩。削向宗回官爵。丙子，曲赦熙河蘭湟、秦鳳、永興軍路。

冬十一月丁未朔，太白晝見。乙丑，上大行皇后謚曰靖和。

十二月壬寅，陪葬靖和皇后于永裕陵。

是歲，同州黃河淸。出宮女七十有七人。于闐、夏國入貢。涪夷任應擧、楊文貴，湖南徭楊再光內附。

三年春正月乙卯，祔靖和皇后神主于別廟。己未，減兩京、河陽、鄭州囚罪一等，民緣園陵役者蠲其賦。丁卯，以涪夷地爲承州。甲戌，升湟州爲嚮德軍節度。

二月丙子朔，播州楊文貴納土，以其地置遵義軍。丁丑，韓忠彥致仕。

三月丙午，立海商越界法。庚戌，御集英殿策進士。辛酉，詔：四川郡守並選內地人任之。壬戌，併黔南入廣西路。乙丑，賜禮部奏名進士及第、出身六百八十五人。壬申，張康國卒。

夏四月戊寅，林攄罷。戊子，以淑妃劉氏爲貴妃。癸巳，以鄭居中知樞密院事，吏部尚書管師仁同知樞密院事。癸卯，以余深爲中書侍郎，兵部尚書薛昂爲尚書左丞，工部尚書劉正夫爲尚書右丞。

五月乙巳朔，孟翊獻所畫卦象，謂宋將中微，宜更年號，改官名，變庶事以厭之。帝不樂，詔竄遠方。丙辰，令辟雍宴用雅樂。丁巳，慮囚。戊辰，大雨雹。辛未，以德妃喬氏爲貴妃。

六月甲戌朔，詔修樂書。管師仁罷。丁丑，蔡京罷。辛巳，以何執中爲特進、尚書左僕射兼門下侍郎。以瀘夷地爲純、滋二州。庚寅，冀州河水溢。

秋七月丁未，詔：謫籍人除元祐姦黨及得罪宗廟外，餘並錄用。丙辰，詔罷都提舉茶事司，在京令戶部、在外令轉運司主之。

八月乙酉，封子朴爲雍國公。己丑，嗣濮王宗漢薨。甲午，以仲增爲開府儀同三司，封嗣濮王。丙申，升融州爲淸遠軍節度。己亥，韓忠彥薨。

九月癸丑，封子棣爲徐國公。己未，賜天下州學藏書閣名「稽古」。

冬十月癸巳，減六尚局供奉物。

十一月丁未，詔算學以黃帝爲先師，風后等八人配饗，巫咸等七十人從祀。己巳，蔡京進封楚國公致仕，仍提舉哲宗實錄，朝朔望。

十二月己亥，罷東南鑄夾錫錢。

是歲，江、淮、荆、浙、福建旱。秦、鳳、階、成饑，發粟振之，蠲其賦。陝州、同州黃河淸。闍婆、占城、夏國入貢。瀘州夷王募弱內附。

四年春正月癸卯，罷改鑄當十錢。辛酉，詔：士庶拜僧者，論以大不恭。丁卯，夏國入貢。

二月庚午朔，禁然頂、煉臂、刺血、斷指。庚辰，罷京西錢監。甲申，詔自今以賞進秩者毋過中奉大夫。己丑，以余深爲門下侍郎，資政殿學士張商英爲中書侍郎，戶部尙書侯蒙同知樞密院事。壬辰，罷河東、河北、京東鑄夾錫鐵錢。

三月庚子，募饑民補禁卒。詔：醫學生併入太醫局，算入太史局，書入翰林書藝局，畫入翰林圖畫局〔三〕，學官等並罷。甲寅，敕所在振恤流民。癸亥，詔：罪廢人稍加甄敍，能安分守者，不俟滿歲各與敍進，以責來效。丙寅，賜上舍生十五人及第。戊辰，詔：上書邪下等人可依無過人例，今後改官升任並免檢舉。

夏四月己卯，班樂尺于天下。癸未，蔡京上哲宗實錄。丙申，立感生帝壇。丁酉，詔修哲宗史。

五月壬寅，停僧牒三年。丁未，彗出奎、婁。甲寅，立詞學兼茂科。丙辰，詔以彗見避殿減膳，令侍從官直言指陳闕失。戊午，赦天下。壬戌，改廣西黔南路爲廣南西路。癸亥，治廣西妄言拓地罪，追貶帥臣王祖道爲昭信軍節度副使。甲子，貶蔡京爲太子少保。丙寅，余深罷。

六月庚午，御殿復膳。乙亥，以張商英爲尙書右僕射兼中書侍郎。壬辰，復向宗回爲開府儀同三司、漢東郡王。乙未，慮囚。丙申，薛昂罷。

秋七月辛丑，復罷方田。戊申，封子楞爲冀國公。

八月乙亥，以劉正夫爲中書侍郎，侯蒙爲尙書左丞，翰林學士承旨鄧洵仁爲尙書右丞。戊寅，省內外冗官。庚辰，以資政殿學士吳居厚爲門下侍郞。丁亥，行內外學官選試法。

閏月辛丑，詔：諸路事有不便於民者，監司條奏之。癸卯，改陵井監爲仙井監。辛酉，詔戒朋黨。以張閣知杭州，兼領花石綱。

九月丙寅朔，日有食之。

冬十月丁酉，立貴妃鄭氏爲皇后。鄭居中罷。戊戌，太白晝見。以吳居厚知樞密院事。

十一月乙丑朔，朝景靈宮。丙寅，饗太廟。丁卯，祀昊天上帝于圜丘，赦天下，改明年元。丙戌，罷拱州爲襄邑縣。

十二月庚戌，改謚靖和皇后爲惠恭。

是歲，夔州江水溢。海水淸。出宮女四百八十六人。南丹州首領莫公晟內附。

政和元年春正月己巳，以賢妃王氏爲德妃。壬申，毀京師淫祠一千三十八區。戊寅，封子栱爲定國公。丙戌，廢白、龔二州。壬辰，詔百官厲名節。

二月壬寅，册皇后。乙巳，詔陝西、河東復鑄夾錫錢。丙午，以太子少師鄭紳爲開府儀同三司。

三月己巳，詔監司督州縣長吏勸民增植桑柘，課其多寡爲賞罰。癸酉，以吏部尚書王襄同知樞密院事。

夏四月乙卯，罷陝西、河東鑄夾錫錢。丙辰，慮囚。立守令勸農黜陟法。丁巳，以淮南旱，降囚罪一等，徒以下釋之。

五月癸亥，詔四川羨餘錢物歸左藏庫。戊辰，改當十錢爲當三。己卯，東南有星晝隕。丁亥，解池生紅鹽。

六月甲寅，復蔡京爲太子少師。

秋七月壬申，以疾愈赦天下。癸未，廢平、從二州爲砦。

八月乙未，復蔡京爲太子太師。丁巳，張商英罷。戊午，詔：「監司部內官吏，一歲中有犯罪至三人以上，雖不及三人而或有曾薦舉者，罪及監司。」

九月戊寅，王襄罷。丁亥，封子栻爲廣國公。是月，鄭允中、童貫使遼，以李良嗣來，良嗣獻取燕之策，詔賜姓趙。

冬十月辛卯，以用事之臣多險躁朋比，下詔申儆。庚戌，封昭化軍節度使宗粹爲信安郡王。辛亥，貶張商英爲崇信軍節度副使。

十一月壬戌，以上書邪等及曾經入籍人並不許試學官。丙子，封子棅爲福國公。

十二月己酉，詔臺諫以直道覈是非，毋憚大吏，毋比近習。辛亥，廢鎮州，升瓊州爲靖海軍。

是歲，虔州芝草生。蔡州瑞麥連野。河南府嘉禾生，野蠶成繭。出宮女八十人。交阯、夏國入貢。

校勘記

〔一〕王口砦　「口」，原作「古」，據本書卷九〇地理志、十朝綱要卷一六改。

〔二〕翰林圖畫局　「圖畫」，原作「畫圖」，據宋會要職官三六之九五、長編紀事本末卷一三五、通考卷三五改。

宋史卷二十一

本紀第二十一

徽宗三

二年春正月甲子，制：上書邪等人並不除監司。

二月戊子朔，蔡京復太師致仕，賜第京師。庚子，以婉容崔氏爲賢妃。

三月戊午朔，定國公棋薨。己巳，御集英殿策進士。己卯，賜禮部奏名進士及第、出身七百十三人。

夏四月己丑，詔縣令以十二事勸農於境內，躬行阡陌，程督勤惰。辛卯，復行方田。日中有黑子。甲午，宴蔡京等于太清樓。乙巳，以定國軍節度使仲忽爲開府儀同三司。庚戌，以何執中爲司空。壬子，賜張商英自便。

五月癸亥，慮囚。丁卯，封子椿爲慶國公。己巳，蔡京落致仕，三日一至都堂議事。

六月己丑，以資政殿學士余深爲門下侍郎。乙卯，白虹貫日。

秋七月壬申，訪天下遺書。丙子，置禮制局。

九月壬午，改太尉以冠武階。癸未，正三公、三孤官。改侍中爲左輔，中書令爲右弼，左右僕射爲太宰、少宰，罷尙書令。

冬十月乙巳，得玉圭於民間。

十一月己未，置知客省、引進、四方館、東西上閤門事。戊寅，日南至，受元圭于大慶殿，赦天下。辛巳，蔡京進封魯國公。以何執中爲少傅、太宰兼門下侍郎。執政皆進秩。

十二月甲申，行給地牧馬法。乙酉，以鄭居中爲特進。丙戌，以武信軍節度使童貫爲太尉。乙巳，定命婦名爲九等。丙午，燕輔臣于延福宮。辛亥，封子楃爲衞國公。

是歲，成都府、蘇州火。出宮女三百八十三人。高麗入貢。成都路夷人董舜咨、董彥博內附，置祺、亨二州。

三年春正月己未，以定王桓、嘉王楷並爲太保。庚申，以廣平郡王構爲檢校太保。甲子，詔以天錫元圭，遣官册告永裕、永泰陵。丙寅，以燕王俁爲太傅。癸酉，追封王安石爲舒王，子雱爲臨川伯，配饗文宣王廟。丁丑，吳居厚罷，以觀文殿學士鄭居中知樞密院事。

己卯，以越王偲爲太傅，封子樾爲韓國公。

二月甲申，以德妃王氏爲淑妃。庚寅，罷文臣勳官。辛卯，崇恩太后暴崩。甲午，以遼、女眞相持，詔河北治邊防〔一〕。丁酉，詔百官奉祠祿者並以三年爲任。乙巳，增定六朝勳臣一百一十六人。

三月壬子朔，日有食之。戊辰，進神宗淑妃宋氏爲貴妃。升永安縣爲永安軍。癸酉，賜上舍生十九人及第。

夏四月戊子，作保和殿。庚寅，以復溱、播等州降德音于梓夔路。癸巳，鄧洵仁罷。乙巳，以福寧殿東建玉淸和陽宮。丙午，升定州爲中山府。己酉，以資政殿學士薛昂爲尚書右丞。庚戌，班五禮新儀。

閏月丙辰，改公主爲帝姬。戊午，復置醫學。辛酉，上崇恩太后謚曰昭懷。庚午，慶國公椿薨。

五月乙酉，慮囚。丙申，升蘇州爲平江府。庚子，大盈倉火。壬寅，以築溱、播進執政官一等。丙午，葬昭懷皇后于永泰陵。丁未，詔尚書內省分六司，以掌外省六曹所上之事；置內宰、副宰、內史、治中等官及都事以下吏員。己酉，班新燕樂。

六月癸亥，祔昭懷皇后神主于太廟。戊辰，降兩京、河陽、鄭州囚罪一等，民緣園陵役者蠲其賦。

秋七月癸未，升趙城縣爲慶祚軍。甲申，還王珪、孫固贈謚，追復韓忠彥、曾布、安燾、李清臣、黃履等官職。庚子，貴妃劉氏薨。壬寅，復置白州。

八月甲戌，以燕樂成進執政官一等。丙子，以何執中爲少師。丁丑，升潤州爲鎭江府。戊寅，封四鎭山爲王。

九月庚寅，詔大理寺、開封府不得奏獄空，其推恩支賜並罷。戊戌，追册貴妃劉氏爲皇后，謚曰明達。

冬十月乙丑，閱新樂器于崇政殿〔三〕，出古器以示百官。戊辰，詔冬祀大禮及朝景靈宮，並以道士百人執威儀前導。

冬十一月辛巳，朝獻景靈宮。壬午，饗太廟，加上神宗謚曰體元顯道法古立憲帝德王功英文烈武欽仁聖孝皇帝，改上哲宗謚曰憲元繼道世德揚功欽文睿武齊聖昭孝皇帝。癸未，祀昊天上帝于圜丘，大赦天下。升端州爲興慶府。乙酉，以天神降，詔告在位，作天眞降臨示現記。己丑，以賢妃崔氏爲德妃。壬辰，築祥州。己亥，詔有官人許舉八行。

十二月癸丑，詔天下訪求道教仙經。乙卯，詔天下貢醫士。辛酉，太白晝見。

是歲，江東旱，溫、封、滋三州火。出宮女二百七十有九人。

四年春正月戊寅朔，置道階，凡二十六等。辛丑，追封濮王子宗誼爲祁王，宗詠爲萊王，宗師爲温王，宗輔爲楚王，宗博爲蕭王，宗沔爲霍王，宗蓋爲建王，宗勝爲袁王。

二月丁巳，賜上舍生十七人及第。癸亥，改淯井監爲長寧軍。癸酉，長子桓冠。

三月丙子朔，以淑妃王氏爲貴妃。

夏四月庚戌，幸尚書省，以手詔訓誡蔡京、何執中，各官遷秩，吏賜帛有差。癸丑，閱太學、辟雍諸生雅樂。甲子，改戎州爲敍州。

五月丙戌，始祭地于方澤，以太祖配。降德音于天下。子機薨。

六月戊午，慮囚。壬申，以廣西溪洞地置隆、兌二州。

秋七月丁丑，置保壽粹和館以養宫人有疾者。戊寅，焚苑東門所儲毒藥可以殺人者，仍禁勿得復貢。甲午，祔明達皇后神主于别廟。

八月乙巳，改端明殿學士爲延康殿學士，樞密直學士爲述古殿直學士。癸亥，定武臣橫班，以五十員爲額。

九月己卯，以安靜軍節度使王憲爲開府儀同三司。己亥，詔諸路兵應役京師者並以十月朔遣歸。

冬十月乙巳，復置拱州。

十一月丁丑，封子棫爲相國公。

十二月己酉，以禁中神御殿成，減天下囚罪一等。癸丑，定朝議、奉直大夫以八十員爲額。己未，詔廣南市舶司歲貢眞珠、犀角、象齒。

是歲，相州野蠶成繭。出宮女六十八人。

五年春正月庚辰，瀘南晏州夷反，尋詔梓州路轉運使趙遹等督兵討平之。己丑，令諸州縣置醫學，立貢額。甲午，改龍州爲政州。

二月乙巳，立定王桓爲皇太子。甲寅，册皇太子，赦天下。庚午，以童貫領六路邊事。

三月辛未朔，太白晝見。己卯，御集英殿策進士。甲申，追論至和、嘉祐定策功，封韓琦爲魏郡王，復文彥博官。丁亥，詔以立皇太子，見責降文武臣僚並與牽復甄敍，凡千五百人。壬辰，升舒州爲德慶軍。癸巳，賜禮部奏名進士出身六百七十人。

夏四月甲辰，作葆眞宮。丁未，詣景靈宮，還幸祕書省，進館職官一等。庚戌，改集賢殿爲右文殿。癸亥，置宣和殿學士。詔東宮講讀官罷讀史。

五月壬辰，慮囚。

六月癸丑，以修三山河橋，降德音于河北、京東、京西路。

秋七月戊辰朔，日有食之。乙亥，升汝州爲陸海軍。丁丑，詔建明堂于寢殿之南。甲申，昭慶軍節度使蔡卞爲開府儀同三司。丁亥，封子樾爲瀛國公。

八月己酉，以祕書省地爲明堂。辛亥，升通利軍爲濬州平川軍節度。嗣濮王仲增薨。

九月己卯，封仲御爲嗣濮王。丙戌，封子模爲惠國公。

冬十月癸卯，以嵩山道人王仔昔爲沖隱處士。戊午，夏國入貢。

十一月癸酉，錄昭憲皇后杜氏之裔。庚寅，高麗遣子弟入學。

十二月己亥，升遂州爲遂寧府。庚申，以平晏夷曲赦四川。癸亥，置緣邊安撫司于瀘州。

是歲，平江府、常湖秀州水。出宮女五十人。

六年春正月戊子，以瀘南獻捷轉宰執一官。以童貫宣撫陝西、河北。

閏月壬寅，升潁州爲順昌府。丁未，置道學。

二月丁亥，詔增廣天下學舍。庚寅，詔廣京城。

三月癸丑，賜上舍生十一人及第。

夏四月乙丑，會道士于上淸寶籙宮。辛未，以何執中爲太傅致仕，朝朔望。丁丑，詔：「天寧諸節及壬戌日，杖已下罪聽贖。」丙戌，卻監司、守臣進獻。庚寅，詔蔡京三日一朝，正公相位，總治三省事。

五月丁酉，廢錫錢。庚子，以鄭居中爲少保、太宰兼門下侍郞，劉正夫爲特進、少宰兼中書侍郞。壬寅，以保大軍節度使鄧洵武知樞密院事。

六月丙寅，班中書官制格。庚午，慮囚。甲戌，詔堂吏遷官至奉直大夫止。癸未，皇太子納妃朱氏。

秋七月壬辰朔，以震武城爲震武軍。甲午，以德妃崔氏爲貴妃。辛亥，以河陽三城節度使王薦爲開府儀同三司。諸盜晏州卜漏、沅州黃安俊、定邊軍李吡哆伏誅，詔函首于甲庫。壬子，曲赦湖北。己未，解池生紅鹽。辛酉，改走馬承受公事爲廉訪使者。

八月壬戌朔，戒北邊帥臣毋生事。壬午，詔天下監司、郡守搜訪巖谷之士，雖恢詭譎怪自晦者悉以名聞。丁亥，幸蔡京第。己丑，升晉州爲平陽、壽州爲壽春、齊州爲濟南府。

九月辛卯朔，詣玉淸和陽宮，上太上開天執符御曆含眞體道昊天玉皇上帝徽號寶册。丙申，赦天下。令洞天福地修建宮觀，塑造聖像。以西內成曲赦京西。己未，以童貫爲開府儀同三司。

冬十月乙丑，太白晝見。

十一月丁酉，朝獻景靈宮。戊戌，饗太廟。己亥，祀昊天上帝于圜丘，赦天下。庚子，以禮部尚書白時中爲尚書右丞。辛丑，魏國公材薨〔三〕。戊申，以侯蒙爲中書侍郎，薛昂爲尚書左丞。己未，徙封衞國公樨爲鄆國公。增横班爲十三階。

十二月己巳，以婉儀劉氏爲賢妃。戊寅，以熙河進築功成，進執政一官。乙酉，奠九鼎于圜像徽調閣。劉正夫爲開府儀同三司致仕。戊子，以宗粹爲開府儀同三司。

是歲，冀州三山黄河清。出宫女六百人。高麗、占城、大食、眞臘、大理、夏國入貢，茂州夷郅永壽內附〔四〕。

七年春正月丁酉，于闐入貢。庚子，以殿前都指揮使高俅爲太尉。

二月癸亥，以大理國主段和譽爲雲南節度使、大理國王。甲子，會道士二千餘人于上清寶籙宫，詔通眞先生林靈素諭以帝君降臨事。丁卯，御集英殿策高麗進士。辛未，改天下天寧萬壽觀爲神霄玉清萬壽宫。乙亥，幸上清寶籙宫，命林靈素講道經。

三月庚寅，賜高麗祭器。高麗進士權適等四人賜上舍及第。乙未，以童貫權領樞密院。丙申，升鼎州爲常德軍。

夏四月庚申，帝諷道籙院上章，册己爲教主道君皇帝，止於教門章疏內用。辛酉，升溫州爲應道軍。

五月戊子朔，升慶州爲慶陽軍、渭州爲平涼軍。己丑，如玉清和陽宮，上承天效法厚德光大后土皇地祇徽號寶册。辛卯，命蔡攸提舉秘書省并左右街道籙院。乙未，詔權罷宮室修造。辛丑，祭地于方澤，降德音于諸路。以監司州縣共爲姦贓，令廉訪使者察奏，仍許民徑赴尙書省陳訴。癸卯，改玉清和陽宮爲玉清神霄宮。

六月戊午朔，以明堂成，進封蔡京爲陳、魯國公。戊辰，以嘉王楷爲太傅。改節度觀察留後爲承宣使。己巳，蔡京辭兩國不拜，詔官其親屬二人。壬午，詔禁巫覡。丙戌，貴妃宋氏薨。

秋七月壬辰，熙河、環慶、涇原地震。庚子，詔八寶增定命寶。

八月癸亥，詔明堂并祠五帝。鄭居中以母憂去位。

九月戊子，詔湖北民力未紓，胡耳西道可罷進築。辛卯，大饗明堂，赦天下。乙未，劉正夫卒。丁酉，西蕃王子益麻党征降，見于紫宸殿。壬寅，進宰執官一等。甲辰，以薛昂爲特進。癸丑，貴妃王氏薨。

冬十月乙卯朔，初御明堂，班朔布政。戊寅，侯蒙罷。

十一月庚寅，命蔡京五日一赴都堂治事。辛卯，鄭居中起復。以余深爲特進、少宰兼中書侍郎，白時中爲中書侍郎。壬辰，復置醴州。丙申，何執中卒。升石泉縣爲軍。十二月戊申朔，有星如月。丁巳，以薛昂爲門下侍郎。戊辰，詔天神降于坤寧殿，刻石以紀之。庚午，以童貫領樞密院。命戶部侍郎孟揆作萬歲山。

是歲，三山河水淸。出宮女六十八人。

重和元年春正月甲申朔，受定命寶于大慶殿。戊子，封孫諶爲崇國公。己丑，赦天下。應元符末上書邪中等人，依無過人例。乙巳，封姪有奕爲和義郡王。庚戌，以翰林學士承旨王黼爲尙書左丞。

二月戊辰，增諸路酒價。庚午，遣武義大夫馬政由海道使女眞，約夾攻遼。甲戌，升六安縣爲六安軍。丁丑，詔：監司輒以禁錢買物爲苞苴饋獻，論以大不恭。

三月丙戌，詔：監司、郡守自今須滿三歲乃得代，仍毋得通理。癸巳，令嘉王楷赴廷對。丙申，以茂州蕃族平，曲赦四川。丁酉，知建昌陳并等改建神霄宮不虔及科決道士，詔並勒停。戊戌，御集英殿策進士。戊申，賜禮部奏名進士及第、出身七百八十三人。有司以嘉王楷第一，帝不欲楷先多士，遂以王昂爲榜首。

夏四月癸丑朔，築靖夏城、制戎城。錄呂餘慶後。癸亥，減捶刑。己卯，詔：每歲以季秋親祠明堂，如孟月朝獻禮。以太上混元上德皇帝二月十五日生辰爲貞元節。

五月壬午朔，日有食之。乙酉，詔諸路選漕臣一員，提舉本路神霄宮。丁亥，以林靈素爲通眞達靈元妙先生，張虛白爲通元沖妙先生。壬辰，班御製聖濟經。以青華帝君八月九日生辰爲元成節。庚戌，手敕兩浙漕司，以權添酒錢盡給御前工作。

六月乙卯，以賢妃劉氏爲淑妃。己巳，以淮西盜平曲赦。庚午，慮囚。甲戌，以西邊獻捷，曲赦陝西、河東路。

秋七月壬午，以西師有功，加蔡京恩，官其一子，鄭居中爲少傅，余深爲少保，鄧洵武爲特進，進執政官一等。己酉，遣廉訪使者六人振濟東南諸路水災。

八月甲寅，以童貫爲太保。辛酉，詔班御注道德經。壬申，詔執政非入謝及丐去，毋得獨留奏事。癸酉，封子椅爲嘉國公。乙亥，升兗州爲襲慶府。

九月辛巳，大饗明堂。壬午，詔罷拘白地、禁榷貨，增方田稅、添酒價、取醋息、河北加折耗米、東南水災強糴等事。丙戌，詔太學、辟雍各置內經、道德經、莊子、列子博士二員。己丑，以歲當戊、月當壬爲元命，降德音于天下。庚寅，薛昂罷。以白時中爲門下侍郎，王黼爲中書侍郎，翰林學士承旨馮熙載爲尙書左丞，刑部尙書范致虛爲尙書右丞。壬辰，禁州郡遏羅及邊將殺降以倖功賞者。癸巳，禁羣臣朋黨。丁酉，用蔡京言，集古今道教事爲紀志，賜名道史。辛丑，鄭居中罷，乞持餘服，詔從之。詔察縣令治行、諸路監司能改正州縣事者，較爲殿最。詔：視中大夫林靈素，視中奉大夫張虛白，並特授本品眞官。

閏月庚申，詔江、淮、荆、浙、閩、廣監司督責州縣還集流民。丁卯，進封楷爲鄆王。丙子，詔：周柴氏後已封崇義公，復立恭帝後以爲宣義郎，監周陵廟，世世爲國三恪。

冬十月己卯朔，太白晝見。己亥，改興慶軍爲肇慶府〔五〕。甲辰，置道官二十六等，道職八等。

十一月己酉朔，改元，大赦天下。辛亥，日中有黑子。丙辰，以婉容王氏爲賢妃。辛酉，補上書人安堯臣官。己巳，升梓州爲潼川府。

十二月戊寅朔，復京西錢監。己丑，置裕民局。

是歲，江、淮、荆、浙、梓州水。出宮女百七十八人。黃巖民妻一產四男子。于闐、高麗入貢。

校勘記

〔一〕詔河北治邊防 「治」，原作「沿」，據十朝綱要卷一七改。

〔二〕閱新樂器于崇政殿　「樂器」，疑是「禮器」之誤。長編紀事本末卷一三四說：「乙丑，御崇政殿閱舉制造禮器所之禮器，並出古器宣示百官。」

〔三〕魏國公材薨　「國」字原脫，據十朝綱要卷一五補。

〔四〕茂州夷郅永壽內附　「郅永壽」，原作「王永壽」，據本書卷四九六威茂渝州蠻傳改。十朝綱要卷一七也說：這年三月辛丑「知成都府許光凝言：茂州眞將郅永壽納土乞建置軍城，詔賜名壽寧軍。」

〔五〕改興慶軍為肇慶府　按上文政和三年十一月「升端州為興慶府」，宋會要方域七之一四也說：政和八年十月二十一日，詔令興慶府「仍賜名肇慶府」。此處「興慶軍」，疑為「興慶府」之誤。

宋史卷二十二

本紀第二十二

徽宗四

宣和元年春正月戊申朔，日下有五色雲。壬子，進建安郡王樞爲肅王，文安郡王杞爲景王，並爲太保。乙卯，詔：「佛改號大覺金仙，餘爲仙人、大士。僧爲德士，易服飾，稱姓氏。寺爲宮，院爲觀。」改女冠爲女道，尼爲女德。丁巳，金人使李善慶來，遣趙有開報聘，至登州而還。戊午，以余深爲太宰兼門下侍郎，王黼爲特進、少宰兼中書侍郎。乙丑，改湟州爲樂州。癸酉，封子楝爲温國公，姪有恭爲永寧郡王。乙亥，躬耕籍田。罷裕民局。

二月庚辰，改元。易宣和殿爲保和殿。戊戌，以鄧洵武爲少保。

三月庚戌，蔡京等進安州所得商六鼎。己未，以馮熙載爲中書侍郎，范致虛爲尚書左丞，翰林學士張邦昌爲尚書右丞。詔天下知宮觀道士與監司、郡縣官以客禮相見。童貫遣知熙州劉法出師攻統安城，夏人伏兵擊之，法敗歿，震武軍受圍。甲子，知登州宗澤坐建神霄宮不虔，除名編管。辛未，賜上舍生五十四人及第。甲戌，皇后親蠶。

夏四月丙子朔，日有食之。庚寅，童貫以鄜延、環慶兵大破夏人，平其三城。己亥，曲赦陝西、河東路。辛丑，進輔臣官一等。

五月丙午朔，有物如龍形，見京師民家。丁未，詔德士並許入道學，依道士法。丙辰，敗夏人于震武。壬申，班御製九星二十八宿朝元冠服圖。甲戌，慮囚。是月，大水犯都城，西北有赤氣亙天。

六月壬午，詔西邊武臣爲經略使者改用文臣。甲申，詔封莊周爲微妙元通眞君，列禦寇爲致虛觀妙眞君，仍行册命，配享混元皇帝。己亥，夏國遣使納款，詔六路罷兵。

秋七月甲寅，以童貫爲太傅。

八月戊寅，詔諸路未方田處並令方量，均定租課。丁酉，以神霄宮成降德音于天下。

九月甲辰朔，燕蔡京於保和新殿。辛亥，大饗明堂。癸亥，幸道德院觀金芝，遂幸蔡京第。丁卯，以淮康軍節度使蔡攸爲開府儀同三司。范致虛以母憂去位。

冬十月甲戌朔，以紹述熙豐政事書布告天下。

十一月癸丑，朝獻景靈宮。甲寅，饗太廟。乙卯，祀昊天上帝于圜丘，赦天下。甲子，詔：東南諸路水災，令監司、郡守悉心振救。戊辰，以淮甸旱，飢民失業，遣監察御史察訪。張邦昌爲尚書左丞，翰林學士王安中爲尚書右丞。時朱勔以花石綱媚上，東南騷動，太學生鄧肅進詩諷諫，詔放歸田里。

十二月甲戌，詔：京東東路盜賊竊發，令東、西路提刑督捕之。辛卯，大雨雹。丙申，帝數微行，正字曹輔上書極論之，編管郴州。

是歲，京西饑，淮東大旱，遣官振濟。嵐州黃河清。升邢州爲信德，陳州爲淮寧，襄州爲襄陽，慶州爲慶陽，安州爲德安，鄆州爲東平，趙州爲慶源府；瀘州爲瀘川，睦州爲建德，岳州爲岳陽，寧州爲興寧，宜州爲慶遠，光州爲光山，均州爲武當軍。

二年春正月癸亥，追封蔡確爲汝南郡王。甲子，罷道學。

二月乙亥，遣趙良嗣使金國。唐恪罷。庚辰，以寧遠軍節度使梁子美爲開府儀同三司。戊子，令所在贍給淮南流民，諭還之。甲午，詔別修哲宗史。

三月壬寅，賜上舍生二十一人及第。乙卯，改熙河蘭湟路爲熙河蘭廓路。

夏四月丙子，詔：江西、廣東兩界，羣盜嘯聚，添置武臣提刑、路分都監各一員。

五月庚子朔，以淑妃劉氏爲貴妃。己酉，日中有黑子。丁巳，祭地于方澤，降德音于諸路。布衣朱夢說上書論宦寺權太重，編管池州。戊辰，詔宗室有文行才術者，令大宗正司以聞。

六月癸酉，詔開封府振濟飢民。丁丑，太白晝見。戊寅，蔡京致仕，仍朝朔望。辛巳，詔：自今衝改元豐法制，論以大不恭。丙戌，詔：「三省、樞密院額外吏職，並從裁汰。及有妄言惑衆，稽違詔令者，重論之。」詔：「諸司總轄、提點之類，非元豐法並罷。」丁亥，復寺院額。甲午，罷禮制局并修書五十八所。

秋七月壬子，罷文臣起復。己未，罷醫、算學。丙寅，封子檍爲英國公。

八月庚辰，詔減定醫官額。乙未，詔：監司所舉守令非其人，或廢法不舉，令廉訪使者劾之。

九月壬寅，金人遣勃堇等來〔一〕。乙巳，復德士爲僧。辛亥，大饗明堂。丙辰，遣馬政使金國。癸亥，余深加少傅。宴童貫第。

冬十月戊辰朔，日有食之。以河東節度使梁師成爲太尉。建德軍青溪〔二〕妖賊方臘反，命譚稹討之。

十一月己亥，余深罷，仍少傅，授鎭西軍節度使、知福州。庚戌，以王黼爲少保、太宰兼門下侍郎。己未，兩浙都監蔡遵、顏坦擊方臘，死之。

十二月丁亥，改譚稹爲兩浙制置使，以童貫爲江、淮、荆、浙宣撫使，討方臘。己丑，以少傅鄭居中權領樞密院。庚寅，詔訪兩浙民疾苦。是月，方臘陷建德，又陷歙州，東南將郭師中戰死；陷杭州，知州趙霆遁，廉訪使者趙約詬賊死。

是歲，淮南旱。夏國、眞臘入貢。

三年春正月壬寅，鄧洵武卒。戊午，以安康郡王栩爲太保，進封濟王；鎭國公模爲開府儀同三司，進封樂安郡王。己未，詔淮南、江東、福建各權添置武臣提刑一員。辛酉，罷蘇、杭州造作局及御前綱運。乙丑，罷西北兵更戍。罷木石彩色等場務。是月，方臘陷婺州，又陷衢州，守臣彭汝方死之。

二月庚午，趙霆坐棄杭州〔三〕，貶吉陽軍。罷方田。甲戌，降詔招撫方臘。乙酉，罷天下三舍及宗學、辟雍、諸路提舉學事官。癸巳，赦天下。是月，方臘陷處州。淮南盜宋江等犯淮陽軍，遣將討捕，又犯京東、河北〔四〕，入楚、海州界，命知州張叔夜招降之。

三月丁未，御集英殿策進士。庚申，賜禮部奏名進士及第、出身六百三十人。

夏四月丙寅，貴妃劉氏薨。甲戌，青溪令陳光以盜發縣內棄城，伏誅。庚寅，忠州防禦使辛興宗擒方臘于青溪。詔二浙、江東被賊州縣給復三年。癸巳，汝州牛生麒麟。

五月戊戌，以鄭居中領樞密院。己亥，詔杭、越、江寧守臣並帶安撫使。甲辰，追册貴妃劉氏爲皇后，謚曰明節。改睦州建德軍爲嚴州遂安軍，歙州爲徽州。丙午，金人再遣曷魯等來。戊申，以興寧軍節度使劉宗元爲開府儀同三司。癸亥，詔：三省覺察臺諫罔上背公者，取旨譴責。陳過庭、張汝霖以乞罷御前使喚及歲進花果，爲王黼所劾，並竄貶。

閏月丙寅，減諸州曹掾官。辛未，立醫官額。甲戌，復應奉司，命王黼及內侍梁師成領之。戊寅，慮囚。

六月，河決恩州清河埽。

秋七月丁卯，振温、處等八州。丁亥，廢純、滋等十二州。戊子，童貫等俘方臘以獻。是月，洛陽、京畿訛言有黑眚如人，或如犬，夜出掠小兒食之，二歲乃息。

八月甲辰，曲赦兩浙、江東、福建、淮南路。乙巳，以童貫爲太師，譚稹加節度。丁未，祔明節皇后神主于別廟。丙辰，方臘伏誅。

九月丙寅，以王黼爲少傅，鄭居中爲少師。庚午，進執政官一等。辛未，大饗明堂。

冬十月甲寅，詔自今贓吏獄具，論決勿貸。童貫復領陝西、兩河宣撫。

十一月丁丑，馮熙載罷。以張邦昌爲中書侍郎，王安中爲尚書左丞，翰林學士承旨李邦彥爲尚書右丞。辛巳，封子桐爲儀國公。壬午，張商英卒。

十二月辛卯朔，日中有黑子。壬子，進封廣平郡王構爲康王，樂安郡王楧爲祁王，並爲太保。

是歲，諸路蝗。

四年春正月丁卯，以蔡攸爲少保，梁師成爲開府儀同三司。癸酉，金人破遼中京，遼主北走。

二月丙申，以旱禱于廣聖宮，卽日雨。癸卯，雨雹。丙午，以吳國公楦爲開府儀同三司，進封信都郡王。

三月辛酉，幸祕書省，遂幸太學，賜祕書少監翁彥深王時雍、國子祭酒韋壽隆、司業權邦彥章服，館職、學官、諸生恩錫有差。丙子，遼人立燕王淳爲帝。金人來約夾攻，命童貫爲河北、河東路宣撫使，屯兵于邊以應之，且招諭幽燕。

夏四月丙午，詔置補完校正文籍局，錄三館書置宣和殿及太清樓、祕閣。又令郡縣訪遺書。

五月壬戌，以高俅爲開府儀同三司。丁卯，封子柄爲昌國公。甲戌，嗣濮王仲御薨。

乙亥，以蔡攸爲河北、河東宣撫副使。庚辰，以常德軍節度使譚稹爲太尉。童貫至雄州，令都統制种師道等分道進兵。癸未，遼人擊敗前軍統制楊可世于蘭溝甸。乙酉，封開府儀同三司、江夏郡王仲爰爲嗣濮王。丙戌，慮囚。楊可世與遼將蕭幹戰于白溝，敗績。丁亥，辛興宗敗于范村。

六月己丑，种師道退保雄州，遼人追擊至城下。帝聞兵敗懼甚，遂詔班師。壬寅，以王黼爲少師。是月，遼燕王淳死，蕭幹等立其妻蕭氏〔五〕。

秋七月己未，廢貴妃崔氏爲庶人。壬午，王黼以耶律淳死，復命童貫、蔡攸治兵，以河陽三城節度使劉延慶爲都統制。甲申，种師道責授右衞將軍致仕，和詵散官安置。

九月戊午，朝散郎宋昭上書諫北伐，王黼大惡之，詔除名、勒停，廣南編管。己未，金人遣徒孤且烏歇等來議師期。辛酉，大饗明堂。己巳，高麗國王王俣薨，遣路允迪弔祭。甲戌，遣趙良嗣報聘于金國。己卯，遼將郭藥師等以涿、易二州來降。

冬十月庚寅，改燕京爲燕山府，涿、易八州並賜名。癸巳，劉延慶與郭藥師等統兵出雄州。戊戌，曲赦所復州縣。己亥，耶律淳妻蕭氏上表稱臣納款。甲辰，師次涿州。己酉，郭藥師與高世宣、楊可世等襲燕，蕭幹以兵入援，戰于城中，藥師等屢敗，皆棄馬縋城而出，死傷過半。癸丑，以蔡攸爲少傅、判燕山府。甲寅，劉延慶自盧溝河燒營夜遁，衆軍遂潰，蕭斡追至涿水上乃還。

十一月丙辰朔，行新璽。戊辰，朝獻景靈宮。己巳，饗太廟。庚午，祀昊天上帝于圜丘，赦天下。東南官吏昨緣寇盜貶責者並次第移放，上書邪上等人特與磨勘。戊寅，金人遣李靖等來許山前六州。以彰德軍節度使鄭詳爲太尉。

十二月丁亥，郭藥師敗蕭斡于永清縣。戊子，遣趙良嗣報聘于金國。庚寅，以郭藥師爲武泰軍節度使。辛卯，金人入燕，蕭氏出奔。壬辰，使來獻捷。乙未，詔監司未經陛對毋得之任。丙申，貶劉延慶爲率府率，安置筠州。壬寅，進封植爲莘王。

五年春正月戊午，金人遣李靖來議所許六州代租錢。己未，遣趙良嗣報聘，求西京等州。辛酉，以王安中爲慶遠軍節度使、河北河東燕山府路宣撫使、知燕山府。甲申，錄富弼後。

二月乙酉朔，以李邦彥爲尚書左丞，翰林學士趙野爲尚書右丞。丙戌，金人以議未合，斷橋梁，焚次舍。丁酉，進封雍國公朴爲華原郡王，徐國公棣爲高平郡王，並爲開府儀同三司。

三月乙卯，金人再遣寧朮割等來。己未，遣盧益報聘，皆如其約。

夏四月癸巳，金人遣楊璞以誓書及燕京、涿易檀順景薊州來歸。庚子，童貫、蔡攸入燕，時燕之職官、富民、金帛、子女先爲金人盡掠而去。乙巳，童貫表奏撫定燕城。庚戌，曲赦河北、河東、燕、雲路。是日，班師。

五月己未，以收復燕雲，賜王黼玉帶。庚申，以王黼爲太傅，鄭居中爲太保，進宰執官二等。辛酉，王黼總治三省事。癸亥，童貫落節鉞，進封徐、豫國公。蔡攸爲少師。乙丑，詔：正位三公立本班，帶節鉞若領他職者仍舊班，著爲令。癸酉，祭地于方澤。是月，金人許朔、武、蔚三州。金主阿骨打殂，弟吳乞買立。

六月乙酉，郭藥師加檢校少傅。丙戌，遼人張覺以平州來附。己丑，仲爰薨。乙未，詔今後內外宗室並不稱姓。丁酉，以安國軍節度使仲理爲開府儀同三司，進封嗣濮王。己亥，慮囚。戊申，鄭居中卒。辛亥，以蔡攸領樞密院。

秋七月戊午，以梁師成爲少保。己未，童貫致仕。起復譚稹爲河北、河東、燕山府路宣撫使。庚午，太傅、楚國公王黼等上尊號曰繼天興道敷文成武睿明皇帝，不允。禁元祐學術。

八月辛巳朔，日當食不見。辛丑，命王安中作復燕雲碑。壬寅，太白晝見。是月，蕭幹破景州、薊州，寇掠燕山，郭藥師敗之。幹尋爲其下所殺，傳首京師。

九月辛酉，大饗明堂。

冬十月乙酉，雨木冰。

十一月乙卯，以鄭紳爲太師。壬寅，罷諸路提舉常平之不職者。丙寅，幸王黼第觀芝。諸路漕臣坐上供錢物不足，貶秩者二十二人。丁卯，王安中、譚稹並加檢校少傅，郭藥師爲太尉。華原郡王朴薨。壬申，王黼子弟親屬推恩有差。是月，金人取平州，張覺走燕山，金人索之甚急，命王安中縊殺，函其首送之。

十二月乙巳，金人遣高居慶等來賀正旦。戊申，以高平郡王棣爲太保，進封徐王。

是歲，秦鳳旱，河北、京東、淮南饑，遣官振濟。

六年春正月乙卯，爲金主輟朝。戊午，置書藝所。癸亥，藏蕭幹首于大社。戊寅，遣連南夫弔祭金國。

二月丁亥，以冀國公楞爲開府儀同三司，進封河間郡王；韶州防禦使令盪爲婺州觀察使，封安定郡王。己亥，躬耕藉田。丙午，詔：「自今非歷臺閣、寺監、監司、郡守、開封府曹官者，不得爲郎官、卿監，著爲令。」李邦彥以父憂去位。

三月己酉朔，以錢景臻爲少師。金人來匄糧，不與。

閏月辛巳，皇后親蠶。庚子，御集英殿策進士。

夏四月癸丑，賜禮部奏名進士及第、出身八百五人。丁巳，李邦彥起復。

五月壬寅，慮囚。癸卯，金人遣使來告嗣位。

六月壬子，詔以收復燕雲以來，京東、兩河之民困於調度，令京西、淮、浙、江、湖、四川、閩、廣並納免夫錢，期以兩月納足，違者從軍法。

秋七月戊子，遣許亢宗賀金國嗣位。丁酉，詔：應係御筆斷罪，不許詣尚書省陳訴改正。壬寅，詔宗室、后妃戚里、宰執之家概敷免夫錢。甲辰，置璣衡所。

八月乙卯，譚稹落太尉，罷宣撫使，童貫落致仕，領樞密院代之。丁巳，以溢機堡爲安羌城。壬戌，以復燕雲赦天下。

九月乙亥，以白時中爲特進、太宰兼門下侍郎，李邦彥爲少宰兼中書侍郎。蔡攸落節鉞。辛巳，大饗明堂。丁亥，以趙野爲尙書左丞，翰林學士承旨宇文粹中爲尙書右丞，開封尹蔡懋同知樞密院。庚寅，以金芝產于艮嶽萬壽峯，改名壽岳。庚子，金人遣富謨弼〔六〕等以遺留物來獻。

冬十月庚午，詔：有收藏習用蘇、黃之文者，並令焚毀，犯者以大不恭論。癸酉，詔內外官並以三年爲任，治績著聞者再任，永爲式。

十一月丙子，王黼致仕。太白晝見。乙酉，罷應奉司。丙戌，令尙書省置講議司〔七〕。壬辰，詔：「監司擇縣令有治績者保奏，召赴都堂審察錄用，毋過三人。」

十二月甲辰朔，蔡京領講議司。詔百官遵行元豐法制。丁未，詔內外侍從以上各舉所知二人。癸亥，蔡京落致仕，領三省事。

是歲，河北、山東盜起，命內侍梁方平討之。京師、河東、陝西地大震，兩河、京東西、浙西水，環慶、邠寧、涇原流徙，令所在振恤。夏國、高麗、于闐、羅殿入貢。

七年春正月癸酉朔，詔赦兩河、京西流民爲盜者，仍給復一年。癸巳，詔罷諸路提舉常平官屬，有罪當黜者以名聞；仍令三省修已廢之法。

二月甲辰，復置鑄錢監。詔御史察贓吏。己酉，雨木冰。庚戌，詔京師運米五十萬斛至燕山，令工部侍郎孟揆親往措置。己巳，進封廣國公栻爲南康郡王、福國公榛爲平陽郡王，並開府儀同三司。壬申，京東轉運副使李孝昌言招安羣盜張萬仙等五萬餘人，詔補官犒賜有差。

三月癸酉朔，雨雹。甲申，知海州錢伯言奏招降山東寇賈進等十萬人，詔補官有差。丙戌，以惠國公棫爲開府儀同三司，進封建安郡王。

夏四月丙辰，降德音于京東、河北路。庚申，蔡京復致仕。復州縣免行錢。戊辰，詔行元豐官制。復尚書令之名，虛而勿授；三公但爲階官，毋領三省事。

五月壬午，封子樅爲潤國公。丁亥，詔諸路帥臣舉將校有才略者，監司舉守令有政績者，歲各三人。

六月辛丑朔，詔宗室復著姓。丙午，封童貫爲廣陽郡王。戊申，詔臣僚輒與內侍來往者論罪。辛亥，慮囚。己未，以蔡攸爲太保。癸亥，詔吏職雜流出身人，毋得陳請改換。乙丑，罷減六尚歲貢物。

秋七月庚午朔，詔士庶毋以「天」、「王」、「君」、「聖」爲名字〔九〕，及以壬戌日輔臣焚香。甲戌，以河間郡王楞爲太保，進封沂王。是月，河東義勝軍叛。熙河、河東路地震。

九月辛巳，大饗明堂。壬辰，金人以擒遼主遣李孝和等來告慶。是月，河東言粘罕至雲中，詔童貫復宣撫。有狐升御榻而坐。

冬十月辛亥，賜曾布謚曰文肅。戊午，罷京畿和糴。

十一月庚午，詔：無出身待制以上，年及三十通歷任滿十歲，乃許任子。乙亥，遣使回慶金國。甲申，朝獻景靈宮。乙酉，饗太廟。丙戌，祀昊天上帝于圜丘，赦天下。庚寅，以保靜軍節度使种師道爲河東、河北路制置使。

十二月乙巳，童貫自太原遁歸京師。己酉，中山奏金人斡離不、粘罕分兩道入攻。郭藥師以燕山叛，北邊諸郡皆陷。又陷忻、代等州，圍太原府。太常少卿傅察奉使不屈，死之。丙辰，罷浙江諸路花石綱、延福宮、西城租課及內外製造局。金兵犯中山府，詹度禦之。戊午，皇太子桓爲開封牧。罷修蕃衍北宅，令諸皇子分居十位。己未，下詔罪己。令中外直言極諫，郡邑率師勤王；募草澤異才有能出奇計及使疆外者；罷道官，罷大晟府、行幸局；西城及諸局所管緡錢，盡付有司。以保和殿大學士宇文虛中爲河北、河東路宣諭使。庚申，詔內禪，皇太子卽皇帝位。尊帝爲教主道君太上皇帝，居于龍德宮；尊皇后爲太上皇后。

靖康元年正月己巳，詣亳州太淸宮，行恭謝禮，遂幸鎭江府。四月己亥還京師。明年二月丁卯，金人脅帝北行。紹興五年四月甲子，崩于五國城，年五十有四。七年九月甲子，凶問至江南，遙上尊謚曰聖文仁德顯孝皇帝，廟號徽宗。十二年八月乙酉，梓宮還臨安。十月丙寅，權欑于永祐陵。十二月丁卯，祔太廟第十一室。十三年正月己亥，加上尊謚曰體神合道駿烈遜功聖文仁德憲慈顯孝皇帝。

贊曰：宋中葉之禍，章、蔡首惡，趙良嗣厲階。然哲宗之崩，徽宗未立，惇謂其輕佻不可以君天下；遼天祚之亡，張覺舉平州來歸，良嗣以爲納之失信於金，必啓外侮。使二人之計行，宋不立徽宗，不納張覺，金雖強，何釁以伐宋哉？以是知事變之來，雖小人亦能知之，而君子有所不能制也。

跡徽宗失國之由，非若晉惠之愚、孫皓之暴，亦非有曹、馬之篡奪，特恃其私智小慧，用心一偏，疎斥正士，狎近姦諛。於是蔡京以獧薄巧佞之資，濟其驕奢淫佚之志。溺信虛無，崇飾游觀，困竭民力。君臣逸豫，相爲誕謾，怠棄國政，日行無稽。及童貫用事，又佳兵勤遠，稔禍速亂。他日國破身辱，遂與石晉重貴同科，豈得諉諸數哉。

昔西周新造之邦，召公猶告武王以不作無益害有益，不貴異物賤用物，況宣、政之爲宋，承熙、豐、紹聖椓喪之餘，而徽宗又躬蹈二事之弊乎？自古人君玩物而喪志，縱欲而敗度，鮮不亡者，徽宗甚焉，故特著以爲戒。

校勘記

〔一〕金人遣勃堇等來　據長編紀事本末卷一四二、金史卷二太祖紀及下文「金人再遣曷魯等來」，「勃堇」下疑脫「曷魯」二字。

〔二〕青溪　原作「淸溪」，據本書卷四六八童貫傳、宋會要兵一〇之一六、編年綱目卷二九改。下同。

〔三〕趙霆坐棄杭州　「趙霆」，原作「趙震」，據編年綱目卷二九及上文二年十二月「陷杭州，知州趙霆遁」改。

〔四〕河北　原作「江北」，據東都事略卷一一徽宗紀、十朝綱要卷一八改。

〔五〕遼燕王淳死蕭幹等立其妻蕭氏　此句不完整，「蕭氏」下疑脫「爲太后」三字。編年綱目卷二九作「耶律淳死，遼人立其妻蕭氏爲太后」。

〔六〕富讀⿰歹丙　長編紀事本末卷一四四作「富謨古」，金史卷六〇交聘表天會二年作「僕古」。

〔七〕講議司　原作「講議局」，據宋會要職官五之一五、十朝綱要卷一八及下文「蔡京領講議司」改。

〔八〕詔士庶毋以天王君聖爲名字　此句有誤。李心傳舊聞證誤卷三說：「宣和七年七月庚午，禁士民名字有犯『天』、『王』、『君』、『聖』及『主』字者。按此五字，皆宣和以前所禁，至此始罷之，今乃以爲禁，非也。重和元年九月禁『天』字，二月禁『君』字，五月禁『聖』字，政和三年六月禁『王』字，政和八年七月禁『主』字。」參考宋會要刑法二之九三。

宋史卷二十三

本紀第二十三

欽宗

欽宗恭文順德仁孝皇帝，諱桓，徽宗皇帝長子，母曰恭顯皇后王氏。元符三年四月己酉，生于坤寧殿。初名亶，封韓國公，明年六月進封京兆郡王。崇寧元年二月甲午，更名烜，十一月丁亥，又改今名。大觀二年正月，進封定王。政和元年三月，講學于資善堂。三年正月，加太保。四年二月癸酉，冠于文德殿。

五年二月乙巳，立爲皇太子，大赦天下。丁巳，謁太廟。詔乘金輅，設鹵簿，如至道、天禧故事，及宮僚參謁並稱臣，皆辭之。六年六月癸未，納妃朱氏。

宣和七年十二月戊午，除開封牧。庚申，徽宗詔皇太子嗣位，自稱曰道君皇帝，趣太子入禁中，被以御服。泣涕固辭，因得疾。又固辭，不許。辛酉，卽皇帝位，御垂拱殿見羣臣。

是日，日有五色暈，挾赤黃珥，重日相蕩摩久之。乃引道君皇帝出居龍德宮，皇后出居擷景園。以少宰李邦彥爲龍德宮使，太保領樞密院事蔡攸、門下侍郎吳敏副之。是時，金人已分道犯境。壬戌，赦大逆、反叛以下罪，進百官秩一等，賞諸軍，立妃朱氏爲皇后，以太子詹事耿南仲簽書樞密院事。癸亥，詔太傅燕王、越王入朝不趨，贊拜不名。詔非三省、樞密院所得旨，有司勿行。甲子，斡離不陷信德府，粘罕圍太原。詔京東、淮西、浙募兵入衞。太學生陳東等上書，數蔡京、童貫、王黼、梁師成、李彥、朱勔罪，謂之六賊，請誅之。丙寅，上道君皇帝尊號曰教主道君太上皇帝，皇后曰道君太上皇后。詔改元。

靖康元年春正月丁卯朔，受羣臣朝賀，退詣龍德宮，賀道君皇帝。詔中外臣庶實封言得失。金人破相州。戊辰，破濬州。威武軍節度使梁方平師潰，河北、河東路制置副使何灌退保滑州。己巳，灌奔還，金人濟河，詔親征。道君皇帝東巡，以領樞密院事蔡攸爲行宮使，尚書右丞宇文粹中〔一〕副之。詔自今除授、黜陟及恩數等事，並參酌祖宗舊制。罷內外官司、局、所一百五處，止留後苑，以奉龍德宮。以門下侍郎吳敏知樞密院事，吏部尚書李棁同知樞密院事。貶太傅致仕王黼爲崇信軍節度副使，安置永州。賜翊衞大夫、安德軍承宣使李彥死，並籍其家。放寧遠軍節度使朱勔歸田里。帝欲親征，以李綱爲留守，以李棁爲副。給事中王寓諫親征，罷之。庚午，道君皇帝如亳州，百官多潛遁。宰相欲奉帝出襄、鄧，李綱諫止之。以綱爲尚書右丞。辛未，以李綱爲親征行營使，侍衞親軍馬軍都指揮使曹曚副之。太宰兼門下侍郎白時中罷，李邦彥爲太宰兼門下侍郎，守中書侍郎張邦昌爲少宰兼中書侍郎，尚書左丞趙野爲門下侍郎，翰林學士承旨王孝迪爲中書侍郎，同知樞密院事蔡懋爲尚書左丞。壬申，金人渡河，遣使督諸道兵入援。癸酉，詔兩省、樞密院官制一遵元豐故事。金人犯京師，命尚書駕部員外郎鄭望之、親衞大夫康州防禦使高世則使其軍。詔從官舉文武臣僚堪充將帥有膽勇者。是夜，金人攻宣澤門，李綱禦之，斬獲百餘人，至旦始退。甲戌，金人遣吳孝民來議和，命李梲使金軍。金人又使蕭三寶奴、耶律忠、張愿恭來。以吏部尚書唐恪同知樞密院事。乙亥，金人攻通津、景陽等門，李綱督戰，自卯至酉，斬首數千級，何灌戰死。李梲與蕭三寶奴、耶律忠、王汭來索金帛數千萬，且求割太原、中山、河間三鎭，并宰相親王爲質，乃退師。丙子，避正殿，減常膳。括借金銀，籍倡優家財。庚辰，命張邦昌副康王構使金軍，詔稱金國加「大」字。辛巳，道君皇帝幸鎭江。以兵部尚書路允迪簽書樞密院事。金人陷陽武，知縣事蔣興祖死之。壬午，大風走石，竟日乃止。封子諶爲大寧郡王。甲申，省廉訪使者官，罷鈔旁定貼錢及諸州免行錢，以諸路贍學戶絕田產歸常平司。統制官馬忠以京西募兵至，擊金人于順天門外，敗之。乙酉，路允迪使粘罕軍于河東。平陽府將劉嗣初以城叛。丁亥，靜難軍節度使〔二〕、河北河東路制置使种師道督涇原、秦鳳兵入援，以師道同知樞密院事，爲京畿、河北、河東宣撫使，統四方勤王兵及前後軍。庚寅，盜殺王黼于雍丘。癸巳，大霧四塞。乙未，貶少保、淮南節度使梁師成爲彰化軍節度副使，行及八角鎮，賜死。

二月丁酉朔，命都統制姚平仲〔三〕將兵夜襲金人軍，不克而奔。戊戌，罷李綱以謝金人，廢親征行營司。金人復來議和。庚子，命駙馬都尉曹晟使金軍。辛丑，又命資政殿大學士宇文虛中、知東上閤門事王球使之，許割三鎭地。太學諸生陳東等及都民數萬人伏闕上書，請復用李綱及种師道，且言李邦彥等疾綱，恐其成功，罷綱正墮金人之計。會邦彥入朝，衆數其罪而罵。吳敏傳宣，衆不退，遂撾登聞鼓，山呼動地。殿帥王宗濋恐生變，奏上勉從之。遣耿南仲號於衆曰：「已得旨宣綱矣。」內侍朱拱之宣綱後期，衆臠而磔之，并殺內侍數十人。乃復綱右丞，充京城防禦使。壬寅，追封范仲淹魏國公，贈司馬光太師，張商英太保，除元祐黨籍學術之禁。詔誅士民殺內侍爲首者，禁伏闕上書，廢苑囿宮觀可以與民者。金人使王汭來。癸卯，命肅王樞使金軍。以觀文殿學士、大名尹徐處仁爲中書侍郎，宇文虛中簽書樞密院事。蔡懋罷。乙巳，宇文虛中、王球復使金軍。康王至自金軍。金人遣韓光裔來告辭，遂退師，京師解嚴。丙午，康王構爲太傅、靜江奉寧軍節度使。省明堂班朔布政官。丁未，日有兩珥。戊申，赦天下。詔諭士民，自今庶事並遵用祖宗舊制，凡蠹國害民之事一切寢罷。己酉，罷宰執兼神霄玉清萬壽宮使及殿中監、符寶郎。詔用祖宗故事，擇武臣得軍心者爲同知、簽書樞密院，邊將有威望者爲三衙。以金人請和，詔官民昔嘗附金而復歸本朝者，各還其鄉國。庚戌，李邦彥罷，以張邦昌爲太宰兼門下侍郎，吳敏爲少宰兼中書侍郎，李綱知樞密院事，耿南仲爲尚書左丞，李棁爲尚書右丞。辛亥，詔監察御史言事如祖宗法。宇文粹中罷知江寧府。癸丑，种師道罷爲中太一宮使。贈右正言陳瓘爲右諫議大夫。甲寅，貶太師致仕蔡京爲祕書監、分司南京，太師、廣陽郡王童貫爲左衞上將軍，太保、領樞密院事蔡攸爲太中大夫、提舉亳州明道宮。先是，粘罕遣人來求賂，大臣以勤王兵大集，拘其使人，且結約余覩以圖之。至是，粘罕怒，及攻太原不克，分兵趣京師，過南、北關，權威勝軍李植以城降。乙卯，陷隆德府，知府張確、通判趙伯臻、司錄張彥遹死之。丙辰，有二流星，一出張宿入濁沒，一出北河入軫。己未，詔遙郡承宣使有功應除正任者，自今除正任刺史。辛酉，梁方平坐棄河津伏誅。王孝迪罷。命給事中王雲、侍衞親軍馬軍都指揮使曹曚使金國，鎮洮軍節度使、中太乙宮使种師道爲河北、河東路宣撫使〔四〕，保靜軍節度使、殿前副都指揮使姚古〔五〕爲制置使。乙丑，御殿復膳。丙寅，下哀痛之詔于陝西、河東。是月，金人犯澤州之高平，知州高世由往犒之，乃去。

三月丁卯朔，遣徽猷閣待制宋煥〔六〕奉表道君皇帝行宮。詔侍從言事。詔非三省、樞密院所奉旨，諸司不許奉行。罷川路歲所遣使。募人掩軍民遺骸，遣使分就四郊致祭。戊辰，李梲罷爲鴻慶宮使。己巳，張邦昌罷爲中太一宮使。徐處仁爲太宰兼門下侍郎，唐恪爲中書侍郎，翰林學士何㮚爲尚書右丞，御史中丞許翰同知樞密院事。庚午，宇文虛中罷知青州。癸酉，詣景靈東宮行恭謝禮。命趙野爲道君皇帝行宮奉迎使。甲戌，恭謝景靈西宮及建隆觀。乙亥，詣陽德觀、凝祥池、中太一宮、佑神觀、相國寺。丙子，改擷景園爲寧德宮。錄司馬光後。己卯，燕王俁、越王偲爲太師。壬午，詔：金人叛盟深入，其元主和議李邦彥、奉使許地李梲李鄴鄭望之悉行罷黜。又詔种師道、姚古、种師中往援三鎭，保塞陵寢所在，誓當固守。癸未，遣李綱迎道君皇帝于南京，以徐處仁爲禮儀使。殿中侍御史李擢、左司諫李會罷。乙酉，迎道君皇帝于宜春苑，太后入居寧德宮。丙戌，知中山府詹度爲資政殿大學士，知太原府張孝純、知河間府陳遘並爲資政殿學士，知澤州高世由直龍圖閣，賞城守之勞也。丁亥，朝于寧德宮。詔：「扈從行宮官吏，候還京日優加賞典；除有罪之人迫於公議已行遣外，餘令臺諫勿復用前事糾言。」庚寅，肅王樞爲太傅。姚古復隆德府。辛卯，復威勝軍。壬辰，太保景王杞、濟王栩爲太傅。有流星出紫微垣。甲午，康王構爲集慶、建雄軍節度使，尙書戶部侍郎錢蓋爲陝西制置使。命陳東初品官，賜同進士出身，辭不拜。

籍朱勔家。乙未，詔：金歸朝官民未發遣者，止之。丙申，貶蔡京爲崇信軍節度副使。是春，夏人取天德、雲内、武州及河東八館。

夏四月戊戌，夏人陷震威城〔七〕，攝知城事朱昭死之。己亥，迎太上皇帝入都門。壬寅，朝于龍德宮。癸卯，立子諶爲皇太子。耿南仲爲門下侍郎。乙巳，置春秋博士。戊申，置詳議司於尚書省，討論祖宗法。己酉，乾龍節，羣臣上壽于紫宸殿。庚戌，趙野罷。壬子，金人使賈霆、冉企弓來。癸丑，封太師、沂國公鄭紳爲樂平郡王。貶童貫爲昭化軍節度副使，安置郴州。減宰執俸給三之一及支賜之半。詔開經筵。令吏部稽考庶官，凡由楊戩、李彥之公田，王黼、朱勔之應奉，童貫西北之師，孟昌齡河防之役，夔蜀、湖南之開疆，關陝、河東之改幣，及近習所引，獻頌可采，特赴殿試之流，所得爵賞，悉奪之。甲寅，种師道加太尉、同知樞密院事、河北河東路宣撫使。乙卯，詔：自今假日特坐，百司毋得休務。以平涼軍節度使范訥爲右金吾衞上將軍。丙辰，詔：有告姦人妄言金人復至以恐動居民者，賞之。戊午，進封南康郡王栻爲和王，平陽郡王榛爲信王。己未，復以詩賦取士，禁用莊、老及王安石字說。壬戌，詔：親擢臺諫官，宰執勿得薦舉，著爲令。追政和以來道官、處士、先生封贈奏補等敕書。甲子，令在京監察御史，在外監司、郡守及路分鈐轄已上，舉曾經邊任或有武勇可以統衆出戰者，人二員。東兵正將占沆與金人戰于交城縣，死之。乙丑，詔三衙幷諸路帥司各舉諳練邊事、智勇過人幷豪俊奇傑衆所推服堪充統制將領者各五名。貶蔡攸節度副使，安置朱勔于循州。

五月丙寅朔，朝于龍德宮　令提舉官日具太上皇帝起居平安以聞。丁卯，詔天下有能以財穀佐軍者，有司以名聞，推恩有差。以少傅、鎭西軍節度余深爲特進、觀文殿大學士。戊辰，罷王安石配享孔子廟庭。庚午，少傅、安武軍節度使錢景臻，鎭安軍節度使、開府儀同三司劉宗元，並爲左金吾衞上將軍。保信軍節度使劉敷、武成軍節度使劉敏、嚮德軍節度使張楙、岳陽軍節度使王舜臣、應道軍節度使朱孝孫、瀘川軍節度使錢忱並爲右金吾衞上將軍。是日，寒。辛未，申銅禁。詔：無出身待制已上，年及三十而通歷任實及十年者，乃得任子。監察御史余應求坐言事迎合大臣，罷知衞州。甲戌，曲赦河北路。乙亥，申銷金禁。丁丑，詔以儉約先天下，澄冗汰貪，爲民除害，授監司、郡縣奉行所未及者，凡十有六事。姚古將兵至威勝，聞粘罕將至，衆驚潰，河東大振。河北、河東路制置副使种師中與金人戰于榆次，死之。己卯，借外任官職田一年。開府儀同三司高俅卒。辛巳，損太官日進膳。追削高俅官。甲申，罷詳議司。己丑，以河東經略安撫使張孝純爲檢校少保、武當軍節度使。壬辰，詔天下舉習武藝、兵書者。乙未，詔姚古援太原。

六月丙申朔，以道君皇帝還朝，御紫宸殿，受群臣朝賀。詔諫官極論闕失。戊戌，令中外舉文武官才堪將帥者。時太原圍急，羣臣欲割三鎭地，李綱沮之，乃以李綱代种師道爲宣撫使援太原。辛丑，以資政殿學士劉韐爲宣撫副使，陝西制置司都統制解潛爲制置副使。太白犯歲星。壬寅，封鄆國公楃爲安康郡王，韓國公㮙爲廣平郡王，并開府儀同三司。詔：「今日政令，惟遵奉上皇詔書，修復祖宗故事。羣臣庶士亦當講孔、孟之正道，察安石舊說之不當者，羽翼朕志，以濟中興。」癸卯，以侍衞親軍馬軍副都指揮使、鎭西軍承宣使王稟爲建武軍節度使，錄堅守太原之功也。甲辰，路允迪罷爲醴泉觀使。乙巳，左司諫陳公輔以言事責監合州酒務。壬子，天狗墜地，有聲如雷。癸丑，慮囚。丙辰，太白、熒惑、歲、鎭四星合於張。辛酉，罷都水、將作監承受內侍官〔八〕。熙河都統制焦安節坐不法，李綱斬之。壬戌，姚古坐擁兵逗遛，貶爲節度副使，安置廣州。彗出紫微垣。

秋七月乙丑朔，除元符上書邪等之禁。宋昭政和中上書諫攻遼，貶連州；庚午，詔赴都堂。乙亥，安置蔡京于儋州；攸，雷州；童貫，吉陽軍。己卯，免借河北、河東、陝西路職田。乙酉，詔：蔡京子孫二十三人已分竄遠地，遇赦不許量移。是日，京死于潭州。丁亥，令侍從官共議改修宣仁聖烈皇后謗史。辛卯，遣監察御史張澂誅童貫，廣西轉運副使李昇之誅趙良嗣，並竄其子孫于海南。壬辰，侍御史李光〔九〕坐言事貶監當。是月，解潛與金人戰于南關，敗績。劉韐自遼州引兵與金人戰，敗績。

八月甲午朔，錄陳瓘後。丙申，復命种師道以宣撫使巡邊，召李綱還。庚子，詔以彗星避殿減膳，令從臣具民間疾苦以聞。河東察訪使張灝與金人戰于文水，敗績。辛丑，詔求民之疾苦者十七事，悉除之。丁未，斡離不復攻廣信軍、保州，不克，遂犯眞定。戊申，都統制張思正等夜襲金人于文水縣，敗之。己酉，復戰，師潰，死者數萬人，思正奔汾州。都統制折可求師潰于子夏山。威勝、隆德、汾、晉、澤、絳民皆渡河南奔，州縣皆空。金人乘勝攻太原。錄張庭堅後。乙卯，遣徽猷閣待制王雲、閤門宣贊舍人馬識遠使于金國，祕書著作佐郎劉岑、太常博士李若水分使其軍議和。戊午，許翰罷知亳州。己未，太宰徐處仁罷知東平，少宰吳敏罷知揚州。以唐恪爲少宰兼中書侍郎，何㮚爲中書侍郎，禮部尙書陳過庭爲尙書右丞，開封尹聶昌同知樞密院事，御史中丞李回簽書樞密院事。庚申，遣王雲使金軍，許以三鎭賦稅。是月，福州軍亂，殺其知州事柳庭俊。

九月丙寅，金人陷太原，執安撫使張孝純，副都總管王稟、通判方笈皆死之。辛未，貶吳敏爲崇信軍節度副使，安置涪州。移蔡攸于萬安軍，尋與弟翛及朱勔皆賜死。乙亥，詔編修敕令所取靖康以前蔡京所乞御筆手詔，參祖宗法及今所行者，删修成書。丁丑，禮部尙書王寓爲尙書左丞。戊寅，有赤氣隨日出。李綱罷知揚州。壬午，梟童貫首于都市。癸未，賜布衣尹焞爲和靖處士。甲申，日有兩珥、背氣。丙戌，建三京及鄧州爲都總管府，分總四道兵。庚寅，以知大名府趙野爲北道都總管，知河南府王襄爲西道都總管，知鄧州張叔夜爲南道都總管，知應天府胡直孺爲東道都總管。又罷李綱提舉洞霄宮。辛卯，遣給事中黃鍔由海道使金國議和。是月，夏人陷西安州。

冬十月癸巳朔，御殿復膳。貶李綱爲保靜軍節度副使，安置建昌軍。丁酉，金人陷眞定，都鈐轄劉竧〔一〇〕死之。有流星如杯。戊戌，金人使楊天吉、王汭來。庚子，日有青、赤、黃戴氣。金人陷汾州，知州張克戩、兵馬都監賈亶死之；又攻平定軍。辛丑，下哀痛詔，命河北、河東諸路帥臣傳檄所部，得便宜行事。壬寅，天寧節，率羣臣詣龍德宮上壽。甲辰，詔用蔡京、王黼、童貫所薦人。丙午，集從官于尚書省，議割三鎭。召种師道還。丁未，以禮部尚書馮澥知樞密院事。己酉，閱砲飛山營。庚戌，以范訥爲寧武軍節度使、河北河東路宣撫使。遼故將小鞠𩌏攻陷麟州建寧砦，知砦楊震死之。壬子，詔太常禮官集議金主尊號。命尚書左丞王㝢副康王使斡離不軍，㝢辭。乙卯，雨木冰。丙辰，金人陷平陽府，又陷威勝、隆德、澤州。丁巳，高麗入貢，令明州遞表以進，遣其使還。戊午，貶王㝢爲單州團練副使，命馮澥代行。庚申，日有兩珥及背氣。侍御史胡舜陟請援中山，不省。辛酉，种師道薨。

十一月丙寅，夏人陷懷德軍，知軍事劉銓、通判杜翊世死之。籍譚稹家。戊辰，康王未至金軍而還。馮澥罷。己巳，集百官議三鎭棄守。庚午，詔河北、河東、京畿淸野，令流民得占官舍寺觀以居。辛未，有流星如杯。壬申，禁京師民以浮言相動者。癸酉，右諫議大夫范宗尹以首議棄地罷。金人至河外，宣撫副使折彥質領師十二萬拒之。甲戌，師潰。金人濟河，知河陽燕瑛、西京留守王襄棄城遁。乙亥，命刑部尙書王雲副康王使斡離不軍，許割三鎭，奉袞冕、車輅，尊其主爲皇叔，且上尊號。丙子，金人渡河，折彥質兵盡潰，提刑許高兵潰于洛口。金人來言，欲盡得河北地。京師戒嚴。遣資政殿學士馮澥及李若水使粘罕軍。丁丑，何㮚罷。以尙書左丞陳過庭爲中書侍郎〔二〕，兵部尙書孫傅爲尙書右丞。命成忠郎郭京領選六甲正兵所。簽書樞密院事李回以萬騎防河，衆潰而歸。是日，塞京城門。戊寅，進龍德宮婉容韋氏爲賢妃，康王構爲安國、安武軍節度使。罷淸野。辛巳，以知懷州霍安國爲徽猷閣待制，通判林淵直徽猷閣，賞守禦之功也。壬午，斡離不使楊天吉、王汭、勃堇撒離栂來。命耿南仲使斡離不軍，聶昌使粘罕軍，許畫河爲界。康王至磁州，州人殺王雲，止王勿行，王復還相州。甲申，以尙書右丞孫傅同知樞密院事，御史中丞曹輔簽書樞密院事。以京兆府路安撫使范致虛爲陝西五路宣撫使，令督勤王兵入援。乙酉，斡離不軍至城下。遣蠟書間行出關召兵，又約康王及河北守將來援，多爲邏兵所獲。丁亥，大風發屋折木。李回罷。戊子，金人攻通津門，范瓊出兵焚其砦。己丑，南道總管張叔夜將兵勤王，至玉津園，以叔夜爲延康殿學士。斡離不遣劉晏來。庚寅，幸東壁勞軍。詔三省長官名悉依元豐舊制。領開封府何㮚爲門下侍郎。

閏月壬辰朔，金人攻善利門，統制姚仲友禦之〔二〕。奇兵作亂，殺使臣，王宗濋斬數十人乃定。唐恪出都，人欲擊之，因求去，罷爲中太一宮使。以門下侍郎何㮚爲尙書右僕射〔三〕兼中書侍郎。劉韐坐棄軍，降五官予祠。癸巳，京師苦寒，用日者言，借土牛迎春。朱伯友坐棄鄭州，降三官罷。西道總管王襄棄西京去。知澤州高世由以城降于金。燕瑛欲棄河陽，爲亂兵所殺。河東諸郡，或降或破殆盡。都民殺東壁統制官辛亢宗。罷民乘城，代以保甲。粘罕軍至城下。甲午，時雨雪交作，帝被甲登城，以御膳賜士卒，易火飯以進，人皆感激流涕。金人攻通津門，數百人縋城禦之，焚其砲架五、鵝車二。驛召李綱爲資政殿大學士，領開封府。金人陷懷州，霍安國、林淵及其鈐轄張彭年、都監趙士詝、張諶皆死之。乙未，金人入青城，攻朝陽門。馮澥與金人蕭慶、楊眞誥來。丙申，帝幸宣化門，以障泥乘馬，行泥淖中，民皆感泣。張叔夜數戰有功，帝如安上門召見，拜資政殿學士。金人執胡直孺，又陷拱州。丁酉，赤氣亙天。以馮澥爲尙書左丞。戊戌，殿前副都指揮使王宗濋與金人戰于城下，統制官高師旦死之。庚子，以資政殿學士張叔夜簽書樞密院事。金人攻宣化門，姚仲友禦之。辛丑，金人攻南壁，殺傷相當。壬寅，詔河北守臣盡起軍民兵，倍道入援。

癸卯，金人攻南壁，張叔夜、范瓊分兵襲之，遙見金兵，奔還，自相蹈藉，溺隍死者以千數。甲辰，大雨雪。金人陷亳州。遣間使召諸道兵勤王。乙巳，大寒，士卒噤戰不能執兵，有僵仆者。帝在禁中徒跣祈晴。時勤王兵不至，城中兵可用者惟衞士三萬，然亦十失五六。金人攻城急。丙午，雨木冰。丁未，始避正殿。己酉，遣馮澥、曹輔與宗室仲温、士諭使金軍請和。命康王爲天下兵馬大元帥，速領兵入衞。辛亥，金人來議和，要親王出盟。壬子，金人攻通津、宣化門，范瓊以千人出戰，渡河冰裂，沒者五百餘人，自是士氣益挫。甲寅，大風自北起，俄大雨雪，連日夜不止。乙卯，金人復使劉晏來，趣親王、宰相出盟。丙辰，妖人郭京用六甲法，盡令守禦人下城，大啓宣化門出攻金人，兵大敗。京託言下城作法，引餘兵遁去。金兵登城，衆皆披靡。金人焚南薰諸門。姚仲友死于亂兵，宦者黃經國〔四〕赴火死，統制官何慶言、陳克禮、中書舍人高振力戰，與其家人皆被害。秦元領保甲斬關遁，京城陷。衞士入都亭驛，執劉晏殺之。丁巳，奉道君皇帝、寧德皇后入居延福宮。命何㮚及濟王栩使金軍。戊午，何㮚入言，金人邀上皇出郊。帝曰：「上皇驚憂而疾，必欲之出，朕當親往。」自乙卯雪不止，是日霽。夜有白氣出太微，彗星見。庚申，日赤如火無光。辛酉，帝如青城。

十二月壬戌朔，帝在青城。蕭慶入居尚書省。是日，康王開大元帥府于相州。癸亥，帝至自青城。甲子，大索金帛。丙寅，遣陳過庭、劉韐使兩河割地。辛未，定京師米價，勸糶以振民。癸酉，斬行門指揮使蔣宣、李福。乙亥，康王如北京。丙子，尙書省火。庚辰，雨雹。癸未，大雪寒。縱民伐紫筠館花木爲薪。庚寅，康王如東平。

二年春正月辛卯朔，命濟王栩、景王杞出賀金軍，金人亦遣使入賀。壬辰，金人趣召康王還。遣聶昌、耿南仲、陳過庭出割兩河地，民堅守不奉詔，凡累月，止得石州。甲午，詔兩河民開門出降。乙未，有大星出建星，西南流入于濁沒。丁酉，雨木冰。己亥，陰曀，風迅發；夜，西北陰雲中有如火光。庚子，金人索金銀急。何㮚、李若水勸帝親至軍中，從之，以太子監國而行。乙巳，籍梁師成家。丙午，劉韐自經于金軍。太學生徐揆上書，乞守門請帝還闕。金人取至軍中，揆抗論爲所殺。至夜，金人劫神衞營。丁未，大霧四塞。金人下含輝門，剽掠，焚五岳觀。

二月辛酉朔，帝在青城，自如金軍，都人出迎駕。丙寅，金人塹南薰門路，人心大恐。已而金人令推立異姓，孫傅方號慟〔二五〕，乞立趙氏，不允。丁卯，金人要上皇如青城。以內侍鄧述所具諸王孫名，盡取入軍中。辛未，金人偪上皇召皇后、皇太子入青城。庚辰，康王如濟州。癸未，觀文殿大學士唐恪仰藥自殺。乙酉，金人以括金未足，殺戶部尙書梅執禮、侍郎陳知質、刑部侍郎程振、給事中安扶。

三月辛卯朔，帝在青城。丁酉，金人立張邦昌爲楚帝。庚子，金人來取宗室，開封尹徐秉哲令民結保，毋藏匿。丁巳，金人脅上皇北行。

夏四月庚申朔，大風吹石折木。金人以帝及皇后、皇太子北歸。凡法駕、鹵簿，皇后以下車輅、鹵簿，冠服、禮器、法物，大樂、敎坊樂器，祭器、八寶、九鼎、圭璧，渾天儀、銅人、刻漏，古器、景靈宮供器，太淸樓祕閣三館書、天下州府圖及官吏、內人、內侍、技藝、工匠、娼優，府庫畜積，爲之一空。辛酉，北風大起，苦寒。

五月庚寅朔，康王卽位于南京，遙上尊號曰孝慈淵聖皇帝。紹興三十一年五月辛卯，帝崩問至。七月己丑，上尊謚曰恭文順德仁孝皇帝，廟號欽宗。三十二年閏二月戊寅，祔于太廟。

贊曰：帝在東宮，不見失德。及其踐阼，聲技音樂一無所好。靖康初政，能正王黼、朱勔等罪而竄殛之，故金人聞帝內禪，將有卷甲北旆之意矣。惜其亂勢已成，不可救藥；君臣相視，又不能同力協謀，以濟斯難，惴惴然講和之不暇。卒致父子淪胥，社稷蕪茀。帝至於是，蓋亦巽懦而不知義者歟！享國日淺，而受禍至深，考其所自，眞可悼也夫！眞可悼也夫！

校勘記

〔一〕尚書右丞宇文粹中　「右丞」，原作「左丞」，據靖康要錄卷一、十朝綱要卷一九改。

〔二〕靜難軍節度使　「靜難」，原作「靖難」，據本書卷三三五种師道傳、徐夢莘三朝北盟會編（以下簡稱北盟會編）卷二六改。

〔三〕都統制姚平仲　「統」，原作「總」，據本書卷三四九姚古傳、靖康要錄卷二改。

〔四〕种師道爲河北河東路宣撫使　「河北」，原作「河南」；「宣撫使」，原作「宣諭使」。據本書卷三三五本傳、靖康要錄卷三改。按北盟會編卷三〇，种師道兼宣諭使在靖康元年正月二十日，爲河東、河北宣撫使在二月十六日，可見這時已是宣撫使而不是宣諭使。

〔五〕殿前副都指揮使姚古　「殿」字原脫，據十朝綱要卷一九補。

〔六〕宋煥　十朝綱要卷一九、北盟會編卷四三都作「宋喚」。

〔七〕震威城　「震威」，原作「鎮威」。據本書卷四八六夏國傳、十朝綱要卷一九、東都事略卷一二欽宗紀改。

〔八〕承受內侍官　「承受」，原作「承授」，據靖康要錄卷八改。十朝綱要卷一九作「丞受」，「丞」與「承」通。

〔九〕侍御史李光　「李光」下原衍「遠」字。據本書卷三六三本傳、靖康要錄卷一〇刪。

〔一〇〕劉竘　編年綱目卷三〇同。本書卷四四七本傳、北盟會編卷五七作「劉翊」，十朝綱要卷一九作「劉靖」。

〔一一〕陳過庭爲中書侍郎　「中書」，原作「尚書」，按宋代官制，尚書省不設侍郎官，據本書卷三五三本傳、靖康要錄卷一二改。

〔一二〕姚仲友　靖康要錄卷一三、北盟會編卷六六都作「姚友仲」。

〔一三〕何㮚爲尚書右僕射　「右」，原作「左」，據本書卷三五三本傳、東都事略卷一二欽宗紀改。

〔一四〕黃經國　靖康要錄卷一三、北盟會編卷六九都作「黃經臣」。

〔一五〕孫傅方號慟　「方」，疑是「等」字之誤。靖康要錄卷一五說：「孫傅等數人讀之，號絕欲死。」十朝綱要卷一九說：「孫傅等讀詔號慟。」

宋史卷二十四

本紀第二十四

高宗一

高宗受命中興全功至德聖神武文昭仁憲孝皇帝，諱構，字德基，徽宗第九子，母曰顯仁皇后韋氏。大觀元年五月乙巳，生東京之大內，赤光照室。八月丁丑，賜名，授定武軍節度使、檢校太尉，封蜀國公。二年正月庚申，封廣平郡王。宣和三年十二月壬子，進封康王。資性朗悟，博學彊記，讀書日誦千餘言，挽弓至一石五斗。宣和四年，始冠，出就外第。

靖康元年春正月，金人犯京師，軍于城西北，遣使入城，邀親王、宰臣議和軍中。朝廷方遣同知樞密院事李棁等使金，議割太原、中山、河間三鎮，遣宰臣授地，親王送大軍過河。欽宗召帝諭指，帝慷慨請行。遂命少宰張邦昌爲計議使，與帝俱。金帥斡離不留之軍中旬日，帝意氣閒暇。二月，會京畿宣撫司都統制姚平仲夜襲金人砦不克，金人見責，邦昌恐懼涕泣，帝不爲動，斡離不異之，更請肅王。癸卯，肅王至軍中，許割三鎭地。進邦昌爲太宰，留質軍中，帝始得還。金兵退，復遣給事中王雲使金，以租賦贖三鎭地。又以蠟書結遼降將耶律余覩，爲金人所得。八月，金帥粘罕復引兵深入，陷太原。斡離不破眞定。冬十月，王雲從吏自金先還，言金人須帝再至乃議和。雲歸，言金人堅欲得地，不然，進兵取汴都。十一月，詔帝使河北，奉袞冕、玉輅，尊金主爲伯，上尊號十八字。被命，卽發京師。以門下侍郞耿南仲主和議，請與俱，乃以其子中書舍人延禧爲參議官偕行。帝由滑、濬至磁州，守臣宗澤請曰：「肅王去不返，金兵已迫，復去何益？請留磁。」磁人以雲將挾帝入金，遂殺雲。時粘罕、斡離不已率兵渡河，相繼圍京師。從者以磁不可留，知相州汪伯彥亦以蠟書請帝還相州。閏月，耿南仲馳至相，見帝致辭，以面受欽宗之旨，盡起河北兵入衞，帝乃同南仲募兵勤王。初，朝廷聞金兵渡河，欲拜帝爲元帥。至是，殿中侍御史胡唐老復申元帥之議，尙書右僕射何㮚擬詔書以進，欽宗遣閤門祗候秦仔持蠟詔至相，拜帝爲河北兵馬大元帥，知中山府陳亨伯爲元帥，汪伯彥、宗澤爲副元帥。仔於頂髮中出詔，帝讀之嗚咽，兵民感動。

十二月壬戌朔，帝開大元帥府，有兵萬人，分爲五軍，命武顯大夫陳淬都統制軍馬。閤門祗候侯章齎蠟書至自京師，詔帝盡發河北兵，命守臣自將。帝乃下令諸郡守與諸將，議引兵渡河。乙亥，帝率兵離相州。丙子，履冰渡河。丁丑，次大名府。宗澤以二千人先諸軍至，知信德府梁揚祖以三千人繼至，張俊、苗傅、楊沂中、田師中皆在麾下，兵威稍振。會簽書樞密院事曹輔齎蠟詔至，云金人登城不下，方議和好，可屯兵近甸，毋輕動。汪伯彥等皆信和議，惟宗澤請直趨澶淵爲壁，次第解京城之圍。伯彥、南仲請移軍東平。帝遂遣澤以萬人進屯澶淵，揚言帝在軍中。自是澤不復預府中謀議。帝決意趨東平。庚寅，帝發大名。

建炎元年春正月癸巳，帝至東平。初，帝軍在相州，京城圍久，中外莫知帝處。及是，陳請四集，取決帥府。壬寅，高陽關路安撫使黃潛善、總管楊惟忠亦部兵數千至東平。命潛善進屯興仁，留惟忠爲元帥都統制。金人聞帝在澶淵，遣甲士及中書舍人張澂來召。宗澤命壯士射之，澂乃遁。伯彥等請帝如濟州。二月庚辰，發東平。癸未，次濟州。時帥府官軍及羣盜來歸者，號百萬人，分屯濟、濮諸州府，而諸路勤王兵不得進。二帝已在金人軍中。三月丁酉，金人立張邦昌爲帝，稱大楚。黃潛善以告，帝慟哭，僚屬欲奉帝駐軍宿州，謀渡江左，帝聞三軍籍籍遂輒〔一〕。承制以宗澤爲徽猷閣待制。丁巳，斡離不退師，徽宗北遷。戊午，承制以汪伯彥爲顯謨閣待制，充元帥；潛善爲徽猷閣待制，充副元帥。夏四月，粘罕退師，欽宗北遷。癸亥，邦昌尊元祐皇后爲宋太后，遣人至濟州訪帝，又遣吏部尚書謝克家來迎。耿南仲率幕僚勸進，帝避席流涕，遜辭不受。伯彥等引天命人心爲請，且謂靖康紀元，爲十二月立康之兆。帝曰：「當更思之。」以知淮寧府趙子崧爲寶文閣學士、元帥府參議官、東南道總管，統東南勤王兵。邦昌遣閤門宣贊舍人蔣師愈等持書詣帝，自言從權濟事，及將歸寶避位之意。帝亦貽諸帥書，以未得至京，已至者毋輒入。聞資政殿大學士、領開封府事李綱在湖北，遣劉默持書訪之。又諭宗澤等，以受僞命之人義當誅討，然慮事出權宜，未可輕動。澤復書，謂邦昌篡亂蹤跡，已無可疑，宜早正天位，興復社稷，不可不斷。門下侍郎呂好問亦以蠟書來，言帝不自立，恐有不當立而立者。丁卯，謝克家以「大宋受命之寶」至濟州，帝慟哭跪受，命克家還京師，趣辦儀物。戊辰，濟州父老詣軍門，言州四旁望見城中火光屬天，請帝卽位于濟。會宗澤來言，南京乃藝祖興王之地，取四方中，漕運尤易。遂決意趨應天。是夕，邦昌手書上延福宮太后尊號曰元祐皇后，入居禁中，以尙書左丞馮澥爲奉迎使。皇后又遣兄子衞尉少卿孟忠厚持手書遺帝。皇后垂簾聽政。邦昌權尙書左僕射，率在京百官上表勸進，不許。甲戌，皇后手書告中外，俾帝嗣統。乙亥，百官再上表，又不許。丁丑，馮澥等至濟州，百官三上表，許以權聽國事。戊寅，命宗澤先勒兵分駐長垣、韋城等縣，以備非常。東道副總管朱勝非至濟州，宣撫司統制官韓世忠以兵來會。庚辰，帝發濟州，鄜延副總管劉光世自陝州來會，以光世爲五軍都提舉。辛巳，次單州。壬午，次虞城縣。西道都總管王襄〔二〕自襄陽來會。癸未，至應天府。皇后詔有司備法駕儀仗。乙酉，張邦昌至，伏地慟哭請死，帝慰撫之。承制以汪伯彥爲顯謨閣直學士，黃潛善爲徽猷閣直學士。權吏部尚書王時雍等奉乘輿服御至，羣臣勸進者益衆，命有司築壇府門之左。

五月庚寅朔，帝登壇受命，禮畢慟哭，遙謝二帝，即位于府治。改元建炎。大赦，常赦所不原者咸赦除之。張邦昌及應干供奉金國之人，一切不問。命西京留守司修奉祖宗陵寢。罷天下神霄宮。住散青苗錢。應死節及歿于王事者並推恩。奉使未還者，祿其家一年。應選人並循資，已係承直郎者，改次等京官。臣僚因亂去官者，限一月還任。潰兵、羣盜咸許自新。免係官欠負，蠲南京及元帥府常駐軍一月以上州縣夏稅。應天府特奏名舉人並與同進士出身，免解人與免省試〔三〕。諸路特奏名三舉以上及宗室嘗預貢者，並推恩。應募兵勤王人以兵付州縣主兵官，聽赴行在。中外臣庶許言民間疾苦，雖詆訐亦不加罪。命官犯罪，更不取特旨裁斷。蔡京、童貫、朱勔、李彥、孟昌齡、梁師成、譚稹及其子孫，更不收敍。內外大臣，限十日各舉布衣有材略者一人。餘如故事。以黃潛善爲中書侍郎，汪伯彥同知樞密院事。元祐皇后在東京，是日徹簾。辛卯，遙尊乾龍皇帝爲孝慈淵聖皇帝，元祐皇后爲元祐太后。詔史官辨宣仁聖烈皇后誣謗。築景靈宮于江寧府。壬辰，以張邦昌爲太保、奉國軍節度使、同安郡王，五日一赴都堂參決大事。以河東、北宣撫使范訥爲京城留守。癸巳，遙尊帝母韋賢妃爲宣和皇后，遙立嘉國夫人邢氏爲皇后。耿南仲罷。甲午，以李綱爲尚書右僕射兼中書侍郎，趣赴行在；楊惟忠爲建武軍節度使，主管殿前司公事。罷諸盜及民兵之爲統制者，簡其士馬隸五軍。乙未，以生辰爲天申節。馮澥罷，以兵部尚書呂好問爲尚書右丞。命中軍統制馬忠、後軍統制張換率兵萬人，趣河間府追襲金人。丙申，以呂好問兼門下侍郎。丁酉，以黃潛善兼御營使，汪伯彥副之，眞定府路副總管王淵爲都統制，鄜延路副總管劉光世提舉一行事務。王時雍黃州安置。命統制官薛廣、張瓊率兵六千人會河北山水砦義兵，共復磁、相。戊戌，以資政殿學士路允迪爲京城撫諭使，龍圖閣學士耿延禧副之。贈吏部侍郎李若水觀文殿學士，謚忠愍。己亥，召太學生陳東赴行在。李綱至江寧，誅叛卒周德等。庚子，詔：以靖康大臣主和誤國，責李邦彥爲建寧軍節度副使，潯州安置；徙吳敏柳州，蔡懋英州；李棁、宇文虛中、鄭望之、李鄴皆以使金請割地，責廣南諸州並安置。辛丑，詔：張邦昌知幾達變，勳在社稷，如文彥博例，月兩赴都堂。壬寅，封後宮潘氏爲賢妃。以江、淮發運使梁揚祖提領東南茶鹽事。癸卯，天申節，罷百官上壽。乙巳，賜諸路勤王兵還營者錢，人三千。丙午，以誣謗宣仁聖烈皇后，追貶蔡確、蔡卞、邢恕、蔡懋官。以保靜軍節度使姚古知河南府。金人陷河中府，權府事郝仲連死之。丁未，徽宗至燕山府。庚戌，以宗澤爲龍圖閣學士、知襄陽府。壬子，進張邦昌太傅。丙辰，罷監察御史張所，尋責江州安置。丁巳，詔成都京兆襄陽荆南江寧府、鄧揚二州儲資糧，修城壘，以備巡幸。以簽書樞密院事張叔夜嘗援京城力戰，從徽宗北行，遙命爲觀文殿大學士、醴泉觀使。戊午，右諫議大夫范宗尹罷。遣太常少卿周望使河北軍前通問二帝。西道總管王襄、北道總管趙野坐勤王稽緩，並分司，襄陽府、青州居住。尋責襄永州，野邵州，並安置。

六月己未朔，李綱入見，上十議，曰國是、巡幸、赦令、僭逆、僞命、戰、守、本政、責成、修德。以前殿前副都指揮使王宗濋引衞兵遁逃，致都城失守，責官邵州安置。徽猷閣直學士徐秉哲假資政殿學士，爲大金通問使，秉哲辭。庚申，封靖康軍節度使仲湜嗣濮王。粘罕還屯雲中。辛酉，命新任郎官未經上殿者並引對。御史中丞顏岐罷。徐秉哲責官梅州安置。詔河北、京、陝、淮、湖、江、浙州軍縣鎭募人修築城壁。壬戌，置登聞檢鼓院。癸亥，以黃潛善爲門下侍郎兼權中書侍郎。張邦昌坐僭逆，責降昭化軍節度副使，潭州安置。及受僞命臣僚王時雍，高州；吳幵，永州；莫儔，全州；李擢，柳州；孫覿，歸州：並安置。顏博文、王紹以下，論罪有差。以知懷州霍安國、河東宣撫使劉韐死節，贈安國延康殿學士，韐資政殿大學士。甲子，命李綱兼御營使。乙丑，以龍、神衞四廂都指揮使馬忠爲河北經制使，措置民兵。洪芻罷左諫議大夫，下臺獄。丁卯，以祠部員外郎喻汝礪爲四川撫諭，督漕計羨緡及常平錢物。罷開封諸州、軍、府司錄曹掾官。州軍通判二員者省其一。權減宰執奉賜三之一。省諸路提舉常平司，兩浙、福建提舉市舶司。賊李孝忠寇襄陽，守臣黃叔敖棄城遁。立格買馬。辛未，以子旉生，大赦。籍天下神霄宮錢穀充經費。拘天下職田錢隸提刑司。還元祐黨籍及上書人恩數。癸酉，詔陝西、山東諸路帥臣團結軍民，互相應援。乙亥，增諸縣弓手，置武尉領之。宗室叔向以所募勤王兵屯京師，或言爲變，命劉光世捕誅之。戊寅，以汪伯彥知樞密院事。遣宣義郎傅雱使河東軍前，通問二帝。己卯，置沿河、沿淮、沿江帥府十有九，要郡三十九，次要郡三十八，帥守兼都總管，守臣兼鈐轄、都監，總置軍九十六萬七千五百人。別置水軍七十七將，造舟江、淮諸路。置三省、樞密院賞功司。東京留守范訥落節鉞，淄州居住。庚辰，以二帝未還，禁州縣用樂。辛巳，置沿河巡察六使。壬午，以戶部尚書張慤同知樞密院事兼提舉措置戶部財用。癸未，呂好問罷。甲申，併尚書戶部右曹所掌歸左曹，命尚書總領。乙酉，以宗澤爲東京留守，杜充爲北京留守。罷監司州郡職田。丙戌，詔陝西、河北、京東西路募兵合十萬人，更番入衞行在。命京東、西路造戰車。丁亥，以張所爲河北西路招撫使。括買官民馬，勸出財助國。戊子，以錢蓋爲陝西經制使，封趙懷恩爲安化郡王〔四〕，因召五路兵赴行在。

秋七月己丑朔，以樞密副都承旨王瓛〔三〕爲河東經制使。庚寅，詔王淵、劉光世、統制官張俊喬仲福韓世忠分討陳州軍賊杜用、京東賊李昱及黎驛、魚臺潰兵，皆平之。辛卯，籍東南諸州神霄宮及贍學錢助國用。叔右監門衞大將軍、貴州團練使士珸〔六〕以磁、洛義兵復洛州。乙未，以温州觀察使范瓊爲定武軍承宣使、御營司同都統制。丙申，賜諸路彊壯巡社名爲「忠義巡社」，專隸安撫司。戊戌，欽宗至燕山府。以忻州觀察使張換爲河北制置使。東都宣武卒杜林謀據成都叛，伏誅。己亥，詔臺省、寺監繁簡相兼，學官、館職減舊制之半。辛丑，復議吳幵、莫儔等十一人罪，並廣南、江、湖諸州安置，餘遞貶有差。壬寅，詔：「奉元祐太后如東南，六宮及衞士家屬從行，朕當獨留中原，與金人決戰。」以延康殿學士許翰爲尚書右丞。甲辰，以右諫議大夫宋齊愈當金人謀立異姓，書張邦昌姓名，斬于都市。乙巳，手詔：「京師未可往，當巡幸東南。」丙午，詔定議巡幸南陽。以觀文殿學士范致虛知鄧州，修城池，繕宮室，輸錢穀以實之。丁未，遣官詣京師迎奉太廟神主赴行在。己酉，罷四道都總管。以尚書虞部員外郎張浚爲殿中侍御史。庚戌，徵諸道兵，期八月會行在。丙辰，徽宗自燕山密遣閤門宣贊舍人曹勛至，賜帝絹半臂，書其領曰：「便可卽眞，來援父母。」帝泣以示輔臣。張所、傅亮軍發行在。是月，關中賊史斌犯興州，僭號稱帝。

八月戊午朔，洪芻等坐圍城日括金銀自盜，及私納宮人，芻及余大均、陳沖貸死，流沙門島，餘五人罪有差。勝捷軍校陳通作亂于杭州，執帥臣葉夢得，殺漕臣吳昉。己未，元祐太后發京師。庚申，以劉光世爲奉國軍節度使，韓世忠、張俊皆進一官。辛酉，右司諫潘良貴罷。壬戌，以李綱爲尙書左僕射兼門下侍郎，黃潛善爲右僕射兼中書侍郎，張慤兼御營副使。癸亥，命御營使、副大閱五軍。庚午，更號元祐太后爲隆祐太后。辛未，罷傅亮經制副使，召赴行在。壬申，召布衣譙定赴行在。命御營統制辛道宗討陳通。是夕，東北方有赤氣。癸酉，以耿南仲主和誤國，南雄州安置。乙亥，用張浚言，罷李綱左僕射。丙子，隆祐太后發南京，命侍衞馬軍都指揮使郭仲荀護衞如江寧，兼節制江、淮、荆、浙、閩、廣諸州，制置東南盜賊。丁丑，以龍圖閣直學士錢伯言知杭州，節制兩浙、淮東將兵及福建槍杖手，討陳通。庚辰，降牓招諭杭州亂兵。壬午，用黃潛善議，殺上書太學生陳東、崇仁布衣歐陽澈。乙酉，遣兵部員外郞江端友等撫諭閩、浙、湖、廣、江、淮、京東西諸路，及體訪官吏貪廉、軍民利病。許翰罷。丁亥，博州卒宮儀作亂，犯萊州。

九月己丑，建州軍校張員等作亂，執守臣張動，轉運副使毛奎、判官曹仔爲所殺，嬰城自守〔七〕。范瓊捕斬李孝忠于復州。壬辰，以金人犯河陽、汜水〔八〕，詔擇日巡幸淮甸。鑄建炎通寶錢。命淮、浙沿海諸州增修城壁，招訓民兵，以備海道。甲午，命揚州守臣呂頤浩繕修城池。宗澤往河北視師，七日還〔九〕。是夜，辛道宗兵潰于嘉興縣。丁酉，詔荆襄、關陝、江淮皆備巡幸。戊戌，罷買馬。己亥，以子旉爲檢校少保、集慶軍節度使，封魏國公。詔內外官司參用嘉祐、元豐敕，以俟新書。庚子，二帝徙居霫郡。辛丑，陳通劫提點刑獄周格營，殺格，執提點刑獄高士曈。壬寅，遣徽猷閣待制孟忠厚迎奉太廟神主赴揚州。以直秘閣王圭爲招撫判官代張所，尋責所廣南安置。乙巳，宗澤表請車駕還闕。戊申，河北招撫司都統制王彥渡河擊金人破之，復新鄉縣〔10〕。己酉，以諜報金人欲犯江、浙，詔暫駐淮甸捍禦，稍定卽還京闕。募民入貲授官。軍賊趙萬入常州，執守臣何衮。罷諸路經制招撫使。庚戌，始通當三大錢于淮、浙、荆湖諸路。壬子，命湖南撫諭官馬伸持詔賜張邦昌死于潭州，併誅王時雍。癸丑，詔：有敢妄議惑衆沮巡幸者，許告而罪之，不告者斬。乙卯，王彥及金人戰，敗績，奔太行山聚衆，其裨將岳飛引其部曲自爲一軍。趙萬陷鎭江府，守臣趙子崧棄城渡江保瓜洲。

是秋，金人分兵據兩河州縣，惟中山慶源府、保莫邢洺冀磁絳相州久之乃陷。

冬十月丁巳朔，帝登舟幸淮甸。戊午，太后至揚州。己未，罷諸路勸誘獻納錢物。庚申，罷諸路召募潰兵忠義等人，及寄居官擅集勤王兵者。癸亥，募羣盜能併滅賊衆者官之。甲子，以張浚論李綱不已，落綱觀文殿大學士，止奉宮祠。知秀州兼權浙西提點刑獄趙叔近入杭州招撫陳通。乙丑，罷帥府、要郡、次要郡新軍及水軍〔11〕。丁卯，以王淵爲杭州制置盜賊使，統制官張俊從行。庚午，次泗州，幸普照寺。甲戌，太白晝見。己卯，次楚州寶應縣。後軍將孫琦等作亂，逼左正言盧臣中墮水死。庚辰，命劉光世討鎭江叛兵。辛巳，以光世爲滁和濠州、江寧府界招捉盜賊制置使，御營統制官苗傅爲使司都統制。朝請郎李棫提舉廣西左、右兩江峒丁公事。癸未，至揚州，禁內侍統兵官相見。丙戌，王淵、張俊誘趙萬等悉誅之。

十一月戊子，李綱鄂州居住。眞定軍賊張遇入池州，守臣滕祐棄城遁。己丑，詔：雜犯死罪有疑及情理可憫者，撫諭官同提刑司酌情減降，先斷後聞。壬辰，遣王倫等爲金國通問使。乙未，以張慤爲尙書左丞，工部尙書顏岐同知樞密院事。丙申，曲赦應天府、亳宿揚泗楚州、高郵軍。丙午，以張慤爲中書侍郎。戊申，以顏岐爲尙書左丞兼權門下侍郎，御史中丞許景衡爲右丞，刑部尙書郭三益同知樞密院事。權密州趙野棄城遁，軍校杜彥據州，追野殺之。辛亥，命福建路增招弓手。金人陷河間府。是月，軍賊丁進圍壽春府，守臣康允之拒卻之。

十二月丙辰朔，命從臣四員充講讀官，就內殿講讀。丁巳，詔諸路提刑司選官，卽轉運司所在州類省試進士，以待親策。辛酉，王淵入杭州，執陳通等誅之。壬戌，青州敗將王定以兵作亂，殺帥臣曾孝序。癸亥，粘罕犯汜水關，西京留守孫昭遠遣將拒之，戰歿，昭遠引兵南遁，尋命部將王仔奉啓運宮神御赴行在。甲子，改授后父徽猷閣待制邢焕爲光州觀察使。乙丑，詔：凡刑賞大政並經三省，其干請墨敕行下者罪之。丙寅，張遇犯江州。戊辰，金人圍棣州，守臣姜剛之固守，金兵解去。甲戌，金人陷同州，守臣鄭驤死之。張遇犯黄州。己卯，金人陷汝州，入西京。庚辰，金人陷華州。辛巳，破潼關。河東經制使王𤫙自同州引兵遁入蜀。丁進詣宗澤降。乙酉，增置廣西弓手以備邊。以戶部尚書黄潛厚爲延康殿學士、同提舉措置財用。

校勘記

〔一〕帝聞三軍籍籍遂輒　按李心傳建炎以來繫年要錄（以下簡稱繫年要錄）卷三記此事說：「王聞其語，遂罷行。」「輒」當爲「輟」之譌。

〔二〕西道都總管王襄　「總」，原作「統」，據本書卷三五二本傳、繫年要錄卷四、北盟會編卷九五改。

〔三〕免解人與免省試　「試」字原脫，據繫年要錄卷五、北盟會編卷一〇一補。

〔四〕封趙懷恩爲安化郡王　「安化」，當爲「隴右」之誤。按繫年要錄卷六，趙懷恩爲士蕃董氊從孫安化郡王懷德弟益麻黨征，此時特封隴右郡王。

〔五〕以樞密副都承旨王𤫙　繫年要錄卷七、北盟會編卷一〇九、皇宋中興兩朝聖政（以下簡稱中興聖政）

卷二都無「副」字，「副」字疑衍。

〔六〕叔右監門衞大將軍貴州團練使士珸　「叔」，原作「敍」，據繫年要錄卷七改。

〔七〕建州軍校張員等作亂執守臣張動轉運副使毛奎判官曹仔爲所殺嬰城自守　「爲所殺」三字原置「判官」上，據繫年要錄卷九、十朝綱要卷二一乙正。「張動」，繫年要錄、十朝綱要都作「張勤」。「曹仔」，繫年要錄作「曾仔」，十朝綱要作「曾仔」。

〔八〕以金人犯河陽汜水　「汜水」下原有「軍」字。按繫年要錄卷九、北盟會編卷一一三，「汜水」下都無「軍」字；本書卷八五地理志，汜水爲縣，屬孟州，未嘗升軍。據刪。

〔九〕七日還　「七日」，原作「七月」，按繫年要錄卷九，建炎元年九月甲午，宗澤引兵至河北視師，庚子還京師。中興聖政卷二同。往還恰爲七日，據改。

〔一〇〕復新鄉縣　「新鄉」，原作「新興」，據北盟會編卷一一三改。繫年要錄卷九于九月乙卯也說：「彥既得新鄉。」本書卷三六五岳飛傳也說：「至新鄉，金兵盛，彥不敢進，飛獨引所部鏖戰，奪纛而舞，諸軍爭奮，遂拔新鄉。」

〔一一〕新軍及水軍　「及」，原置「新軍」上，據繫年要錄卷一〇乙正。

宋史卷二十五

本紀第二十五

高宗二

二年春正月丙戌朔，帝在揚州。丁亥，錄兩河流亡吏士。沿河給流民官田、牛、種。戊子，金人陷鄧州，安撫劉汲死之。辛卯，置行在榷貨務。壬辰，金人犯東京，宗澤遣將擊卻之。癸巳，復明法新科。甲午，詣壽寧寺謁祖宗神主。乙未，金人破永興軍，前河東經制副使傅亮以兵降，經略使唐重、副總管楊宗閔、提舉軍馬陳迪、轉運副使桑景詢、判官曾謂、提點刑獄郭忠孝、經略司主管機宜文字王尙及其子建中俱死之。東平府兵馬鈐轄孔彥舟叛，渡淮犯黃州，守臣趙令㟪拒之。丙申，詔：「自今犯枉法自盜贓者，中書籍其姓名，罪至徒者，永不錄用。」金人陷均州，守臣楊彥明遁去。丁酉，金人陷房州。己亥，張遇焚眞州。祕閣修撰孫昭遠爲亂兵所害〔一〕。庚子，遣主客員外郎謝亮爲陝西撫諭使兼宣諭使，持詔賜夏國。張遇陷鎮江府，守臣錢伯言棄城走。辛丑，內侍邵成章坐輒言大臣除名，南雄州編管。金人陷鄭州，通判趙伯振死之。癸卯，金帥窩里嗢陷濰州，又陷青州，尋棄去。丁未，詔諭流民、潰兵之爲盜賊者，釋其罪。己酉，禁諸將引潰兵入蜀，置大散關使以審驗之。庚戌，遣考功員外郎傅雱爲淮東京東西撫諭使。辛亥，王淵招降張遇，以所部萬人隸韓世忠。改授顯謨閣直學士孟忠厚爲常德軍承宣使。詔：凡后族毋任侍從官，著爲令。金人焚鄧州。是月，以中奉大夫劉豫知濟南府。金人陷潁昌府，守臣孫默爲所殺。經制司僚屬王擇仁復永興軍。金人陷秦州，經略使李復降；又犯熙河，經略使張深遣兵馬都監劉惟輔與戰于新店，敗之，斬其帥黑鋒。

二月丙辰，金人再犯東京，宗澤遣統制閻中立等拒之，中立戰死。戊午，移耿南仲于臨江軍。金人陷唐州。壬戌，安化軍節度副使宇文虛中應詔使絕域，復中大夫，召赴行在。癸亥，罷市易務。甲子，金人犯滑州，宗澤遣張撝救之，戰死。乙丑，澤遣判官范世延〔二〕等表請帝還闕。河北賊楊進等詣澤降。丁卯，復延康、述古殿直學士爲端明、樞密直學士。辛未，詔：自今犯枉法自盜贓罪至死者，籍其貲。壬申，赦福州叛卒張員等。癸酉，金人陷蔡州，執守臣閻孝忠。丙子，金人陷淮寧府，守臣向子韶死之。丁丑，遣王貺等充金國軍前通問使。戊寅，責降知鎮江府趙子崧爲單州團練副使，南雄州安置。己卯，奪祕書正字胡琨官，送梧州編管。朝奉大夫劉正彥應詔使絕域，授武德大夫、威州刺史，尋爲御營右軍副統制。庚申，以王淵爲嚮德軍節度使。辛巳，武功大夫、和州防禦使馬擴奔眞定五馬山砦聚兵，得皇弟信王榛于民間，奉之總制諸砦。壬午，詔京畿、京東西、河北、淮南路，置振華軍八萬人。是月，成都守臣盧法原修城成。

三月辛卯，金人陷中山府。壬辰，詔諸路安撫使許便宜節制官吏。丁酉，初立大小使臣呈試弓馬出官格，先閱試然後奏補。粘罕焚西京去。庚子，河南統制官翟進復西京，宗澤奏進爲京西北路安撫制置使。丙午，遙授尙書右僕射何㮚爲觀文殿大學士，中書侍郎陳過庭爲資政殿大學士，同知樞密院事聶昌爲資政殿大學士，並主管宮觀。時㮚已卒于金，昌爲人所殺，朝廷未之知；過庭亦在金軍中。丁未，罷內外權局官之不應法者。遣楊應誠爲大金、高麗國信使。己酉，張員等復作亂，擁衆突城出，命本路提點刑獄李芘討捕之。辛亥，以范瓊權同主管侍衞步軍司公事，屯眞州。是月，金人陷鳳翔府，守臣劉淸臣棄城去；又犯涇原，經略使統制官曲端〔三〕遣將拒戰敗之，金兵走同、華。石壕尉李彥仙舉兵復陝州。

夏四月丙辰，詔文臣從官至牧守、武臣管軍至遙郡，各舉所知二人。戊午，禁州縣責鄰保代輸逃戶稅役。宗澤遣將趙世興復滑州。乙丑，翟進以兵襲金帥兀室于河南，兵敗，其子亮死之。進又率御營統制韓世忠、京城都巡檢使丁進等兵戰于文家寺，又敗，世忠收餘兵南歸。兀室復入西京，尋棄去。隴右都護張嚴及金人戰于五里坡，敗績，死之。丁卯，金人入洺州〔四〕。壬辰，軍賊孫琦焚隨州。癸未，入唐州。信王榛遣馬擴來奏事。是月，以榛爲河外兵馬都元帥，擴爲元帥府馬步軍都總管。

五月乙酉，許景衡罷。孫琦犯德安府。丙戌，命參酌元祐科舉條制，立詩賦、經義分試法。戊子，以翰林學士朱勝非爲尙書右丞。辛卯，以金兵渡河，遣韓世忠、宗澤等逆戰。甲午，曲赦河北、陝西、京東路。福建轉運判官謝如意執張員等六人誅之。丙申，復命宇文虛中爲資政殿大學士，充金國祈請使。賊靳賽寇光山縣。戊戌，河北制置使王彥部兵渡河，屯滑州之沙店。癸卯，張慤薨。甲辰，金帥婁宿陷絳州。丁未，復置兩浙、福建提舉市舶司。己酉，秀州卒徐明等作亂，執守臣朱芾，迎前守趙叔近復領州事。命御營中軍統制張俊討之。癸丑，罷借諸路職田。

六月乙卯，權罷邛州鑄錢〔五〕，增印錢引。癸亥，建州卒葉濃等作亂，寇福州。甲子，親慮囚。乙丑，張俊至秀州，殺趙叔近，執徐明斬之。甲戌，葉濃陷福州。丁丑，詔江、浙沿流州軍練水軍，造戰艦。京畿、淮甸蝗。是月，以知延安府王庶節制陝西六路軍馬，涇原經略使統制官曲端爲節制司都統制。永興軍經略使郭琰逐王擇仁，擇仁奔興元。

秋七月甲申，葉濃入寧德縣，復還建州，命張俊同兩浙提點刑獄趙哲率兵討之。丙戌，詔吏部審量京官，非政和以後進書頌及直赴殿試人，乃聽參選。宗澤薨。丁亥，詔：百官坐蔡京、王黼擬授而廢者，許自新復用。戊子，禁軍中抉目刳心之刑。壬辰，選江、浙州軍正兵、土兵六之一赴行在。乙未，以郭仲荀爲京城副留守。戊戌，錄內外諸軍將士功。辛丑，以春霖夏旱蝗，詔監司、郡守條上闕政，州郡災甚者蠲田賦。甲辰，以降授北京留守杜充復樞密直學士，爲開封尹、東京留守。

八月甲寅，初鑄御寶三。甲戌，御集英殿策試禮部進士。罷殿中侍御史馬伸，尋責濮州。河北、京東捉殺使李成叛；辛巳，犯宿州。是月，二帝徙居韓州。

九月甲申，丁進叛，復寇淮西。庚寅，賜禮部進士李易以下四百五十一人及第、出身，特奏名進士皆許調官。壬辰，召侍從所舉褚宗諤等二十一人驛赴行在。癸巳，金人陷冀州，將官李政死之。甲午，金人再犯永興軍，經略使郭琰棄城，退保義谷。辛丑，陝西節制司兵官賀師範及金人戰于八公原，敗績，死之。丙午，復所減京官奉。丁未，東京留守統制官薛廣及金人戰于相州，敗死。己酉，郭三益薨。

是秋，窩里嗢、撻懶破五馬山砦，信王榛不知所終。馬擴軍敗于北京之清平。

冬十月甲寅，命揚州濬隍修城。閱江、淮州郡水軍。楊應誠還自高麗。戊午，遣劉光世討李成。壬戌，禁江、浙閉糴。癸亥，粘罕圍濮州，遣韓世忠、范瓊領兵至東平、開德府，分道拒戰，又命馬擴援之。甲子，命孟忠厚奉隆祐太后幸杭州。楊進復叛，攻汝、洛，命翟進擊于鳴皋山，翟進戰死。丙子，罷吏部審量崇寧、大觀以來濫賞，止令自陳。是月，劉正彥擊丁進，降之。

十一月辛巳朔，提舉嵩山崇福宮李綱責授單州團練副使，萬安軍安置。劉光世及李成戰于新息縣，成敗走。高麗國王王楷遣其臣尹彥頤入見。金人圍陝州，守臣李彥仙拒戰卻之。壬辰，金人陷延安府，權知府劉選、總管馬忠皆遁，通判府事魏彥明死之。癸巳，趙哲大破葉濃于建州城下，濃遁而降，復謀爲變，張俊禽斬之。乙未，金人陷濮州，執守臣楊粹中；又陷開德府，守臣王棣死之。以魏行可充金國軍前通問使。庚子，詣壽寧寺朝饗祖宗神主。壬寅，冬至，祀昊天上帝于圜丘，以太祖配，大赦。金人陷相州，守臣趙不試死之。甲辰，陷德州，兵馬都監趙叔皎〔六〕死之。庚戌，立士庶子弟習射補官法。是月，節制陝西軍馬王庶爲都統制曲端所拘，奪其印。四川茶馬趙開罷官買賣茶，給引通商如政和法。金人犯晉寧軍，守臣徐徽言拒卻之，知府州折可求以城降。金人陷淄州。涇原兵馬都監吳玠襲斬史斌。濱州賊葛進〔七〕陷棣州，守臣姜剛之死之。京東賊李民詣行在請降，王淵殲其衆，留民爲將。

十二月乙卯，太后至杭州，扈從統制苗傅以其軍八千人駐奉國寺。庚申，金人犯東平府，京東西路制置使權邦彥〔八〕棄城去；又犯濟南府，守臣劉豫以城降。甲子，金人陷大名府，提點刑獄郭永罵敵不屈，死之，轉運判官裴億降；又陷襲慶府。乙丑，陷虢州。丙寅，初命修國史。己巳，以黃潛善爲尚書左僕射兼門下侍郎，汪伯彥右僕射兼中書侍郎，顏岐門下侍郎，朱勝非中書侍郎，兵部尚書盧益同知樞密院事。辛未，金人犯青州。丁丑，特進致仕余深、金紫光祿大夫致仕薛昂並分司，進昌軍、徽州居住〔九〕。耿南仲再責單州別駕，唐恪追落觀文殿大學士。戊寅，以禮部侍郎張浚兼御營參贊軍事，教習長兵。

是冬，杜充決黃河，自泗入淮以阻金兵。

三年春正月庚辰朔，帝在揚州。以京西北路兵馬鈐轄翟興爲河南尹、京西北路安撫制置兼招討使。京西賊貴仲正陷岳州。甲申，以資政殿學士路允迪簽書樞密院事。丁亥，金人再陷青州，又陷濰州，焚城而去。京東安撫劉洪道入青州守之。己丑，奉安西京會聖宮累朝御容于壽寧寺。占城國入貢。趣大金通問使李鄴、周望、宋彥通、吳德休等往軍前。辛卯，陝州都統邵興及金人戰于潼關敗之，復虢州。乙未，杜充遣岳飛、桑仲討其叛將張用于城南，其徒王善救之，官軍敗績。庚子，張用、王善寇淮寧府，守臣馮長寧却之。詔：「百官聞警遣家屬避兵，致物情動搖者，流。」丙午，粘罕陷徐州，守臣王復及子倚死之，軍校趙立結鄉兵爲興復計。御營平寇左將軍韓世忠軍潰于沭陽，其將張遇死，世忠奔鹽城。金兵執淮陽守臣李寬，殺轉運副使李跋〔一〇〕，以騎兵三千取彭城，間道趣淮甸。戊申，至泗州。

二月庚戌朔，始聽士民從便避兵。命劉正彥部兵衞皇子、六宮如杭州。江、淮制置使劉光世阻淮拒金人，敵未至自潰。金人犯楚州，守臣朱琳降。辛亥，金人陷天長軍。壬子，內侍鄺詢報金兵至，帝被甲馳幸鎭江府。是日，金兵過楊子橋。癸丑，游騎至瓜洲，太常少卿季陵奉太廟神主行，金兵追之，失太祖神主。王淵請幸杭州。命留朱勝非守鎭江；以吏部尚書呂頤浩爲資政殿大學士、江淮制置使；都巡檢使劉光世爲殿前都指揮使，充行在五軍制置使，駐鎭江府，控扼江口；主管馬軍司楊惟忠節制江東軍馬，駐江寧府。是夕，發鎭江，次呂城鎭。金人入眞州。甲寅，次常州。御營統制王亦謀據江寧，不克而遁。御營平寇前將軍范瓊自東平引兵至壽春，其部兵殺守臣鄧紹密。丙辰，次平江府。丁巳，金人犯泰州，守臣曾班以城降。丁進縱兵剽掠，王淵誘誅之。戊午，次吳江縣，命朱勝非節制平江府、秀州，控扼軍馬，禮部侍郎張浚副之。又命勝非兼御營副使。留王淵守平江。以忠訓郎劉俊民爲閤門祗候，齎書使金軍。詔錄用張邦昌親屬，仍命俊民持邦昌貽金人約和書稿以行。金人陷滄州，守臣劉錫棄城走。己未，次秀州。命呂頤浩往來經制長江，以龍圖閣待制、知江州陳彥文爲沿江措置使。庚申，次崇德縣。呂頤浩從行，卽拜同簽書樞密院事、江淮兩浙制置使，以兵二千還屯京口。又命御營中軍統制張俊以兵八千守吳江，吏部員外郎鄭資之爲沿江防托，監察御史林之平爲沿海防托，募海舟守隘。壬戌，駐蹕杭州。金人陷晉寧軍，守臣徐徽言死之。癸亥，下詔罪己，求直言。令有司具舟常、潤，迎濟衣冠、軍民家屬；省儀物、膳羞，出宮人之無職掌者。乙丑，降德音，赦雜犯死罪以下囚，放還士大夫被竄斥者，惟李綱罪在不赦，更不放還。蓋用黃潛善計，罪綱以謝金人。置江寧府榷貨務都茶場。丁卯，百官入見，應迪功郎以上並赴朝參。戊辰，出米十萬斛，卽杭秀常湖州、平江府損直以糶，濟東北流寓之人。金人焚揚州。己巳，用御史中丞張澂言，罷黃潛善、汪伯彥，以戶部尚書葉夢得爲尚書左丞，澂爲右丞。庚午，詔平江鎭江府、常湖杭越州，具寓居京朝官已上姓名以備簡拔。分命浙西監司等官，募土豪守千秋、垂脚、襄陽諸嶺，以扼宣、常諸州險要。金人去揚州。辛未，詔御營使司唯掌行在五軍，凡邊防經制並歸三省、樞密。金人過高郵軍，守臣趙士瑗棄城走。潰兵宋進犯泰州，守臣曾班遁。壬申，罷軍期司掊斂民財者。呂頤浩遣將陳彥渡江襲金餘兵，復揚州。癸酉，靳賽犯通州。韓世忠小校李在叛據高郵。甲戌，黃潛善、汪伯彥並落職。乙亥，召朱勝非赴行在，留張浚駐平江。贈陳東、歐陽澈承事郎，官有服親一人，恤其家。召馬伸赴行在，卒，贈直龍圖閣。丙子，詔士民直言時政得失。是月，以王庶爲陝西節制使、知京兆府，節制司都統制曲端爲鄜延經略使、知延安府。張用據確山，號「張莽蕩」。

三月己卯朔，日中有黑子。庚辰，以朱勝非爲尚書右僕射兼中書侍郎。辛巳，葉夢得罷，以盧益爲尚書左丞，未拜，復罷爲資政殿學士。御營都統制王淵同簽書樞密院事，呂頤浩爲江南東路安撫制置使、知江寧府。壬午，詔王淵免進呈書押本院文字。扈從統制苗傅忿王淵驟得君，劉正彥怨招降劇盜而賞薄。帝在揚州，閹宦用事恣橫，諸將多疾之。癸未，傅、正彥等叛，勒兵向闕，殺王淵及內侍康履以下百餘人。帝登樓，以傅爲慶遠軍承宣使、御營使司都統制，正彥渭州觀察使、副都統制。傅等迫帝遜位于皇子魏國公，請隆祐太后垂簾同聽政。是夕，帝移御顯寧寺〔二〕。甲申，尊帝爲睿聖仁孝皇帝，以顯寧寺爲睿聖宮，大赦。以張澂兼中書侍郎，韓世忠爲御營使司提舉一行事務，前軍統制張俊爲秦鳳副總管，分其衆隸諸軍。丁亥，以東京留守杜充爲資政殿大學士，節制京東西路。殿前副都指揮使、東京副留守郭仲荀進昭化軍節度使。分竄內侍藍珪、高邈、張去爲、張旦、曾擇、陳永錫于嶺南諸州。擇已行，傅追還殺之。呂頤浩至江寧。戊子，以端明殿學士王孝迪爲中書侍郎、盧益爲尚書左丞。張俊部衆八千至平江，張浚諭以決策起兵問罪，約呂頤浩、劉光世招韓世忠來會。己丑，改元明受。張浚奏乞睿聖皇帝親總要務。庚寅，百官始朝睿聖宮，以苗傅爲武當軍節度使，劉正彥爲武成軍節度使，劉光世爲太尉、淮南制置使，范瓊爲慶遠軍節度、湖北制置使，楊惟忠加少保，張浚爲禮部尚書，及呂頤浩並赴行在。傅等以御營中軍統制吳湛主管步軍司；黃潛善、汪伯彥並分司，衡、永州居住；王孝迪、盧益爲大金國信使；進士黃大本〔三〕、吳時敏爲先期告請使。置行在都茶場。呂頤浩奏請睿聖皇帝復大位。金人陷鄜州。癸巳，張浚命節制司參議官辛道宗措置海船，遣布衣馮轓持書說傅、正彥。甲午，有司請尊太后爲太皇太后，不許。呂頤浩率勤王兵萬人發江寧。乙未，再貶黃潛善鎭東軍節度副使，英州安置。劉光世部兵會呂頤浩于丹陽。丙申，韓世忠自鹽城收散卒至平江，張俊假兵二千；戊戌，赴行在。辛丑，傅等以世忠爲定國軍節度使，張俊爲武寧軍節度使、知鳳翔府，張浚責黃州團練副使，郴州安置。俊等皆不受。傅等遣軍駐臨平，拒勤王兵。壬寅，日中黑子沒。盧益罷。呂頤浩至平江。水賊邵青入泗州。癸卯，太后詔：睿聖皇帝宜稱皇太弟、天下兵馬大元帥、康王，皇帝稱皇太姪、監國。賜傅、正彥鐵劵。呂頤浩、張浚傳檄中外討傅、正彥，執黃大本下獄。乙巳，太后降旨睿聖皇帝處分兵馬重事。張俊率兵發平江，劉光世繼之。丙午，張浚同知樞密院事，翰林學士李邴、御史中丞鄭瑴並同簽書樞密院事。呂頤浩、張浚發平江；丁未，次吳江，奏乞建炎皇帝還卽尊位。朱勝非召傅、正彥至都堂議復辟，傅等遂朝睿聖宮。金人陷京東諸郡，劉洪道棄青州去。撻懶以劉豫知東平府，節制河南州郡。趙立復徐州。

夏四月戊申朔，太后下詔還政，皇帝復大位。帝還宮，與太后御前殿垂簾，詔尊太后爲隆祐皇太后。己酉，詔訪求太祖神主。以苗傅爲淮西制置使，劉正彥副之。庚戌，復紀年建炎。命張浚知樞密院事，苗傅、劉正彥並檢校少保。呂頤浩、張浚軍次臨平，苗翊、馬柔吉拒戰不勝，傅、正彥引兵二千夜遁。辛亥，皇太后撤簾。呂頤浩等入見。傅犯富陽、新城二縣，遣統制王德、喬仲福追擊之。癸未，朱勝非、顏岐、王孝迪、張澂、路允迪俱罷。以呂頤浩爲尚書右僕射兼中書侍郎，李邴尚書右丞，鄭㲄簽書樞密院事。甲寅，以劉光世爲太尉、御營副使，韓世忠爲武勝軍節度使、御前左軍都統制，張俊爲鎭西軍節度使、御前右軍都統制，勤王所僚屬將佐進官有差。主管殿前司王元、左言並責官英、賀州安置。樞密都承旨馬瑗〔三〕停官，永州居住。吏部員外郎范仲熊、浙西安撫司主管機宜文字時希孟並除名，柳州、吉陽軍編管。斬中軍統制吳湛、工部侍郎王世修于市。贈王淵開府儀同三司。乙卯，大赦。舉行仁宗法度，應嘉祐條制與今不同者，自官制役法外，賞格從重，條約從寬。罷上供不急之物。元祐石刻黨人官職、恩數追復未盡者，令其家自陳。許中外直言。丁巳，禁內侍交通主兵官及饋遺假貸、借役禁兵、干預朝政。庚申，詔尚書左右僕射並帶同中書門下平章事，改門下、中書侍郎爲參知政事，省尚書左右丞。以李邴參知政事。詔行在職事官各舉所知，併省館學、寺監等官。苗傅犯衢州。癸亥，以給事中周望爲江、浙制置使。丁卯，帝發杭州，留鄭瑴衞皇太后，以韓世忠爲江、浙制置使，及劉光世追討傅、正彥。己巳，詔：傅、正彥、苗瑀、苗翊、張逵不赦〔四〕，餘黨並原。壬申，立子魏國公旉爲皇太子。赦傅黨王鈞甫、馬柔吉罪，許其自歸。丙子，范瓊自光、蘄引兵屯洪州。是月，劉文舜寇濠州。西北賊薛慶襲據高郵軍。

五月戊寅朔，帝次常州，以張浚爲宣撫處置使，以川、陝、京西、湖南北路隸之，聽便宜黜陟。庚辰，苗傅統領官張翼斬王鈞甫、馬柔吉降。辛巳，次鎭江府，遣祭張慤、陳東墓，詔恤其家。癸未，以翰林學士滕康同簽書樞密院事。乙酉，至江寧府，駐蹕神霄宮，改府名建康。起復朝散郎洪皓爲大金通問使。丁亥，以徽猷閣直學士陳彥文提領水軍，措置江、浙防托。召藍珪等速還朝。己丑，韓世忠追討傅、正彥于浦城縣，獲正彥，傅遁走。張浚撫諭薛慶于高郵，爲慶所留。乙未，浚罷。以御營前軍統制王𤫉爲淮南招撫使。己亥，復置中書門下省檢正官，省左右司郎中二員。苗傅裨將江池殺苗翊降于周望。傅走建陽縣，土豪詹標執之以獻。辛丑，張浚還自高郵，復命知樞密院事。是月，翟興擊殺楊進餘黨，復推其徒劉可拒官軍。

六月戊申朔，以東京留守杜充引兵赴行在，命兼宣撫處置副使，節制淮南、京東西路。

己酉，以久雨召郎官已上言闕政，呂頤浩請令實封以聞。遂用司勳員外郎趙鼎言，罷王安石配享神宗廟庭，以司馬光配。王善攻淮寧府不克，轉寇宿州，統領王冠戰敗之。甲寅，罷賞功司。乙卯，命恤死事者家，且錄其後。升浙西安撫使康允之爲制置使。丙辰，劉光世招安苗傅將韓儁。戊午，命江、浙、淮南引塘濼、開畎澮，以阻金兵。庚申，皇太后至建康府。辛酉，以久陰，下詔以四失罪己：一曰昧經邦之大略，二曰昧戡難之遠圖，三曰無綏人之德，四曰失馭臣之柄。仍榜朝堂，徧諭天下，使知朕悔過之意。以帶御器械李質權同主管殿前司。乙丑，以建康府路安撫使連南夫〔三〕兼建康府宣徽太平等州制置使。丁卯，右司諫袁植請誅黃潛善及失守者權邦彥等九人。詔：「朕方念咎責己，豈可盡以過失歸於臣下？」遂罷植知池州，以趙鼎爲右司諫。癸酉，置樞密院檢詳官。以右司郎中劉寧止爲沿江措置副使。甲戌，移御行宮。乙亥，詔諭中外：「以迫近防秋，請太后率宗室迎奉神主如江表，百司庶府非軍旅之事者，並令從行。朕與輔臣宿將備禦寇敵，應接中原。官吏士民家屬南去者，有司毋禁。」金人陷磁州。

是夏，賊貴仲正降〔六〕。

秋七月戊寅，贈王復爲資政殿學士。己卯，親慮囚。辛巳，苗傅、劉正彥伏誅。癸未，進韓世忠檢校少保、武勝昭慶軍節度使、御營使司都統制。范瓊自洪州入朝，以瓊爲御營使司提舉一行事務，後軍統制辛企宗爲都統制。命學士院草夏國書、大金國表本付張浚。甲申，詔以苗、劉之變，當軸大臣不能身衞社稷，朱勝非、顏岐、路允迪並落職，張澂衡州居住。以知廬州胡舜陟爲淮西制置使，知江州權邦彥兼本路制置使。金人犯山東，安撫使劉洪道棄濰州遁，萊州守將張成舉城降。丁亥，以范瓊跋扈無狀收下大理獄，分其兵隸神武五軍。皇太子旉，謚元懿。戊子，鄭瑴薨。己丑，以資政殿大學士王綯參知政事，兵部尚書周望同簽書樞密院事。庚寅，仙井監鄉貢進士李時雨上書，乞選立宗子係屬人心。帝怒，斥還鄉里。辛卯，升杭州爲臨安府。壬辰，言者又論范瓊逼遷徽宗及迎立張邦昌，瓊辭伏，賜死，子弟皆流嶺南。劉洪道復青州，執金守向大猷。乙未，遣謝亮使夏國。丁酉，遣崔縱使金軍前。庚子，張浚發行在。辛丑，王夔與靳賽遇，合戰敗績。壬寅，命李邴、滕康權知三省、樞密院事，扈從太后如洪州，楊惟忠將兵萬人以衞。以杜充同知樞密院事兼宣撫處置副使。乙巳，詔江西、閩、廣、荆湖諸路團教峒丁、槍杖手。山東賊郭仲威陷淮陽軍。翟興引兵入汝州與賊王俊戰，敗之。

八月己酉，移浙西安撫司于鎭江府。庚戌，李邴罷。壬子，以吏部尚書劉珏爲端明殿學士、權同知三省樞密院事。甲寅，王庶罷。以徽猷閣直學士、知慶陽府王似爲陝西節制使。劉文舜入舒州。己未，太后發建康。丁卯，遣杜時亮使金軍前。

閏八月丁丑朔，以胡舜陟爲沿江都制置使，集英殿修撰王羲叔副之。丁亥，輔逵掠漣水軍，殺軍使郝璘，率衆降于王𤫉。己丑，以呂頤浩守尚書左僕射，杜充守右僕射，並同中書門下平章事。庚寅，起居郎胡寅上書言二十事，呂頤浩不悅，罷之。辛卯，命杜充兼江、淮宣撫使守建康，前軍統制王𤫉隸之，韓世忠爲浙西制置使守鎭江，劉光世爲江東宣撫使守太平、池州，並受充節制。丁酉，太后至洪州。己亥，減福建、廣南歲上供銀三之一。詔制置使唯用兵聽便宜，餘事悉禁。壬寅，帝發建康，復還浙西，張俊、辛企宗以其軍從。甲辰，次鎭江府。賜陳東家金。張浚次襄陽，招官軍、義兵分屯襄、郢、唐、鄧，以程千秋、李允文節制。是月，知濟南府宮儀及金人數戰于密州，兵潰，儀及劉洪道俱奔淮南，守將李逵以密州降金。靳賽詣劉光世降。

九月丙午朔，日有食之。諜報金人治舟師，將由海道窺江、浙，遣韓世忠控守圌山、福山。辛亥，次平江府。壬子，金人陷單州、興仁府，遂陷南京，執守臣凌唐佐降之。癸丑，以周望爲兩浙、荆湖等路宣撫使，總兵守平江。翰林學士張守同簽書樞密院事。命劉光世移屯江州。丙辰，遣張邵等充金國軍前通問使。金人陷沂州。卻高麗入貢使。張浚承制罷知潭州辛炳，起復直龍圖閣向子諲代之。丁巳，蠲諸路青苗積欠錢。辛酉，知鼎州邢倞坐結耶律余覩，再責汝州團練副使，英州安置。癸亥，賜宿、泗州都大提舉使李成軍絹二萬四，成尋復叛。己巳，以胡舜陟爲兩浙宣撫司參謀官〔一七〕，知鎮江府陳邦光爲沿江都制置使。庚午，以工部侍郎湯東野知平江府兼浙西制置使。辛未，追復鄒浩龍圖閣待制。壬申夜，潭州禁卒作亂，謀竄不果，向子諲隨招安之。甲戌，金帥婁宿犯長安，經略使郭琰棄城遁，河北賊酈瓊圍光州。

冬十月丙子朔，詔按察官歲上所發擿贓吏姓名以爲殿最。庚辰，禁諸軍擅入川、陝。癸未，帝至杭州，復如浙東。庚寅，渡浙江。郭仲威詣周望降，望以仲威爲本司統制。辛卯，李成陷滁州，殺守臣向子伋。壬辰，帝至越州。癸巳，命提舉廣西峒丁李棫市馬，邕州置牧養務。戊戌，初命東南八路歲收經制五項錢輸行在。張浚治兵于興元府。金人陷壽春府。庚子，陷黃州，守臣趙令岯死之。辛丑，張浚以同主管川、陝茶馬趙開爲隨軍轉運使，專總四川財賦。金人自黃州濟江，劉光世引軍遁，知江州韓梠棄城去。金人自大冶縣趨洪州。是月，京西賊劉滿陷信陽軍，殺守臣趙士負〔一八〕。盜入宿州，殺通判盛脩己。

十一月乙巳朔，金人犯廬州，守臣李會以城降。王善叛降金，金人執之。丁未，詔降雜犯死罪，釋流以下囚，聽李綱自便，追復宋齊愈官。貴仲正犯荆南，兵馬鈐轄渠成與戰，斬之。戊申，金帥兀朮犯和州，守臣李儔以城降，通判唐璟死之。己酉，張浚出行關、陝。兀朮陷無爲軍，守臣李知幾棄城走。壬子，太后退保虔州。江西制置使王子獻棄洪州走。丁已，金人陷臨江軍，守臣吳將之遁。戊午，遣孫悟等充金國軍前致書使。金人陷洪州，權知州事李積中以城降；撫、袁二州守臣王仲山、王仲嶷皆降。淮賊劉忠犯蘄州，韓世清逆戰破之，忠人舒州，殺通判孫知微。庚申，金人陷眞州，守臣向子忞棄城去。辛酉，太后至吉州。壬戌，金人犯建康府，陷溧水，縣尉潘振死之。癸亥，金人陷太平州。主管步軍司閭勍自西京奉累朝御容至行在，詔奉安于天慶觀，尋命勍節制淮西軍馬以拒金人。甲子，杜充遣都統制陳淬、岳飛等及金人戰于馬家渡，王𤫉以軍先遁，淬敗績，死之。乙丑，以檢正諸房公事傅崧卿爲浙東防遏使。太后發吉州，次太和縣。護衞統制杜彥及後軍楊世雄率衆叛，犯永豐縣，知縣事趙訓之死之。金人至太和縣，太后自萬安陸行如虔州。丁卯，下詔回浙西迎敵。金人犯吉州，守臣楊淵棄城走，又陷六安軍。己巳，帝發越州，次錢清鎭。庚午，復還越州。以周望同知樞密院事，仍兼兩浙宣撫使守平江，殿前都指揮使郭仲荀爲副使守越州，右軍都統制張俊爲浙東制置使從行。御史中丞范宗尹參知政事。辛未，兀朮入建康府，守臣陳邦光、戶部尙書李梲迎拜，通判楊邦乂拒之。癸酉，帝如明州。金人犯建昌軍，兵馬監押蔡延世擊却之。甲戌，兀朮殺楊邦乂。韓世忠自鎭江引兵之江陰軍。江、淮宣撫司潰卒李選攻陷鎭江。淮西兵馬都監王宗望以濠州降于金。是月，張浚至秦州。桑仲自唐州犯襄陽，京西制置使程千秋敗走，仲遂據襄陽。

十二月乙亥朔，張浚承制廢積石軍。丙子，帝至明州。丁丑，江、淮宣撫司準備將戚方擁衆叛，犯鎭江府，殺守臣胡唐老；辛巳，陷常州，守臣周杞遣赤心隊官劉晏擊走之。金人陷廣德軍，殺守臣周烈〔九〕。劉光世引兵趨南康軍。壬午，定議航海避兵，禁卒張寶等憚行謀亂，命呂頤浩等伏兵執寶等十七人斬之。甲申，張浚承制拜涇原經略使曲端爲威武大將軍、宣撫處置使司都統制。乙酉，兀朮犯臨安府，守臣康允之棄城走，錢塘縣令朱蹕死之。己丑，帝乘樓船次定海縣，給行在諸軍雪寒錢。辛卯，留范宗尹、趙鼎于明州以候金使。癸巳，帝次昌國縣。乙未，杜彥犯潭州，殺通判孟彥卿、趙民彥。金人屠洪州。戊戌，金人犯越州，安撫使李鄴以城降，衞士唐琦袖巨石要擊金帥琶八不克，死之。郭仲荀棄軍奔溫州。庚子，移幸溫、台。癸卯，黃潛善卒于英州。李成自滁州引兵之淮西。

校勘記

〔一〕祕閣修撰孫昭遠爲亂兵所害　按繫年要錄卷一二，孫昭遠係因金攻西京，率麾下南去行至陳、蔡間爲叛兵所殺，與張遇焚眞州事無關。

〔二〕范世延　繫年要錄卷一三、中興聖政卷三都作「范延世」。

〔三〕經略使統制官曲端　「統制官」三字原脫，據本書卷三六九本傳、繫年要錄卷一六補。下文六月

「涇原經略使曲端爲節制司都統制」，「經略使」下亦補「統制官」三字。

〔四〕金人入洛州　「洛州」，原作「洺州」，據繫年要錄卷一五改。

〔五〕權罷邛州鑄錢　「權罷」二字原脫。繫年要錄卷一六、中興聖政卷三都說：六月乙卯，「成都府路轉運判官靳博文權罷邛州鑄鐵錢。」據補。

〔六〕趙叔皎　「皎」，原作「昄」，據本書卷四五二本傳、繫年要錄卷一八改。

〔七〕蓋進　十朝綱要卷二一同。繫年要錄卷一八、北盟會編卷一二〇、中興聖政卷三都作「葛進」。

〔八〕京東西路制置使權邦彥　「東」字原脫，據繫年要錄卷一八補。

〔九〕進昌軍徽州居住　按「進昌軍」他書未見，本書卷三五二余深傳、繫年要錄卷一八都作「臨江軍」，「進昌軍」當誤。

〔一〇〕李跋　繫年要錄卷一九、宋史全文卷一七都作「李祓」。

〔一一〕顯寧寺　本書卷四七五苗傅傳、繫年要錄卷二一都作「顯忠寺」。

〔一二〕黃大本　原作「黃太本」，據下文及繫年要錄卷二一、王明清揮麈錄三錄卷三改。

〔一三〕馬瑗　繫年要錄卷二二、中興小紀卷六都作「馬擴」。

〔一四〕傅正彥苗瑀苗翊張逵不赦　「苗瑀」，原作「苗竬」；「張逵」，原作「張達」。據本書卷四七五苗傅傳、繫年要錄卷二二、中興聖政卷五改。

〔三〕建康府路安撫使連南夫　「連南夫」，原作「連南天」，據繫年要錄卷二二、二四和中興聖政卷五改。連南夫事蹟，詳韓元吉南澗甲乙稿卷一九連公墓碑和陸心源宋詩紀事小傳補正卷二「連南夫」條。

〔六〕是夏賊貴仲正降　「是夏」，原作「是夜」，按繫年要錄卷二四在建炎三年六月下說：「是夏，賊貴仲正破岳州，詔遣兵討捕，既而起復奉議郎、通判襄陽府程千秋招降之。」據改。

〔七〕以胡舜陟爲兩浙宣撫司參謀官　「兩浙」二字原脫，據繫年要錄卷二八補。

〔八〕殺守臣趙士負　「趙士負」，本書卷四五二作「趙士眞」，繫年要錄卷二八作「趙士員」，未知孰是。

〔九〕辛巳陷常州守臣周杞遣赤心隊官劉晏擊走之金人陷廣德軍殺守臣周烈　「金人」兩字原置「陷常州」上，據本書卷四五三劉晏傳、繫年要錄卷三〇乙正。

宋史卷二十六

本紀第二十六

高宗三

四年春正月甲辰朔，御舟碇海中。乙巳，金人犯明州，張俊及守臣劉洪道擊卻之。丙午，帝次台州章安鎮。己酉，遣小校自海道如虔州〔一〕問安太后。庚戌，金人再犯明州，張俊引兵去，浙東副總管張思政及劉洪道繼遁。癸丑，貶郭仲荀汝州團練副使，廣州安置。丙辰，詔原兩浙州郡降金官吏。丁巳，婁宿陷陝州，守臣李彥仙死之。己未，金人陷明州，夜，大雨震電，乘勝破定海，以舟師來襲御舟，張公裕以大船擊退之。辛酉，發章安鎮。壬戌，雷雨又作。甲子，泊温州港口。乙丑，以中書舍人李正民爲兩浙、湖南、江西撫諭使，詣太后問安。丁卯，台州守臣晁公爲棄城遁。虔州衞兵及鄉兵相殺，縱火肆掠三日。劉可轉寇京西，屢爲桑仲所敗，至是爲其黨所殺，復推劉超據荆門軍。戊辰，滕康、劉珏罷，仍奪職。己巳，換給僧道度牒，人輸錢十千。辛未，命臣僚條具兵退之後措置之策、駐蹕之所。是月，金人攻楚州，守臣趙立拒之。金人犯邠州，曲端遣涇原路副總管吳玠拒戰，敗之于彭原；又陷同州。張浚遣謝亮使夏國，至則其主乾順已稱制，遂還。

二月甲戌朔，酈瓊率衆降于劉光世。叛將傅選詣虔州乞降。乙亥，奉安祖宗神御于福州。詔復以盧益爲資政殿學士，李回端明殿學士，並權知三省、樞密院事。金人陷潭州，將吏王暕、劉价〔二〕、趙聿之戰死，向子諲率兵奪門亡去，金兵大掠，屠其城。丙子，金人自明州引兵還臨安。癸未，虔州鄉兵首領陳新率衆數萬圍城，叛將胡友亦犯虔州，與新戰，破之，新乃去。甲申，禁逃卒投刺別軍。丙戌，金人自臨安退兵，命劉光世率兵追之。丁亥，金人陷汴京，權留守上官悟出奔，爲盜所殺。庚寅，帝次溫州。浙東防遏使傅崧卿入越州。辛卯，金人陷秀州。甲午，知蔡州程昌寓棄城南歸。鼎州民鍾相作亂，自稱楚王。乙未，杜充罷。丙申，以金兵退，肆赦。張浚承制以陝西制置使王似知成都府。罷諸路武臣提點刑獄。李成入舒州。金游騎至平江，周望奔太湖，守臣湯東野亦遁。茶陵縣軍賊二千餘人犯郴州永興縣。戊戌，金人入平江，縱兵焚掠。辛丑，白虹貫日。鍾相陷澧州，殺守臣黃宗〔三〕。權湖北制置使傅雱招諭孔彥舟，彥舟聽命，因以爲湖南、北捉殺使。荆南守臣唐慤棄城去。金人陷醴州，守臣王淑棄城去。是月，張浚自秦州引兵入援。

三月癸卯朔，孔彥舟入鼎州。金人去平江，統制陳思恭以舟師邀敗其後軍于太湖。呂頤浩請幸浙西。丙午，趙鼎言金兵去未遠，遂緩其行。丁未，命發運司說諭兩浙富民助米，以備巡幸。辛亥，遣兵部員外郎馮康國等撫諭荆湖南北、廣南諸路。壬子，金人入常州，守臣周杞棄城去。甲寅，遣盧益及御營都統制辛企宗奉迎太后東還。丙辰，金人犯終南縣，經略使鄭恩戰敗死之。丁巳，金人至鎭江府，韓世忠屯焦山寺邀擊之。詔侍從官各舉可充監司者一二人。辛酉，御舟發溫州。宣撫司節制軍馬李允文部兵至鄂州。御營前軍將楊勍叛。甲子，張浚請便宜辟官不許衝改。戊辰，孔彥舟擊敗鍾相，禽相及其子子昂，檻送行在。己巳，戚方陷廣德軍，殺權通判王儔。

夏四月癸酉，蠲江西州縣兵盜殘破民家夏稅。戊寅，吳玠及金人戰于邠州彭原店，敗績，部將楊晟死之。己卯，以觀文殿學士朱勝非爲江西、湖南北宣撫使。是日，張浚引兵至房州，知金兵退，乃還。癸未，帝駐越州。甲申，下詔親征，巡幸浙西。韓世忠駐軍揚子江，要金人歸路，屢敗之，兀朮引軍走建康。乙酉，以御史中丞趙鼎爲翰林學士，鼎固辭不拜。戚方圍宣州。劉光世遣統制王德誘誅劉文舜于饒州。丙申，用趙鼎劾奏，呂頤浩罷爲鎭南軍節度使、醴泉觀使。命三省、樞密院同班奏事。韓世忠及兀朮再戰江中，金人乘風縱火，世忠敗績。兀朮渡江，屯六合縣。丁酉，復以趙鼎爲御史中丞。戊戌，振明州被兵民家。

己亥，以張俊爲浙西、江東制置使。辛丑，王德破妖賊王宗石于信州貴溪縣，執其渠帥，諸縣悉平。是月，金人犯江西者自荆門軍北歸，留守司同統制牛皋潛軍寶豐擊敗之。

五月甲辰，以范宗尹爲尚書右僕射兼御營使。辛亥，統領赤心隊軍馬劉晏及戚方戰于宣州，敗死。壬子，金人焚建康府，執李梲、陳邦光而去；淮南宣撫司統制岳飛邀擊于靜安鎭，敗之。是夜，紫微垣內有赤雲亙天，白氣貫其中。癸丑，詔臺諫等官各舉所知二人。以張守參知政事、趙鼎簽書樞密院事。以白金三萬兩賜韓世忠軍，賻戰歿將孫世詢、嚴永吉、張淵等官。甲寅，金人陷定遠縣，執閭勍去，勍不屈死之。巨師古擊戚方于宣州，數敗之，方引去。乙卯，王綯罷。丁巳，命劉光世移軍捕戚方。楊勍犯婺州。戊午，復置權尚書六部侍郎。癸亥，詔中原、淮南流寓士人，聽所在州郡附試。甲子，周望罷，尋分司，衡州居住。置京畿、淮南、湖北、京東西路鎭撫使。乙丑，升高郵軍爲承州。以翟興、趙立、劉位、趙霖、李成、吳翊、李彥先、薛慶並爲鎭撫使：興，河南府、孟汝唐州〔四〕；立，楚泗州、漣水軍；位，滁、濠州；霖，和州、無爲軍；成，舒、蘄；翊，光、黃州；彥先，海州、淮陽軍；慶，承州、天長軍。丁卯，慶及金人戰于承州城下，累敗之。戊辰，命江、浙州縣祭戰死兵民。分江東、西爲鄂州、江州、池州三路，置安撫使。罷諸路帥臣兼制置使、諸州守臣兼管內安撫使。是月，劉超據荆南，分兵犯峽州，又合叛將彭筠犯復州。淮西敗將崔增陷焦湖水砦。

河東、北經制使王俊舉兵及金人戰于襄城縣，敗之，復潁昌府。張浚承制以金、房州隸利路。

六月辛未朔，蠲紹興府三縣湖田米。詔侍從、臺諫、諸將集議駐蹕事宜。楊勍犯處州。癸酉，遣統制陳思恭討勍。合江南兩路轉運爲都轉運使。再貶周望昭化軍節度副使，連州安置。甲戌，罷御營司。以范宗尹兼知樞密院事。乙亥，王𤫉遣統領林閏等追襲楊勍于東陽縣，軍敗，裨將李在死之。丁丑，以劉光世部兵爲御前巡衞軍，光世爲都統制。楊勍等焚建州。戚方犯湖州安吉縣，詔張俊捕之。戊寅，更御前五軍爲神武軍，御營五軍爲神武副軍。以知建康府權邦彥爲淮南等路制置發運使。滁、濠鎭撫使劉位爲賊張文孝所殺，命其子綱襲職。庚辰，置鎭撫使六人　陳規，德安府、復州、漢陽軍；解潛，荆南府、歸峽州、荆門公安軍；程昌寓，鼎、澧州；陳求道，襄陽府、鄧隨郢州；范之才，金、均、房州；馮長寧，淮寧順昌府、蔡州。辛巳，慮囚。申命有司，討論釐正崇寧以來濫賞。罷諸州添差通判職官。癸未，召劉光世赴行在。甲申，岳飛破戚方于廣德軍。乙酉，鍾相僞將胡源引兵入慈利縣，執其黨陳誠來降。丙戌，以呂頤浩爲建康路安撫大使，劉光世爲兩浙路安撫大使，朱勝非爲江州路安撫大使，郭仲威爲眞、揚州鎭撫使。戚方詣張俊降。庚寅，召韓世忠率兵赴行在。辛卯，妖賊王宗石等伏誅。壬辰，權密州都巡檢徐文率部兵泛海來歸。甲午，置樞密院幹辦官四員。乙未，郭仲威犯鎮江府，遣岳飛擊之。是月，兀朮聞張浚在秦州，將舉兵北伐，自六合引兵趨陝西。

秋七月癸卯，劉光世援宣撫使例，乞便宜行事，不許。詔：軍興以來諸州得便宜指揮者，並罷。乙巳，馮長寧復順昌府。張浚罷曲端都統制。丁未，以劉光世爲集慶軍節度使、開府儀同三司。戊申，以孔彥舟爲辰、沅、靖州鎮撫使。張浚獻黃金萬兩助軍用。宣撫司遣統制官呂世存、王俊復鄜州，其餘州縣多迎降。後軍將王闢叛，陷歸州，鈐轄田祐恭擊敗之。己酉，王闢犯房州，守臣韋知幾棄城走。庚戌，楊勍受劉光世招安，尋復叛去，迫泉州。癸丑，崔增犯太平州，守臣郭偉拒卻之。乙卯，金人徙二帝自韓州之五國城。劉光世乞移司平江，不許。丙辰，張俊合諸將戚方等兵萬餘赴行在。丁巳，申命元祐黨人子孫于州郡自陳，盡還當得恩數。韓世忠、張俊並罷。己未，禁閩、廣、淮、浙海舶商販山東，慮爲金人鄉導。詔江、浙、福建州縣，諭豪右募民兵據險立柵，防遏外寇。庚申，以岳飛爲通、泰州鎮撫使。辛酉，建州民范汝爲作亂，命統制李捧捕之。乙丑，復李邦彥以下十九人官職，聽自便。復李綱銀青光祿大夫，許翰、顏岐端明殿學士。張浚貶曲端階州居住。丁卯，金人立劉豫爲帝，國號齊。戊辰，罷提領措置茶鹽司。己巳，詔王𤫉部兵屯信州。程昌寓遣將杜湛禽李合戎于松滋縣。是月，張用據漢陽軍，沿江措置副使李允文招降之，以便宜徙鄂州路副總管，以右軍統制馬友知漢陽軍。

八月辛未朔，以禮部尚書謝克家參知政事。壬申，李成請降于江州，詔撫納之。張浚停程千秋官，文州編管。癸酉，選神武中軍親兵六百人番直禁中。甲戌，詔侍從官日一員輪直，進故事關治體者。丁丑，以韓世忠爲檢校少師、武成感德軍節度使，張俊檢校少保、寧武昭慶軍節度使。贈監察御史常安民、左司諫江公望爲左諫議大夫〔五〕，錄其後二人。庚辰，太后至自虔州。薛慶及金人戰于揚州城下，死之。郭仲威奔興化縣。辛巳，侍御史沈與求、戶部侍郎季陵以論宰相范宗尹皆黜，宗尹復視事。癸未，盧益罷。張浚復永興軍，再貶曲端海州團練副使〔六〕，萬州安置。甲申，陳萬信餘黨雷進作亂。乙酉，焚慈利、石門二縣。以御營司參議官王擇仁權河東制置使，山砦首領韋忠佺爲都統制，宋用臣、馮賽同都統制。丙戌，命李成、吳翊捍禦上流，翊棄城去；以成爲四州鎮撫使。命李捧便道過信州招捕靳賽。戊子，以饒、信妖賊平，赦二州徒以下囚，蠲民今年役錢。貶滕康永州、劉珏衡州，並居住。己丑，詔岳飛救楚州，仍命劉光世遣兵往援。辛卯，杜湛渡江討羣賊，復石首等五縣。壬辰，盜入梅州，殺守臣沈同之，大掠而去。癸巳，命福建安撫使程邁會兵討范汝爲。甲午，知虢州邵興遣統制閻興及金人戰于解州東，屢破之。金人陷承州。命陳思恭屯兵明州，以防海道。劉光世遣王德、酈瓊以輕兵渡江。乙未，遇金游騎于召伯埭，敗之。

戊戌，以桑仲爲襄陽、鄧隨郢州鎭撫使。是月，罷提舉廣西峒丁。孔彥舟入潭州，宣撫司參議官王以寧率兵拒之，以寧敗遁去。宣撫司主管機宜文字傅雱在彥舟軍中，承制以彥舟權湖南副總管。劉綱以乏食率兵奔溧陽。

九月辛丑，呂頤浩入見，請益兵，命王𤫊、巨師古、顏孝恭兵隸之，分屯境內。壬寅，詔諸路決囚。甲辰，徽宗皇后鄭氏崩于五國城。戊申，命秦鳳將關師古領兵赴行在。劉豫僭位于北京。庚戌，禁宣撫司僚屬便宜行事，及京西、湖南北路勿隸川、陝宣撫司節制。癸丑，涇原同統制李彥琪及金人戰于洛河車渡，敗之。乙卯，罷中書門下省檢正官。桑仲陷均、房州，進犯白土關。丙辰，復增左右司郎官爲四員。金人攻楚州，趙立死之。丁巳，趙霖復和州。李成遣馬進犯興國軍。戊午，荆、襄賊趙延壽犯德安府，陳規拒卻之。己未，金、均、房安撫使王彥及桑仲戰于平麗縣，敗之。王闢詣彥降。辛酉，李捧擊范汝爲于建州，官軍皆潰，捧遁去。金人犯揚州，統制靳賽逆戰于港河，敗之。金人陷延安府，執呂世存，又陷保安軍。癸亥，張浚遣都統制劉錫統五路兵及金將婁宿戰于富平縣，浚駐邠州督戰，官軍敗績。丙寅，給劉光世犒軍銀二萬兩、絹二萬匹。戊辰，趙延壽焚郢州。金人陷楚州，鎭撫使李彥先來救，兵敗死之。

冬十月庚午朔，張浚斬環慶經略使趙哲于邠州，貶劉錫合州安置，命諸將各領兵歸本路。浚退保秦州，陝西大震。辛未，秦檜自楚州金將撻懶軍中歸于漣水軍丁禩水砦。壬申，命楊惟忠、王瓊討李成。丙子，以孔彥舟爲鼎、澧、辰、沅、靖州鎮撫使。戊寅，鍾相餘黨楊華舉兵圍桃源縣。己卯，馬進犯江州。癸未，程昌寓入鼎州，擊楊華破之。甲申，趣劉光世救楚州。丁亥，以李回同知樞密院事。庚寅，遣前御史臺檢法官謝嚮招范汝爲。召張浚以兵入援。追復李邦彥觀文殿大學士。辛卯，虔州賊李敦仁及弟世雄舉兵破虔州石城縣。甲午，命楊惟忠率兵屯江州。乙未，岳飛破金人于承州。丙申，詔劉光世節制諸鎮，守禦通、泰州，伺便襲金人過淮。是月，馮長寧棄城去，尋以淮寧附劉豫。江東賊張琪犯建康府，劉洪道招降之。環慶路統制慕洧叛附于夏國。涇原統制張中彥、經略司幹辦趙彬叛降金人。劉忠據岳州平江縣白面山。王善餘黨祝友擁衆爲亂，屯滁州龔家城。

十一月癸卯，慕洧遂引金人圍環州。呂頤浩復南康軍。甲辰，趙鼎罷。乙巳，秦檜入見。丙午，岳飛棄泰州渡江。丁未，金人犯泰州，飛退保江陰軍沙上。以御史中丞富直柔簽書樞密院事，秦檜爲禮部尚書。李允文殺岳州守臣袁植。呂頤浩會楊惟忠與馬進戰南康軍，不利。戊申，頤浩遣巨師古救江州，爲進所敗，師古奔洪州。金人陷涇原，經略使劉錡退屯瓦亭。己酉，以孔彥舟爲湖南副總管，部兵屯潭州。庚戌，命神武副軍都統制辛企宗討范汝爲。壬子，日南至，率百官遙拜二帝。乙卯，改樞密院幹辦官爲計議官。丙辰，金人陷泰州。丁巳，通州守臣呂伸棄城去。王彥攻桑仲于黃水破之，房州平。張浚以彥爲金、均、房州鎮撫使。崔增犯池州，劉洪道遣統制李貴擊走之，增以兵萬餘詣呂頤浩降。甲子，詔諸路守臣節制管內軍馬。丙寅，金、房州賊郭希犯歸州，田祐恭擊卻之。命王璞部兵萬人速援呂頤浩。祝友渡江大掠。是月，張浚退軍興州，秦鳳副總管吳玠收餘兵保大散關東和尚原。詔諸路轉運司括借寺觀田租蘆場三年。

十二月庚午，安南請入貢，卻之。辛未，遣度支員外郎韓球括饒、信諸州錢糧，凡江、湖、川、廣上供皆拘之。壬申，命孔彥舟援江州。丙子，禁節制軍馬守臣便宜行事。丁丑，馬進分兵犯洪州。乙丑，李敦仁犯撫州崇仁縣，命李山、張忠彥〔七〕討之。壬辰，金人犯熙州，總管劉惟輔戰敗之，殺五千餘人。甲午，再犯熙州，惟輔軍潰，被執死之。乙未，以張俊爲江南招討使，討李成。丁酉，范汝爲降，詔補民兵統領。是月，張浚承制復海州團練副使曲端左武大夫，興州居住。

是歲，宣撫處置司始令四川民歲輸激賞絹三十三萬匹有奇。

紹興元年春正月己亥朔，帝在越州，帥百官遙拜二帝，不受朝賀。下詔改元，釋流以下囚，復賢良方正直言極諫科，蠲兩浙夏稅、和買紬絹絲綿，減閩中上供銀三分之一。戊申，改命張俊爲江淮路招討使。復江、池路爲江東、西路，分荆湖江南諸州爲荆湖東、西路，置安撫司，治池、江、鄂、鼎州。江南東、西路各置轉運司，荆湖東、西路轉運司通掌兩路財賦。以呂頤浩爲江東路安撫大使，朱勝非江西路安撫大使。馬進陷江州，守臣姚舜明棄城走，端明殿學士王易簡等二百人皆遇害。己酉，岳飛引兵之洪州。金人犯揚州。謝嚮率范汝爲討平建陽賊劉時舉。金人犯秦州，吳玠擊敗之。庚戌，又犯西寧州，守臣俱重迎降。辛亥，謝克家罷。壬子，詔京官、知縣並堂除，內外侍從各舉可任縣令者二人，犯贓連坐。自今不歷縣令者勿除監司、郎官，不歷外任者勿除侍從，著爲令。張中孚以原州叛降于金。癸丑，李敦仁圍建昌軍，蔡延世率鄉兵擊退之。賊曹成入漢陽軍，李允文招之，成入鄂州，復趨江西。丁巳，呂頤浩遣王𤫉、崔增擊賊于湖口，大敗之。頤浩及楊惟忠引兵趨江州。辛酉，詔：「太祖創業垂統，德被萬世。神宗詔封子孫一人爲安定郡王，世世勿絕。自宣和末至今未舉。有司其上應襲封人名，依故事舉行。」金人再圍環州。是月，張浚復曲端榮州刺史、提舉江州太平觀，閬州居住，尋移恭州。

二月戊辰朔，宜章縣民李冬至二作亂，犯英、連、韶、郴諸州。祝友降，劉光世分其軍，以友知楚州。庚午，改行宮禁衞所爲行在皇城司。李成黨邵友犯筠州，守臣王庭秀棄城去。辛未，犯臨江軍，守臣康倬遁。壬申，初定歲祀天地、社稷，如奏告之禮。癸酉，叅仲自棗陽引兵還襄陽。丁丑，鄜延將李永琦叛，犯慶陽府。戊寅，禁州郡統兵官擅招安亂軍盜賊。己卯，日中有黑子，四日乃沒。以辛企宗爲福建制置使。辛巳，以秦檜參知政事。壬午，水賊張榮入通州。癸未，詔辛企宗及謝嚮罷遣范汝爲兵，汝爲不聽命。甲申，詔王𤫊、張俊犄角討捕馬進等賊。丙戌，復置秘書省。己丑，命孔彥舟、呂頤浩、張俊會兵討李成。壬辰，雨雹。癸巳，邵青寇宣州。丙申，詔諸路提刑司以八月類省試。張浚亦以便宜合川、陝舉人即置司類省試。丁酉，宣教郎范燾坐誣訟孟忠厚，且及太后，除名，潮州編管。是月，李敦仁犯汀州。馬友遣其黨犯鄂州，總管張用拒卻之。李允文以友權湖南招捉公事，友大掠漢陽而去，過岳州，守臣吳錫遁，友據之。

三月戊戌朔，以嚴、衢二州守臣柳約、李處勱有治効，各進職一等。呂頤浩遣崔增、王𤫊合兵擊李成于湖口，大敗之。庚子，張浚以富平之敗上疏待罪，詔免。壬寅，禁諸路遏糴。丙午，張俊、楊沂中、岳飛渡江擊馬進，大敗之。孔彥舟焚掠潭州，趨衡州。己酉，李成犯饒州。庚戌，張俊、楊沂中復擊馬進于筠河，敗之，復筠州，進奔江州。男子崔紹祖詐稱越王中子，受上皇詔爲天下兵馬大元帥，趙霖以聞。辛亥，詔赴行在。命劉光世兼淮南、京東路宣撫使，治揚州，經畫屯田。光世迄不行。甲寅，罷諸州免行錢。乙卯，金人破階州。庚申，劉超犯澧州，統制杜湛率兵拒之。甲子，始下詔罪李成，募人禽斬，赦脅從者。張俊追馬進至江州，進戰敗遁去。乙丑，俊復江州〔八〕，楊沂中、趙密引兵追擊進，又大敗之。成奔蘄州。振淮南、京東西流民。荊湖東路安撫使向子諲說降馬友，與共討李冬至二，平之。是月，金人攻張榮縮頭湖水砦，榮擊敗之，來告捷，劉光世以榮知泰州。金人迫興州，張浚退保閬州，以端明殿學士張深爲四川制置使，及參議軍事劉子羽趨益昌；參謀官王庶爲龍圖閣待制、知興元府兼利夔兩路制置使，節制陝西諸路。桑仲以其黨李道知隨州。

夏四月己巳，張浚承制分利、閬、劍、文、政五州爲利州路，置經略安撫使。庚午，張琪復叛，犯當塗縣。金將撻懶渡淮，屯宿遷縣馬樂湖。壬申，太白晝見。乙亥，劉光世復楚州。階州統領杜肇復階州。馬友引兵入潭州。戊寅，杜琪棄澧州，劉超入據之。己卯，金涇原帥趙彬犯耀州，守臣趙澄擊走之。淮賊寇宏犯濠州。庚辰，隆祐皇太后崩。癸未，桑仲陷鄧州，守將譚兗棄城走，河東招捉使王俊引兵來援，仲執斬之，以其黨李橫知州事。乙酉，爲太后制期年服。辛卯，羣臣三上表始聽政。癸巳，命向子諲發兵及廣西安撫許中同扼險要，防孔彥舟入廣，仍許脅從自新以招諭之。是月，京西賊李忠陷商州，守臣楊伯孫棄城走。呂頤浩遣統制閻皋、通判建昌軍蔡延世襲擊李敦仁，禽其弟世雄、世臣。

五月丙申朔〔九〕，蠲江西路被賊州縣賦稅。丁酉，詔呂頤浩、朱勝非、劉光世並兼淮南諸州宣撫使。始奪李成官。戊戌，以張用爲舒、蘄鎮撫使。癸卯，作「大宋中興寶」成。金人犯和尚原，吳玠擊敗之。丙午，初復召試館職之制。劉光世遣統制王德襲揚州，執郭仲威以獻，伏誅。辛亥，水軍統制邵青叛，圍太平州。趙彬及金人合兵圍慶陽府，守臣楊可昇擊敗之。甲寅，命知南外宗正事令廣選年幼宗子，將育于宮中。詔收耆戶長役錢。己未，詔州縣因軍期徵取民財物者，立式榜示，禁過數催擾。庚申，孔彥舟引衆過潭州，馬友迎擊大敗之。彥舟趨岳州，犯鄂州。李允文以彥舟爲湖東副總管屯漢陽。辛酉，以直秘閣宗綱爲荆南鎭撫司措置營田官，樊賓爲副。壬戌，劉光世招降邵青。趙延壽據分寧縣，呂頤浩招降之。是月，張俊及李成戰于黃梅縣，殺馬進，成敗，遁歸劉豫。李忠、譚兗各率兵歸張浚，浚命王庶分其兵。張用復叛，寇江西，岳飛招降之。湖州進士吳木上書論宰執，送徽州編管。

六月己巳，始罷承直、修武郎以下官。壬申，册謚皇太后曰昭慈獻烈。甲戌，張琪犯餘杭〔一〇〕，又犯宣州。乙亥，月犯心。庚辰，湖賊楊華、楊廣犯鼎州，程昌寓拒卻之。上虞縣丞婁寅亮上書，請選立繼嗣。壬午，權欑昭慈獻烈皇后于越州。張琪犯徽州，守臣郭東棄城去，琪入據之。癸未，張俊引大兵至瑞昌縣之丁家洲，李允文自鄂部兵歸俊，俊幷其兵，護允文赴行在。邵青率舟師至鎭江，甲申，復叛去。丁亥，崇安民廖公昭合范汝爲餘黨熊志寧作亂，衆既散，志寧復與建陽民丁朝佐合兵陷二縣。戊子，慮囚。己丑，邵青犯江陰軍之福山，遣海州鎮撫使李進彥、中軍統制耿進率舟師會劉光世討之。南安賊吳忠、宋破壇、劉洞天作亂。庚寅，江西提刑司遣官討之，破壇、洞天皆伏誅，忠遁去。癸巳，熙河統制關師古、洮東安撫郭玠同討熙州叛兵，連敗之。甲午，廣賊鄧慶、龔富圍南雄州，守臣鄭成之率兵民以拒。蠲建劍汀州、邵武軍租。是月，知虢州邵興屯盧氏縣，爲河南統制董先所破，走興元，先遂取商、虢二州。張浚承制以吳玠爲陝西諸路都統制。時關隴六路盡陷，止餘階成岷鳳洮五郡、鳳翔之和尚原、隴州之方山原。粘罕既得陝西地，悉與僞齊。

秋七月乙未朔，以馬友權荆湖東路副總管，趣討孔彥舟。統制潘逵、後軍將胡江等叛，破玉山、弋陽、永豐三縣，遣樞密院準備將領徐文討之。戊戌，吳錫復入邵州。庚子，以岳飛爲神武右副軍統制，留軍洪州，彈壓盜賊。辛丑，封伯右武衞大將軍令話爲安定郡王。壬寅，虔州賊陳顒作亂，命趣捕之。甲辰，詔秘書省長貳通修日曆。丙午，劉光世遣將喬仲福擊邵靑于常熟，爲所敗。撻懶自宿遷北歸。戊申，韓世淸追襲張琪，復祁門縣。庚戌，張俊執傅雱赴行在。張浚以曲端屬吏，以武臣康隨提點夔路刑獄，與王庶雜治之。辛酉，召呂頤浩赴行在。張琪犯饒州，頤浩遣閻皐擊敗之。琪黨姚興降，琪走徽州。癸亥，范宗尹罷。是月，濠州守臣李玠棄城去〔二〕。王彥數擊敗李忠。趙彬來歸，張浚承制以彬爲陝西轉運使；又以涇原兵馬都監李彥琪爲本路副總管，彥琪尋叛去。

八月丙寅，以孔彥舟爲蘄、黄鎭撫使。丁卯，以知潭州吳敏爲荆湖東西、廣南路宣撫使。張浚殺曲端于恭州獄。張用部兵至瑞昌歸張俊，俊以用爲本軍統制。戊辰，張守等上紹興重修敕令格式。癸酉，復以汪伯彥爲江東安撫大使。乙亥，呂頤浩遣將李鑄復舒州。丁丑，祔昭慈獻烈皇后神主于温州太廟。戊寅，張守罷。以李回參知政事，富直柔同知樞密院事。庚辰，杜湛及劉超戰于彭山，爲所敗。辛巳，超及楊華、楊廣合兵復寇鼎州，程昌寓遣湛率舟師擊敗之。遣辛企宗移軍福州，討熊志寧、胡江等諸賊。韓世清及張琪戰，世清敗，琪復入祁門縣。壬午，命張俊遣兵捕之。鑄紹興錢。癸未，詔許邵青、張琪脅從徒黨自新。乙酉，以李成在順昌，恐復謀亂，遣使齎蠟書諭淮寧、蔡州將士，立賞格，募人禽斬成。丁亥，以秦檜爲尚書右僕射、同中書門下平章事兼知樞密院事。庚寅，復李綱資政殿大學士。募人往京東、河南伺察金、齊動止，仍齎詔慰撫忠義保聚之人。蔡州鎭撫使范福棄城去，以土豪李祐代之。辛卯，蠲徽州被賊民家夏稅。壬辰，置三省、樞密院賞功房。是月，知郢州曹成掠湖西〔三〕，犯沅州，與知復州李宏合屯瀏陽，既而攻宏，宏奔潭州。

九月甲午朔，張琪黨李捧犯宣州，守臣李彥卿及韓世清擊却之。詔江東、西路安撫使復治建康府、洪州。以王𤫉知池州，楊惟忠知江州，並兼管內安撫使，率部兵赴官。丙申，斬李世臣。己亥，以資政殿學士葉夢得爲江南東路安撫大使，兼壽春等六州宣撫使。庚子，張琪復陷宣州，已乃遁去。辛丑，命王瓔討琪。丁未，詔歲再遣使省謁諸陵，因撫問河南將士。命馬友移屯鄂州。庚戌，命宗室右監門衞大將軍士芭朝饗温州太廟。辛亥，合祭天地于明堂，太祖、太宗並配，大赦。罷諸州守臣節制軍馬。錄用元符末上書人子孫。癸丑，復以呂頤浩爲尚書左僕射、同中書門下平章事兼知樞密院事。丁巳，王彥破李忠于秦郊店，忠奔歸劉豫。戊午，禁福建轉運司抑民出助軍錢。落范宗尹觀文殿學士。己未，初措置河南諸鎭屯田。以戶部尚書孟庾爲江東西、湖東等路宣諭制置使。辛酉，詔：四方有建策能還兩宮者，實封以聞；有效者賞以王爵。壬戌，遣御史胡世將督捕福建盜賊。是月，長星見。

冬十月乙丑，詔：蔡京、王黼門人實有才能者，公舉敍擢。李回罷。丙寅，朱勝非分司，江州居住。丁卯，以李允文恣睢專殺，賜死大理獄。己巳，王德招邵青，降之。庚午，以孟庾參知政事，徽猷閣直學士湯東野爲江、淮發運使。劉洪道招降李捧、華旺〔三〕。壬申，置行在大宗正司。癸酉，兀朮攻和尚原，吳玠及弟璘力戰，大敗之，兀朮僅以身免。丁丑，增置諸路武尉。戊寅，以張俊爲太尉，移屯婺州。壬午，初置見錢關子，招人入中，以給軍食。范汝爲復叛，入建州，守臣王浚明棄城走，辛企宗退屯福州。甲申，劉超請降，以超守光州。戊子，崔紹祖伏誅。詔邵青以舟師赴行在。己丑，升越州爲紹興府。李成軍正李雱伏誅。

知承州王林禽張琪于楚州，檻送行在。壬辰，錄程頤孫易爲分寧令。癸巳，范汝爲犯邵武軍，守臣吳必明、統制李山率兵拒之，衆潰，退保光澤縣。關師古復秦州，獲郭振。是月，劉豫遣將王世沖寇廬州，守臣王亨大破之，斬世沖。曹成及馬友戰于潭州，成敗還攸縣。王才遣將丁順圍濠州，劉光世遣兵攻橫澗山，順解圍去。

十一月乙未，葉夢得至建康，以詔招王才，降之。丙申，遣內侍撫問孔彥舟、桑仲。丁酉，榜諭福建、江東羣盜，赦其脅從者。戊戌，詔移蹕臨安。以孟庾爲福建、江西、荆湖宣撫使，神武左軍都統制韓世忠副之，仍命械謝嚮、陸棠赴行在。己亥，以婁寅亮爲監察御史。范汝爲犯光澤縣，李山走信州。辛丑，續編紹興太常因革禮。桑仲請正劉豫惡逆之罪，詔進幸荆南。乙巳，以右司諫韓璜黨富直柔，責監潯州稅。張琪伏誅。庚戌，富直柔罷。荆湖、廣西宣撫使吳敏始受命置司柳州。辛亥，升康州爲德慶府。壬子，詔內外侍從各舉所知三人。丙辰，程昌寓遣杜湛擊楊華，敗之。命張俊遣使持詔招曹成，以所部赴行在。己未，楊華請降。辛酉，命吏部侍郎李光節制臨安府內外諸軍。壬戌，曹成犯安仁縣，執安撫使向子諲，進攻道州。是月，前知鄜州李惟德以岷州來歸。吳玠始遣人通書夏國。

十二月乙丑，吳敏罷。丙寅，復置樞密院都承旨。范汝爲遣葉徹寇南劍州，守臣張覺拒戰，大破之。己巳，遣吏部侍郎傅崧卿爲淮東宣諭使。甲戌，遣江東安撫司統制郝晸、顏孝恭討建昌軍賊。乙亥，辛企宗罷，仍追三官，率兵赴軍前自效。丁丑，蠲諸路在官積欠。詔官戶名田過制者與民均科。以岳飛爲神武副軍都統制，部兵屯洪州。曹成陷道州，守臣向子忞棄城走。戊寅，以彗出，求直言。增行在職事官職錢。遣駕部員外郎李愿撫諭川陝。己卯，詔兩浙分東、西路置提點刑獄。庚辰，桑仲遣兵寇復州，守臣俎遹棄城去。辛巳，復置廣西提舉茶鹽司。知海州薛安靖殺僞都巡檢使王企中，率軍民以城來歸。增諸路酒錢，以備軍費。甲申，知龍州范綜、統制雷仲舉兵復水洛城。己丑，起復陝西都統制吳玠爲鎭西軍節度使。詔江西安撫司趣兵討捕吳忠。是月，劉豫遣將王彥充攻壽春府。桑仲遣李橫復寇金州，王彥拒戰于馬郎嶺，大破之，均州平。蔡州褒信縣弓手許約叛，據光州。階州安撫孫注復洮州。龔富等圍南劍州。

校勘記

〔一〕虔州　原作「處州」，據繫年要錄卷三一、北盟會編卷一三六及卷一三七改。下文丁卯、二月甲戌各條「虔州」同。

〔二〕劉价　本書卷四五二趙聿之傳、繫年要錄卷三一都作「劉玠」，「价」疑「玠」字之誤。

〔三〕黃宗　繫年要錄卷三一、中興聖政卷七都作「黃琮」。

〔四〕以翟興趙立劉位趙霖李成吳翊李彥先薛慶並爲鎮撫使與河南府孟汝唐州　「翟興」下原衍「孟汝」二字，「河南府」下原脫「孟」字，據繫年要錄卷三三、中興小紀卷八改。

〔五〕贈監察御史常安民左司諫江公望爲左諫議大夫　「爲」字原置「安民」二字下，據本書卷三四六江、常本傳改。「左諫議大夫」，本傳作「右諫議大夫」。

〔六〕海州團練副使　「副」字原脫，據下文和繫年要錄卷三六補。

〔七〕張忠彥　原作「張中彥」，據繫年要錄卷三八、中興聖政卷八改。

〔八〕俊復江州　「俊」，原作「進」，據繫年要錄卷四三、北盟會編卷一四五改。

〔九〕五月丙申朔　「申」，原作「辰」。查紹興元年五月朔日是丙申，繫年要錄卷四四是日雖不載蠲江西路賦稅事，但干支仍作「丙申」，據改。

〔一〇〕餘杭「餘杭」下衍「州」字。按本書卷八八地理志，餘杭只是臨安府的一個屬縣，繫年要錄卷四五說：「琪自安吉引兵至臨安境上。」不說至「餘杭州」，據刪。

〔一一〕濠州守臣李玠棄城去　「濠州」，原作「珍州」，據繫年要錄卷四六、北盟會編卷一四七改。

〔一二〕知郢州曹成掠湖西　「郢州」，原作「鄂州」，據繫年要錄卷四六、汪藻浮溪集卷一六武功大夫榮州團練使知郢州曹成等獎諭敕書改。

〔一三〕華旺　原作「董旺」，據繫年要錄卷四八、北盟會編卷一四八改。

宋史卷二十七

本紀第二十七

高宗四

二年春正月癸巳朔，帝在紹興府，率百官遙拜二帝，不受朝賀。甲午，詔復置賢良方正直言極諫科。丙申，賜楊邦乂謚曰忠襄。韓世忠圍建州。丁酉，蠲諸路元年逋稅。庚子，陝西叛將白常圍岷州，關師古率兵破之。辛丑，韓世忠拔建州，范汝爲自焚死，斬其二弟，餘黨悉平。壬寅，帝發紹興。曹成釋向子諲。丙午，帝至臨安府。壬子，遣韓世清捕石陂賊。癸丑，以張浚〔一〕檢校少保、定國軍節度使。劉豫遣兵犯伊陽縣，翟興及其將李恭合擊敗之。曹成犯郴州永興縣。己未，修臨安城。辛酉，遣內侍任源撫問張浚。江西副總管楊惟忠以楊勍雖就招安，復謀作亂，誘誅之。

二月甲子，楊華復叛，擾鼎、澧、潭三州。詔立賞禽捕首領，赦貸脅從。丙寅，命劉光世將銳卒萬人屯揚州，經理淮東。庚午，以李綱爲觀文殿學士、湖廣宣撫使。仍命岳飛率馬友、李宏、韓京、吳錫等共討曹成諸盜。甲戌，以吏部尚書李光爲淮西招撫使，王瓊副之。乙亥，雨雹。丙子，以施逵、謝嚮、陸棠黨范汝爲，逵除名，婺州編管；嚮、棠械赴行在，俱道死。丁丑，分崔增、李捧、邵青、趙延壽、李振、單德忠、徐文所部兵爲七將，名御前忠銳軍，隸步軍司，非樞密奉旨，不許調遣。減淮南營田歲租三之二，俟三年復舊。己卯，劉光世入見，同執政對內殿，諭以進屯揚州，光世迄不行。庚辰，詔監司避本貫。壬午，程昌寓遣杜湛募兵攻賊周倫，破之。甲申，以工部員外郎滕茂實死節于代州，贈龍圖閣直學士。丙戌，初置著作官二員修日曆。己丑，復荆湖東、西爲荆湖南、北路，南路治潭，北路仍治鄂。申禁福建路私有、私造兵器。是月，知商州董先叛入劉豫。金人陷慶陽府，執楊可昇降之。

三月壬辰朔，命襄、鄧鎭撫使桑仲收復陷沒諸郡，仍命諸鎭撫使互相應援。再貶徐秉哲惠州，吳幵南雄州，莫儔韶州，並居住。水賊翟進襲漢陽軍，殺守臣趙令戣。李光執韓世淸于宣州以歸。虔化縣賊李敦仁及其徒皆授官，隸諸軍。乙未，復置江陰軍。罷福建路武尉。戊戌，葉夢得罷。以李光爲江東安撫大使，兼滁、濠等六州宣撫使。罷江、淮發運司。桑仲如郢州調兵，守將霍明以仲將謀逆殺之，以其事聞。庚子，金人攻方山原，陝西統制楊政援之，金兵引去。辛丑，又犯隴安縣，吳璘等擊走之。淮南營田副使王實括閑田三萬頃給六軍耕種。丙午，復置中書門下省檢正官，省樞密院檢詳官。己酉，以神武右軍中部統制楊沂中爲神武中軍統制。癸丑，河南鎭撫使翟興爲部將楊偉所殺。甲寅，金人復自水洛城來攻，楊政等又敗之。庚申，曹成寇賀州淸水砦，守臣劉全棄城去。是月，知壽春府陳卞及鈐轄陳寶等擧兵復順昌府，尋引兵歸，爲僞齊所逐，幷壽春失之。

夏四月甲子，曹成陷賀州。陳顒圍循州，焚龍川縣，命江西安撫司遣將捕之。丙寅，賜禮部進士張九成以下二百五十九人及第、出身。庚午，以翰林學士承旨翟汝文參知政事。壬申，釋福建諸州雜犯死罪以下囚。江西軍賊趙進寇瑞昌縣，楊惟忠討降之。戊寅，僞齊統領王資率兵來歸。富順監男子李勃僞稱徐王，召赴行在。壬午，詔內外侍從、監司、守臣各擧中原流寓士大夫三二人，以備任使。癸未，詔曰：「朕登庸二相，倚遇惟均。其所薦用之人，不得偏私離間，朋比害政。」謚孫傅曰忠定。乙酉，李綱始拜命，置司福州。是夜，太平州軍士陸德據城叛，囚守臣張鋅，殺當塗縣令鍾大猷。戊子，命呂頤浩都督江、淮、荆、浙諸軍事。庚寅，劉豫徙居汴京。是月，王彥大破董先于馬嶺關，復商州。

閏月癸巳，高麗遣使入貢。乙未，知池州王進討陸德，誅之。丙申，岳飛擊破曹成于賀州。置都督府隨軍轉運司。丁酉，左朝奉郎孫覿坐前知臨安府贓汚，貸死除名，象州羈管。罷後苑工作〔三〕。辛丑，韓世淸以狂悖伏誅。丙午，岳飛敗曹成于桂嶺縣，成走連州，遣統制張憲追擊，破之，又走郴州，入邵州。丁未，賜福建宣撫司賞軍錢十萬緡。聽朱勝非自便。乙卯，詔諸鎮撫使非奉朝旨毋擅出兵。劉光世聞父喪去官，特命起復。己未，詔自今明堂專祀昊天上帝，以太宗配。是月，張浚命利、夔制置使王庶與知成都府王似兩易其職。襄、鄧副都統制李横、同副都統制李道合兵圍郢州，霍明遁去。

五月辛酉，以兵部尚書權邦彥簽書樞密院事，以樞密將領趙琦所部兵爲忠銳第八將。癸亥，呂頤浩出師，以神武後軍及忠銳兩將從行，百官班送。甲子，以霍明權襄、鄧、隨、郢州鎮撫使。詔觀察使已上各薦可備將帥者二人。丁卯，罷兩浙轉運司回易庫。己巳，廢紹興府餘姚、上虞縣湖田爲湖，溉民田。庚午，詔修建康行宮。辛未，選宗室子偁之子伯琮育于禁中。丙子，呂頤浩總師至常州，前軍將趙延壽兵叛于呂城鎮。丁丑，延壽犯金壇縣，殺知縣胡思忠。頤浩稱疾不進。戊寅，海州賊王山犯漣水軍，總領蘇復、副統制劉靖會兵擊敗之。庚辰，臨安府火。癸未，置御前軍器所。甲申，親慮囚，自是歲如之。罷行在權官。乙酉，劉光世遣王德追趙延壽叛兵至建平縣，悉誅之。丙戌，置修政局，命秦檜提舉。詔侍從、臺省寺監官、監司、守令，條具省費裕國強兵息民之策。丁亥，以中書門下省檢正官仇悆爲沿海制置使。戊子，手詔用建隆故事，命百官日輪一人轉對。兩浙轉運副使徐康國獻銷金屏障，詔有司毁之，奪康國二官。蠲太平州被賊之家夏稅。是月，張浚以參贊軍事劉子羽知興元府，黜王庶，復以王似知成都府。韓世忠至洪州，遣董旼招曹成，成聽命赴行在。

六月庚寅朔，李宏引兵入潭州，執馬友殺之。甲午，李綱領兵三千發福州。戊戌，詔孟庾、韓世忠班師。岳飛屯駐江州。庚子，以劉光世爲寧武、寧國軍節度使，韓世忠爲太尉，移屯建康府。辛丑，以李横爲襄、郢鎮撫使，李道鄧、隨鎮撫使。壬寅，翟汝文罷。孔彥舟叛降僞齊。乙巳，以權邦彥兼權參知政事。戊申，仇悆兼制置福建路。辛亥，免臺諫官輪對。甲寅，召呂頤浩赴行在，令參謀官傅崧卿權主管都督府事。詔兩浙、江、淮守臣，令存撫東北流寓人。乙卯，韓世忠遣統制解元、巨振入潭州，執李宏以歸。

秋七月辛酉，悉蠲福建諸州被兵之家田稅。壬戌，復置湖北提舉茶鹽司。甲子，罷福建提舉市舶司。己巳，起復翟琮爲河南府、孟汝唐州鎮撫使。甲戌，罷淮東路提點刑獄司。丙子，馬友黨郝通率兵五萬歸宣撫司。戊寅，知廬州王亨復安豐、壽春縣。己卯，呂頤浩入見。庚辰，韓世忠討劉忠，駐兵于岳州之長樂渡，大破之，忠走淮西。丁亥，詔編次建炎以來譜牒。

八月壬辰，以孟庾兼權同都督江、淮、荆、浙諸軍事。癸巳，順昌縣賊余勝等作亂，通判南劍州王元鼎捕殺之。甲午，安定郡王令話薨。丙申，詔：郡守除罷赴闕，皆得引對。臨安府火。以知江州劉紹先爲沿淮防遏使。戊戌，命朱勝非提舉醴泉觀兼侍讀，日赴朝堂議事。沿海州縣籍民海舶，每歲一更，守海道險要。振福建饑民。己亥，停傅雱官，英州羈管。庚子，詔孟庾、韓世忠總大兵至建康，進赴行在。戊申，給事中胡安國以論朱勝非罷，宰執、臺諫上疏留之，皆不報。江西統制傅樞討平南雄賊吳忠、鄧慶、劉軍一等。己酉，賜吳玠田。甲寅，秦檜罷。給事中程瑀等坐論駁朱勝非，疑其黨檜，並落職主宮觀。彗出胃。乙卯，減膳，戒輔臣修闕政，罷修建康行宮。

九月戊午朔，落秦檜職。己未，罷修政局。辛酉，以彗出大赦，許中外臣民直言時政，陝西諸叛將許令自新。壬戌，王倫自金國使還入見。遣潘致堯等爲金國軍前通問使，附茶藥金幣進兩宮。甲子，以直徽猷閣郭偉爲淮西巡撫使。乙丑，復以朱勝非爲尚書右僕射、同中書門下平章事兼知樞密院事。戊辰，司空山賊李通出降，以爲都督府親軍統領。癸酉，以右朝請大夫呂源爲浙東、福建沿海制置使，治定海縣。知建昌軍朱芾擊石陂賊余照，禽斬之。甲戌，彗沒。丙子，復以郭仲荀爲武泰軍節度使。詔：「墨敕有不當者，許三省、樞密院奏稟，給事中、中書舍人繳駁，臺諫論列，有司申審。」庚辰，命福建提舉茶鹽官兼領市舶司。辛巳，以韓世忠爲江南東、西路宣撫使，他帥臣稱宣撫使者並罷。壬午，遣監察御史明槖等五人宣諭江、浙、湖、廣、福建諸路，仍降詔諭官吏以遣使按察、勸懲、誅賞之意。

癸未，新作行宮南門成。甲申，提轄榷貨務張純峻立淮、浙鹽法〔三〕，增其算。總領四川財賦趙開初變四川鹽法，盡榷之。乙酉，太白晝見。丙戌，以知興元府王似爲川、陝宣撫處置副使。丁亥，封右監門衞大將軍、榮州防禦使令時爲安定郡王。是月，韓世忠遣統制解元襲擊劉忠于蘄陽，大破之。忠奔劉豫。

冬十月戊子朔，置牧馬監于饒州。庚寅，李勃伏誅。丙申，初置江、浙、荆湖、廣南、福建路都轉運使。甲辰，潘致堯至楚州，通判州事劉晏劫其禮幣奔劉豫，守臣柴春戰死。戊申，以知平江府趙鼎爲江東安撫大使。丙辰，禁温、台二州民結集社會。班度量權衡于諸路，禁私造者。是月，顏孝恭招降石陂餘賊李寶等。

十一月辛酉，陳顒陷汀州武平縣，犯梅、循二州。乙丑，初榷明州鹵田鹽。辛未，議將撫師江上，召侍從官條具利害。甲戌，命李綱、劉洪道、程昌寓、解潛會兵捕討湖寇楊太。戊寅，范汝爲餘黨范忠掠龍泉縣。庚辰，詔宣諭五使，焚所至州縣建炎以前已蠲税籍。癸未，臨安大火。是月，關師古敗僞齊兵于抹邦山。馬友黨步諒詒李綱降，綱入潭州，其黨郝晸降王進〔四〕，吳錫禽王淩〔五〕。湖南盜賊悉平。

十二月丁亥朔，命神武前軍統領申世景等討捕范忠。己丑，僞稱榮德帝姬易氏伏誅。范忠犯處州。巨師古引兵入廬州，執王亨送行在。甲午，李綱罷。臨安府火。丙申，振被火家。罷浙東沿海制置司。丁酉，岳飛遣統領徐慶、王貴討擒萍鄉賊高聚。己亥，以胡舜陟爲廬、壽等州鎭撫使。金人侵熙、秦，關師古擊敗之。庚子，遣駕部員外郎李愿撫諭川、陝。江西兵馬副鈐轄張忠彥坐縱暴不法〔六〕，斬于潭州。辛丑，程昌寓遣杜湛討楊欽等敗之，殺三千餘人。癸卯，川、陝宣撫司類試陝西發解進士，得周謨等十三人，以便宜賜進士出身。甲辰，罷張浚宣撫處置使，仍知樞密院。以知夔州盧法原爲川、陝宣撫處置副使，及王似同治司事。己酉，遣司封員外郎周隨亨同撫諭川、陝。庚戌，孟庾自建康來朝。辛亥，金人犯商州，守將邵隆退屯上津。李橫敗僞齊兵，復汝州。甲寅，命孟庾同都督江、淮、荆、浙諸軍事。詔都督府總治江東西、湖北、浙西帥臣經畫屯田。張浚承制以歸州隸夔州路。是冬，金人犯和尙原，將士乏食自潰，吳璘拔砦棄去。虔賊謝達犯惠州。

三年春正月丁巳朔，帝在臨安，率百官遙拜二帝，不受朝賀。江西將李宗諒誘戍兵叛，寇筠州，統領趙進擊卻之。翟琮入西京，禽僞齊留守孟邦雄。命諸路憲臣兼提舉常平司。庚申，金人犯上津。李橫破潁順軍，僞齊知軍蘭和降。壬戌，金人犯金州洵陽縣。以仇悆爲福建、兩浙、淮東路沿海制置使。癸亥，陳顒圍潮州不下，引兵趨江西。甲子，李橫復潁昌府。乙丑，詔中外刑官各務仁平，臺憲檢察，月具所平反以聞，歲終考察殿最。金人陷金州，鎮撫使王彥焚積聚，退保西鄉。庚午，罷行在宗正司，命嗣濮王仲湜兼判大宗正事。辛未，震電雨雹。造渾天儀。李通爲其徒王全所殺。壬申，命西外宗正移司福州。癸酉，復祭大火。以湯東野爲淮東安撫使。乙亥，以李橫爲襄陽府、鄧隨郢州鎮撫使。丁丑，登、萊山砦統制范温率部兵泛海來歸。庚辰，詔春秋望祭諸陵。張浚論奏王似不可爲副，因引罪求罷，不報。癸未，詔：民復業者，視墾田多寡定租額賦役。乙酉，減淮、浙鹽鹽錢。

二月丁亥朔，升桂州爲靜江府。己丑，權邦彥薨。浙東賊彭友犯龍泉縣。辛卯，李通餘黨劉德圍舒州。吳玠遇金人于饒風關，王彥自西鄉來會，金人分兵攻關，統制郭仲敗走。丁酉，饒風關破，玠趣西縣，彥奔達州。四川大震。張浚被罷職之命，以諸軍方潰，因秘不行，復具奏審。己亥，金帥撒離曷入興元府，經略使劉子羽焚其城走三泉縣，吳玠退屯仙人關。庚子，以宗子伯琮爲和州防禦使，賜名瑗；尋改貴州。辛丑，蠲廣東諸州被賊民家稅。壬寅，鄭州兵馬鈐轄牛臯、彭玘率兵與李橫會，橫以便宜命臯爲蔡、唐州鎮撫使，玘知汝州。乙巳，翟琮遣統制李吉敗僞齊兵于伊陽，又殲其將梁進之衆。丁未，王似始受宣撫副使之命。戊申，虔賊周十隆犯循、梅、汀州，詔統制趙祥等合兵捕之。庚戌，以李橫爲神武左軍副統制、京西招撫使。改胡舜陟爲淮西安撫使。辛亥，以工部尚書席益參知政事，翰林學士徐俯簽書樞密院事。壬子，王全犯廬州。甲寅，詔守臣至官半年，具上民間利害或邊防五事。李橫遣人奏潁昌之捷，詔許橫便宜行事。乙卯，劉光世遣酈瓊等屯兵泗州爲李橫聲援。是月，張浚復以王庶爲參謀官，往巴州措置。時金兵深入至金牛鎮，疑有伏，由褒斜谷引兵還興元，吳玠、劉子羽追擊其後，殺獲甚衆。

三月己未，詔岳飛捕虔賊。壬戌，申命統制巨師古部兵萬人屯揚州。胡舜陟至廬州，王全降。甲子，以趙鼎爲江西安撫大使。李橫傳檄諸軍收復東京。己巳，金人遣兵援劉豫，李橫敗走，潁昌復陷。壬午，以韓世忠爲淮南東路宣撫使。李綱遣兵擊降李宗諒，詔戮于市。

夏四月丁亥，朱勝非以母喪去位。僞齊知虢州董震及其統制董先來歸，以震權商、虢、陝州鎮撫使。己丑，詔江東西、湖北、浙西募民佃荒田，蠲三年租。辛卯，以劉光世爲檢校太傅、江南東路宣撫使。金人去興元。壬辰，徙都督府于鎮江。岳飛軍次虔州。甲午，僞齊知唐州胡安中來歸。丙申，僞齊李成攻陷虢州，董先、牛皋奔襄陽。己亥，改謚昭慈獻烈皇后爲昭慈聖獻。復舉五帝日月之祀。庚子，增文武小官奉。辛丑，荆南統制羅廣率兵至鼎州。楊太衆益盛，自號大聖天王，立鍾相少子子義爲太子，廣等不克討而還。丁未，岳飛遣統領張憲、王貴擊彭友，禽斬之。劉忠爲部下王林所殺，傳首行在。戊申，以浙西兵馬鈐轄史康民所部兵爲忠銳第九將。己酉，張浚奏王庶、王似、盧法原威望素輕，乞命劉子羽、吳玠並爲判官，不報。辛亥，徐文叛奔僞齊。

五月丙辰，以翟琮爲河南府、孟汝鄭州鎭撫使，董先爲副使。丁巳，遣樞密計議官任直清撫諭襄陽、商、虢、河南諸鎭。己未，命楊沂中招捕嚴州盜賊。辛酉，建睦親宅。以董先爲商、虢、陝州鎭撫使。徵河南布衣王忠民爲宣教郎，至行在，辭不受。壬戌，潘致堯還，言金人欲重臣通使以取信，遂寢出師之議。乙丑，罷諸州在任守臣所辟通判。丁卯，以韓肖胄等充金國軍前通問使。安化蠻犯邊，廣西經略使許中發兵擊之。戊辰，楊沂中招降嚴州賊繆羅等，捕斬其徒百人，魔賊平。庚午，以岳州數被兵，免今年稅役。壬申，詔守、令、尉、佐，境內妖民聚集不能覺察致亂者，並坐罪。知建昌軍朱芾討南豐縣賊，禽誅其魁黃琛。乙亥，以方與金國議和，禁邊兵犯齊境。丙子，王彥復金州，金兵棄均、房去。韓世忠請以大軍還鎭江。己卯，詔淮南統制解元戍泗州，餘屯江北。周隨亨、李愿宣押王似、盧法原至閬州，張浚始解使事。時已論金牛之功，以吳玠爲利州路、階成鳳州制置使，劉子羽爲寶文閣直學士，王彥爲保大軍承宣使，僚屬將帥第賞有差。庚辰，浚及子羽、王庶、劉錫等赴行在。詔李橫等收軍還鎭。辛巳，罷宣撫司便宜黜陟。

六月甲申朔，統制巨師古坐違韓世忠節制，除名，廣州編管。丙戌，復置六部架閣庫。丁亥，禁諸路招納淮北人及中原軍來歸者。戊子，復元祐宰相呂大防官職，贈謚。庚寅，詔降川、陝死罪囚，釋流以下。賞吳玠、關師古將士。壬辰，張浚至綿州，復奏王似不可任。甲午，命王𤩽率諸軍討楊太。己亥，罷沿海制置司。丁未，置國子監及博士弟子員。戊申，以王林所部兵爲忠銳第十將。己酉，岳飛自虔州班師。辛亥，發兵屯駐虔、廣二州，彈壓盜賊，州各三千人。是月，金人圍方山原，王似命吳玠發兵救之。

秋七月己未，復置博學宏詞科。初許任子就試。甲子，以久旱，償州縣和市民物之直。丁卯，詔訪求累朝勳臣曹彬等三百人子孫，以備錄用。戊辰，王𤩽以舟師發行在。己巳，詔減膳，禁屠，弛工役，罷苛嬈，命兩浙及諸路憲臣親按部錄囚。辛未，蠲紹興二年和市絁帛。癸酉，呂頤浩等以旱乞罷政，帝賜詔曰：「與其去位，曷若同寅協恭，交修不逮，思所以克厭天心者。」頤浩等乃復視事。乙亥，朱勝非起復。丙子，泉州水溢壞城。丁丑，遣中使逆趣張浚于道。是月，四川霖雨，地震。

八月己丑，詔岳飛赴行在，留精兵萬人戍江州。翟琮率兵突圍奔襄陽，詔屯駐其地。癸卯，罷諸路輸禁軍闕額錢。甲辰，以雨暘不時，蘇、湖地震，求直言。乙巳，復置史館修撰、直館檢討官，命郎官兼領著作郎及佐郎。戊申，罷都轉運司。己酉，詔：湖南丁米三分之二均取于民田，其一取之丁口。辛亥，孟庾自軍中來朝。

九月戊午，呂頤浩罷。詔：凡遇水旱災異，監司、郡守即具奏毋隱。庚申，岳飛自江州來朝。川、陝統領官吳勝敗僞齊兵于黃堆砦。丙寅，以趙鼎爲江西安撫制置大使。壬申，詔中書舍人、給事中，凡制敕非軍期機速，必先書押而後報行。甲戌，僞齊王彥先寇徐、宿二州。乙亥，以劉光世爲江東、淮西宣撫使，置司池州；韓世忠爲鎭江建康府、淮南東路宣撫使，置司鎭江府；王𤫉爲荆南府、岳鄂潭鼎澧黃州、漢陽軍制置使，置司鄂州；岳飛爲江南西路、舒蘄州制置使，置司江州；主管殿前司郭仲荀知明州，兼沿海制置使；神武中軍統制楊沂中兼權殿前司。己卯，吳勝克蓮花城。

冬十月癸未，朱勝非上重修吏部七司敕令格式。庚寅，加吳玠檢校少保。壬辰，趣王𤫉進兵。詔寬私鹽重法。甲午，卻大理國入貢。丁酉，殘破州縣視戶口增損立守令考課法。己亥，禁州縣擅增置稅場。僞齊李成陷鄧州。辛丑，南丹蠻莫公晟圍觀州，焚寶積監，殺知監陳烈。壬寅，僞齊兵逼襄陽，李横以糧盡棄城奔荆南，知隨州李道亦棄城去。甲辰，王𤫉討湖賊，戰于鼎口，不利。僞齊陷郢州，守臣李簡棄城去。中禁私役戰士。丁未，命三省除銓曹姦弊。戊辰，罷諸路類省試。統制石世達及杜湛合兵大破湖賊黃誠于龍陽洲。庚戌，復置宗正少卿及寺監諸丞。是月，王彥先引兵至北壽春，將渡淮。劉光世駐軍建康，扼馬家渡；又遣酈瓊駐無爲軍，爲廬、濠聲援。賊乃還。

十一月己未，以右文殿修撰王倫爲都督府參議官。癸亥，詔監司、帥守察內外宗子病民害政者以聞。崔增、吳全遇湖賊于陽武口，死之。甲子，韓肖胄等使還。乙丑，禁沿淮諸砦兵擅侵齊境。庚午，臨安府火。甲戌，禁掠賣生口入蠻夷峒及以銅錢出中國。乙亥，復元祐十科舉士法。丁丑，命賓、横、宜、觀四州市戰馬。戊寅，王𤫊自鼎州引兵還鄂，留統領王渥等四軍聽程昌寓節制。己卯，蠲南劍州所負民間獻納錢十六萬緡。省淮南州縣文武官。

十二月辛巳朔，降敕書撫諭吳玠及川、陝將士。乙酉，臨安府火。戊子，又火。朱勝非以屢火求罷，不允。丙申，王似承制廢通遠軍。己酉，金國元帥府遣李永壽、王翊來見。

是歲，海寇黎盛犯潮州，焚民居毀城去。

四年春正月辛亥朔，帝在臨安，率百官遙拜二帝。乙卯，增淮、浙路鹽鈔貼納錢。遣章誼等爲金國通問使。己未，程昌寓遣杜湛、王渥攻楊太皮眞砦，破之。己巳，詔諭王似、盧法原、吳玠，使之協和。金人犯宕昌、臨江砦及花石峽，關師古遣統領劉戩分兵拒卻之。庚午，詔諸路將帥毋以兩國通使輒弛邊備，淮南州郡津渡尤愼譏察。甲戌，罷州縣新置弓手。乙亥，蠲循、梅、潮、惠四州被兵家租賦。丙子，申敕三省、樞密院，除官並遵舊制，毋相侵紊，除拜、罷免皆明示黜陟之由。戊寅，金人犯神坌砦，沿北嶺至大散關。臨安府火。己卯，韓肖胄罷。

二月壬午，詔：贓罪至死者仍籍其貲。癸未，作建康府行宮。席益罷。乙酉，以徐俯兼參知政事。丙戌，禁川、陝諸將招納北軍。湖北軍賊檀成犯長陽縣，解潛遣統領胡勉捕斬之。羣盜田政自襄陽犯峽州。己丑，解潛遣統制王恪擊政，斬之。庚寅，金人犯兩當縣。乙未，詔孟庾赴行在。己亥，詔三衙管軍及將帥觀察使以上，舉忠勇智略可自代者一人。辛丑，金人犯仙人關。癸卯，詔權以射殿爲景靈宮，四時設位朝獻。丙午，張浚入見。

三月辛亥朔，吳玠率楊政、吳璘、田晟、王喜諸將與兀朮戰于仙人關，大敗之。兀朮遁去。戊午，雨雹。以趙鼎參知政事。壬戌，孟庾至行在，罷都督府，以其兵屬張俊。乙丑，張浚以資政殿大學士罷，尋落職奉祠，福州居住。己巳，蠲淮南州縣民租一年。辛未，日有靑赤黃氣。編次建炎以來詔旨，頒諸路。癸酉，蠲興元府、洋州被兵家稅役二年。丙子，以王似爲資政殿學士、川陝宣撫使，盧法原爲端明殿學士與吳玠並充副使，關師古爲熙河蘭廓路安撫制置使。

夏四月庚辰朔，命趙開再任總領四川財賦。詔諭川、陝官吏兵民，以張浚失措當示遠竄，猶嘉其所用吳玠等能禦大敵，許國一心，止從薄責。仍令宣撫司講求諮訪，凡擾民咈衆之事，速蠲革之。癸未，劉子羽白州安置。乙酉，詔明堂用皇祐典禮，兼祀天皇大帝、神州地祇以下諸神。丙戌，吳玠敗金兵，復鳳、秦、隴州。詔：特旨處死情法不相當者，許大理奏審。蠲淮南州軍上供錢一年。庚寅，置孳生牧馬監于臨安府。甲午，罷廣西提舉茶鹽司。關師古叛，以洮、岷二州降僞齊，吳玠併將師古軍。乙未，詔諸路歲上戶口。丁酉，罷諸州回易庫。庚子，命劉光世遣兵巡邊。辛丑，保靜州夷人入貢。丙午，徐俯罷。是月，王似承制廢符陽軍。知壽春府羅興叛降僞齊。

五月庚戌朔，以岳飛兼黃復二州、漢陽軍、德安府制置使。癸丑，以范沖爲宗正少卿兼直史館，重修神宗哲宗正史、實錄。甲寅，詔淮南帥臣兼營田使，守令以下兼管營田。岳飛復郢州，斬僞齊守荆超。甲子，以孟庾兼權樞密院事。乙丑，賜李橫軍絹萬匹。丙寅，李成棄襄陽去，岳飛復取之。金人攻金州，鎭撫使王彥遣統制許靑等與戰于漢陰，敗之。罷諸縣武尉。壬申，裁省三省、樞密細務，責六曹長貳專決。癸酉，以國史日曆所爲史館。僞齊收李成餘衆，益兵駐新野，岳飛與別將王萬夾擊，復大敗之。乙亥，王彥數敗金兵于洵陽縣。丙子，復選宗室子彥之子伯玖育于禁中。

六月壬申，復命川、陝類試。乙未，太白晝見經天。戊戌，詔神武軍、神武副軍統制、統領官並隸樞密院。庚子，以霖雨罷不急之役。壬寅，詔三省、樞密院，凡奉干請墨敕，許執奏不行。置史館校勘官。作明堂行禮殿于教場。甲辰，禁諸軍彊刺平人爲兵，已刺者皆釋之。

吳玠乞宮觀，不允。是月，熒惑犯南斗。岳飛將牛皋復隨州，執僞齊守王嵩磔之。

秋七月戊申朔，曲赦虔州。以吏部尚書胡松年簽書樞密院事。庚戌，以湖南安撫席益爲安撫制置大使。建昌軍軍卒修達等作亂，殺守臣劉滂，江西制置使胡世將遣參謀侯懲、統制丘贇討之。壬子，命吳玠通信夏國。癸丑，湖賊楊欽等破社木砦，官軍敗卻，小將許筌戰歿。丙辰，賞仙人關之功，以吳玠爲檢校少師、奉寧保靜軍節度使，吳璘、楊政以下論賞有差。丁巳，命左右司歲考郎官功過治狀以爲賞罰。庚申，復曲端、趙哲官。壬戌，岳飛遣統制王貴、張憲擊敗李成及金兵于鄧州之西，復鄧州，禽其將高仲。丙寅，侯懲引兵入建昌軍，執修達等十三人斬之。罷建州臘茶綱。詔江東安撫司招水軍千五百人。己巳，湖賊萬餘人詣鼎、澧二州降。劉光世來朝。庚午，王貴、張憲破金、齊兵，復唐州及信陽軍，襄漢悉平。辛未，章誼、孫近使還入見，粘罕致書約淮南毋得屯兵。

八月庚辰，以趙鼎知樞密院事，充川、陝宣撫處置使。湖賊夏誠等犯枝江縣，解潛遣將蔣定舟與戰，敗之。辛巳，吳玠遣統領姚仲攻隴城縣，克之。壬午，王𤫊以討賊無功，降光州觀察使。戊子，改命趙鼎都督川、陝、荆、襄諸軍事。乙未，遣魏良臣等充金國通問使。丙申，毀王安石舒王告。己亥，周十隆出降，爲官軍所掠，復遁去，犯汀、循州。壬寅，王似罷。以岳飛爲淸遠軍節度使、湖北荆襄潭州制置使，代王𤫊討湖賊。癸卯，以襄陽府、隨郢唐鄧州、信陽軍六郡爲襄陽府路。

九月戊申，減淮、浙路鹽鈔所增貼納錢。壬子，夏誠遣將李全功犯公安軍，解潛遣統制林聞等擊斬之。安定郡王令畤薨。辛酉，合祭天地于明堂，大赦，蠲襄陽等六郡三年租稅。庚午，朱勝非罷。金、齊合兵自淮陽分道來犯。壬申，渡淮，楚州守臣樊敍棄城去。韓世忠自承州退保鎭江府。癸酉，以趙鼎爲尙書右僕射、同中書門下平章事兼知樞密院事，吏部尙書沈與求參知政事。

冬十月丙子朔，與趙鼎定策親征，命張俊以軍援淮東〔七〕，劉光世移軍建康，車駕擇日進發。丁丑，以孟庾爲行宮留守，留統制王進一軍及神武中軍五百人隸之。百司不預軍旅之務者聽從便避兵。己卯，韓世忠自鎭江率兵復如揚州。金人犯滁州。以張俊爲浙西、江東宣撫使〔八〕。金人圍亳州。席益遣統制吳錫率兵討徭賊楊再興，大破之。壬午，僞齊兵犯安豐縣。癸未，復以張浚爲資政殿學士、提舉萬壽觀兼侍讀。甲申，復以王瓔爲建武軍承宣使、江西沿江制置使。丙戌，命胡松年詣江上會諸將議進兵。戊子，韓世忠邀擊金人于大儀鎭，敗之，又遣將董旼敗之于天長縣鵶口橋。己丑，金人攻承州，韓世忠遣將成閔、解元合兵擊于北門，敗之。金人圍濠州。甲午，遣秘書正字楊晨持詔撫諭四川。遣侍御史魏矼、監察御史田如鼇詣劉光世、張俊軍中計事，光世始移軍太平州。丙申，命後宮自溫州泛海如泉州。金人陷濠州，守臣寇宏棄城走。丁酉，詔州縣團教弓手、土兵。戊戌，帝御舟發臨安，劉錫、楊沂中以禁兵扈從。己亥，韓世忠捷奏至，命收瘞戰死將士，仍令胡松年致祭。庚子，張俊率兵發鎭江〔九〕，如建康。壬寅，帝次平江。加贈陳東、歐陽澈秘閣修撰官，其子孫二人各賜田十頃，且追咎汪伯彥落觀文殿學士，黃潛善更不追復。命韓世忠、楊沂中分兵控扼沿海要地。癸卯，焚決淮東閘堰。賜扈從諸軍錢。乙巳，仇悆遣將孫暉擊金人于壽春，敗之，復霍丘、安豐二縣。是月，借江、浙坊場錢一界，以備軍費。

十一月戊申，太白晝見。庚戌，賞承州水砦首領徐康等要擊金兵之功，轉官有差，仍蠲承、楚、泰州水砦民兵賦役十年。置沿江烽火，放浙東諸郡防城丁夫。壬子，始下詔聲劉豫逆罪，諭親討之旨，以厲六師。吳玠遣統制楊從儀等率兵敗金人于臘家城。癸丑，玠乞納節贖劉子羽罪，遂聽子羽自便。金人入光州。甲寅，僞齊知光州許約破石額山砦，遂據之。乙卯，韓世忠遣兵夜劫金人營于承州，破之。金人犯六合縣；丙辰，掠全椒縣三城湖。丁巳，戒諸路大小臣僚借貸催科縱吏姦擾民，及務絕盜賊之伺隙者。命董旼、趙康直總領淮東水砦。戊午，以胡松年兼權參知政事。金人陷滁州。劉光世移軍建康，韓世忠移軍鎭江，張俊移軍常州〔10〕。己未，復命張浚知樞密院事，以其盡忠竭節詔諭中外。庚申，宴犒守江將士。癸亥，劉光世遣統制王德擊金人于滁州之桑根，敗之。揭黃牓招諭湖賊。甲子，命滁、和諸州移治保聚。乙丑，金人犯滁口。己巳，劉光世遣統制王師晟等率兵夜入南壽春府襲金人，敗之，執僞齊知府王靖。廣賊區稠圍韶州樂昌縣，鈐轄韓京遣兵擊斬之。詔張浚視師江上。

十二月乙亥朔，魏良臣、王繪還自泗州軍前人見。戊寅，命都督府右軍統制李貴部兵屯掘禩山鎭。辛巳，命中軍統制王進屯兵泰州，防拓通、泰。壬午，以樞密都承旨馬擴爲江西沿江制置副使。丙戌，吳倫遣兵攻臘家城，破之。丁亥，聽兩淮避兵民耕種所在閒田。壬辰，金、齊兵逼廬州，仇悆嬰城固守，岳飛所遣統制徐慶、牛皐援兵適至，敗走之。劉光世亦遣統制靳賽戰于愼縣。張俊遣統制張宗顏擊敗金人于六合〔二〕。詔江、浙、荆湖十四郡各募水軍五百人，名横江軍。兩浙十郡沿江海州縣招捕巡檢土軍。甲午，程昌寓遣杜湛、彭筠合擊楊欽，破之。己亥，以來年正旦日食，下詔修闕政，求直言。庚子，金人退師。辛丑，詔葬祭浙西、江東二軍之死事者。壬寅，省淮南轉運司。遣胡松年往常熟縣、江陰軍沿江計議軍事。癸卯，金人去滁州。

校勘記

〔一〕張浚　原作「張俊」，據本書卷三六一張浚傳、繫年要錄卷五一改。

〔二〕罷後苑工作　繫年要錄卷五三、中興聖政卷一一都作「罷後苑作」。「工」字疑衍。據宋會要職官三六之七二，後苑造作所于「咸平三年併于後苑作，改今名」。「後苑造作所」後來亦稱「後苑作」。

〔三〕提轄榷貨務張純峻立淮浙鹽法　「峻」，原作「浚」，義不可通，繫年要錄卷五八、中興聖政卷一二都作用張純議「峻更鹽法」，可見「浚」乃「峻」字之訛，據改。

〔四〕綱入潭州其黨郝晸降王進　據繫年要錄卷六〇，李綱入潭州，「又遣統制官郝晸降潰將王進於湘鄉」。宋史全文卷一八同。此句「黨」字疑「將」字之誤。

〔五〕吳錫禽王浚　「王浚」，繫年要錄卷六〇、中興聖政卷一二、宋史全文卷一八都作「王俊」。

〔六〕江西兵馬副鈐轄張忠彥坐縱暴不法　「張忠彥」，原作「張中彥」。按張中彥建炎末年已于陝西降金，這時不在宋朝，此處應是張忠彥。據中興小紀卷一三改。

〔七〕命張俊以軍援淮東　「張俊」，原作「張浚」，按本卷上文張浚已於三月落職奉祠，福州居住，此時不可能再出援淮東。據繫年要錄卷八一、宋史全文卷一九改。

〔八〕以張俊爲浙西江東宣撫使　「張俊」，原作「張浚」，據本書卷三六九本傳、繫年要錄卷八一改。下文甲午條「張俊」同。

〔九〕張俊率兵發鎮江　「張俊」，原作「張浚」，按北盟會編卷一六四：「金人在淮甸，張俊軍鎮江府」，上據改。

〔一〇〕張俊移軍常州　「張俊」，原作「張浚」，據繫年要錄卷八二、北盟會編卷一六五改。

〔一一〕張俊遣統制張宗顏擊敗金人于六合　「張俊」，原作「張浚」，據繫年要錄卷八三、北盟會編卷一六五改。

宋史卷二十八

本紀第二十八

高宗五

五年春正月乙巳朔，日有食之。帝在平江府。金人去濠州。丁未，戒諸軍戰陣毋殺中原民籍充金兵者。命鬻官田宅輸錢專充軍費。戊申，進廬、泰二州守禦官屬各一官。己酉，詔前宰執呂頤浩等十九人及行在職事官各條上攻戰備禦措置綏懷之策。免淮南官吏去職之罪，仍令還任。承州水砦統領仲諒復入楚州。庚戌，張俊〔一〕遣統領楊忠閔、王進夾擊金人于淮南岸，敗之，降其將程師回、張延壽。辛亥，淮東統制崔德明襲敗金兵于盱眙。召張浚赴行在。乙卯，浚入見。賞沿江監司、帥臣供億之勞，各進官一等。戊午，趣修建康行宮。己未，詔減淮南諸州雜犯死罪，釋流以下囚。庚申，置諸州軍教場，選兵專習弓弩，立格按試。辛酉，贈殿中侍御史馬伸左諫議大夫。韓世忠、劉光世、張俊入見。壬戌，以世忠爲少保、淮東宣撫使，駐鎮江；光世少保、淮西宣撫使，駐太平；俊開府儀同三司、江東宣撫使，駐建康。甲子，酈瓊復光州，降其守許約。乙丑，罷淮南茶鹽提刑司，置提點兩路公事官一員，兼領刑獄、茶鹽、漕運、市易事。淮西要會州軍並置市易務。戊辰，詔川、陝宣撫司招諭陷賊官民。庚午，命王進合江西、廣東諸將兵討周十隆。海賊朱聰犯廣州，又犯泉州。壬申，劉光世、韓世忠、張俊入辭，命升殿，以光世、世忠有隙，賜酒諭釋之，皆感激奉詔。癸酉，僞齊知亳州馬秦〔三〕犯光州，權州事王莘率兵拒之。是月，金主晟殂，旻之孫亶立。岳飛自池州入朝。

二月丙子，以飛爲鎮寧、崇信軍節度使。命常州布衣陳得一造新曆。丁丑，帝發平江。戊寅，遣權太常少卿張銖奉迎太廟神主于溫州。壬午，帝至臨安，進扈從官吏秩一等。丙戌，以趙鼎爲左僕射，張浚右僕射，並同中書門下平章事兼知樞密院事，都督諸路軍馬。岳飛爲荆湖南北、襄陽府路制置使，將兵平湖賊楊太。丁亥，吳璘、楊政攻拔秦州，執僞齊守胡宣，金帥撒離曷來援，政復擊敗之。己丑，詔建太廟。壬辰，命張浚詣江上措置邊防，詔諭諸路宣撫制置司，示以專任之旨。以右司諫趙霈論奏得體，賜三品服。丁酉，進執政官秩一等，以賞防秋之功。戊戌，詔淮南宣撫司撫存淮北來歸官吏軍民。己亥，直史館范冲上神宗實錄考異。庚子，詔翰林學士孫近、胡交修類編臣僚條具利害章疏以聞。甲辰，蠲湖南路上供三年。是月，僞齊商元寇信陽軍，守臣舒繼明被禽，死之。

閏月乙巳朔，雨雹。丁未，胡松年罷。戊申，雪。己酉，留四川上供銀帛就充軍費。乙卯，以孟庾、沈與求並兼權樞密院事。丙辰，併諸路提舉常平入茶鹽司。罷福建鑄錢，令轉運坑冶司辦集。丁巳，撒離曷欲犯秦州，吳玠遣部將牛皓伺之，遇于瓦吾谷，戰死。癸亥，海賊陳感犯雷州，官軍屢敗。丁卯，王𤫩罷。命戶部尙書章誼措置財用，孟庾提領，號總制司。命川、陝宣撫司幕僚攝司事，仍權節制軍馬。戊辰，置路分總管，以處閑退武臣。辛未，復置宗正丞，掌修屬籍。再蠲荆南府、歸峽二州、荆門公安二軍歲貢上供二年。

三月甲戌朔，以王𤫩貪縱不武，敗師誤國，責授濠州團練使。丙子，遣樞密計議官呂用中等分使兩浙、江東西路檢察經、總制司財用。丁丑，詔侍從至監察御史、館職已上，在內館職、在外侍從官、監司、帥守，各舉所知充監司、守令，尋命館職專舉縣令。己卯，以韓世忠兼鎭江府宣撫使，劉光世兼太平州宣撫使。壬午，以都督府參議軍事邵溥兼權川、陝宣撫副使。罷御前軍器所提舉官，併隸工部。壬辰，命廣東、福建路招捕朱聰。乙未，初榷鉛、錫。張浚親討湖賊。丁酉，復移浙西安撫司于臨安府。庚子，罷饒州牧馬監。

夏四月丙午，貴池縣丞黃大本坐枉法贓，杖脊刺配南雄州。丁未，遣司農丞蓋諒持詔撫諭川、陝。召解潛赴行在，王彥知荆南府，諸鎭撫使至是盡罷。戊申，太廟神主至自温州。己酉，以審量濫賞，追左銀青光祿大夫王序八官及職名，仍改正出身。庚戌，詔：內侍遇特恩轉官，止武功郎。壬子，訪得周後柴叔夏襲封崇義公。戊午，奉安太廟神主。己未，更免役保正長法。甲子，太上皇帝崩于五國城。丙寅，帝御射殿，行朝獻景靈宮之禮，始以惠恭皇后祔祭。募民耕營田，官給牛、種。庚午，省四川添差官。辛未，以諸路稅賦畸零增收錢專充上供。是月，龍圖閣直學士致仕楊時卒。

五月乙亥，初謁太廟。庚辰，命邵溥、吳玠裁省四川冗官浮費。辛巳，名行宮新作書院爲資善堂。遣何蘚〔三〕等奉使金國，通問二帝。中書舍人胡寅言，國家與金世讎，無通使之義。張浚奏：「使事兵家機權，後將闢地復土，終歸於和，未可遽絕。」乃遣行。丁亥，立殘破州縣守令勸民墾田及拋荒殿最格。己丑，以孟庾知樞密院事。壬辰，召張浚還行在。丁酉，詔浚提舉詳定一司敕令。戊戌，以貴州防禦使瑗爲保慶軍節度使，封建國公。徽猷閣待制范沖兼資善堂翊善，起居郎朱震兼贊讀。以盛暑命監司行部慮囚。己亥，岳飛軍次鼎州。庚子，周十隆降。辛丑，命川、陝訪求元祐黨人子孫。

六月甲辰，封武經大夫令䛴爲安定郡王。湖賊楊欽、全琮、劉詵相繼率衆詣岳飛降。乙巳，名新曆曰統元。丁未，併饒州鑄錢司于虔州。己酉，命建國公瑗出就資善堂聽讀，拜范沖、朱震。出內帑錢賜宗室貧者。壬子，復省淮南州縣冗官。癸丑，以久旱減膳、祈禱；

禁諸路科率，自租稅、和市、軍須外皆罷。岳飛急攻湖賊水砦，賊將陳瑫降，楊太赴水死，餘黨劉衡等皆降。飛急擊夏誠，斬之。丁巳，湖賊黃誠斬楊太首，挾鍾子儀、周倫詣都督府降，湖湘悉平，得戶二萬七千，悉遣歸業。戊午，減福建貢茶歲額之半。庚申，以旱罷諸路檢察財用官。丁卯，以賊平，免沿湖民前二年逋租。己巳，罷福建諸州槍仗手。

秋七月壬申朔，以仇悆爲沿海制置使。甲戌，免蘄州上供及租稅三年。戊寅，獎諭岳飛，撫勞將士，趣張浚還朝。己卯，孟庾罷，以沈與求兼權樞密院事及措置財用。壬午，以金、均、房州隸襄陽府路。僞齊兵寇湖陽縣，執唐州守臣高青，復釋之。丁亥，賜宇文虛中家福建田十頃。甲午，詔殘破州縣親民官，計到、罷之日戶口考殿最。韓世忠復鎮淮軍，禽僞齊守王拱。丙申，蠲湖南路上供米三年及秋租之半。丁酉，置高峯、王口二砦都巡檢使，益兵戍之。

八月壬寅朔，罷荆南營田司，令安撫司措置官兵耕種。甲辰，定館職額爲十八員。壬子，詔淮南山水砦都巡檢各聽守令節制。癸丑，蠲福建州軍借撥常平錢米。己未，下詔示章惇、蔡卞詆誣宣仁聖烈皇后之罪，追貶惇昭化軍節度副使，卞單州團練副使，子孫不許在朝。命廣宮學，教內外宗子。辛酉，詔淮南、襄陽府等路團結民社。丙寅，以諸盜平，減湖、廣、江西二十二州雜犯死罪，釋徒、杖以下囚。海賊朱聰降，命補水軍統領。是月，僞齊陷光州。

九月辛未朔，罷總制司所增收頭子等諸色錢。乙亥，賜禮部進士汪洋以下二百二十人及第、出身。唱名始遵故典，令館職侍立殿上。壬午，加岳飛檢校少保。僞齊兵寇固始縣，統領華旺〔四〕拒戰卻之，尋復光州。甲申，命沿海州軍籍海船，分守要害。乙酉，趙鼎上重修神宗實錄。壬辰，詔元符上書邪等范柔中等二十七人各官一子。以解潛部兵三千隸馬軍司。甲午，周十隆復叛，犯汀州。戊戌，遣統領王進、李貴討之。

冬十月庚戌，張浚入見。乙卯，以席益爲四川制置大使，位宣撫副使上，州軍兵馬並隸大使司，邊防重事仍令宣撫司處置。李綱爲江西制置大使〔五〕，呂頤浩爲湖南制置大使。戊午，詔川、陝類試合格第一人依殿試第三人例推恩，餘並同賜進士出身；特奏名進士命宣撫選官試時務策。澧州賊雷德進〔六〕降。乙丑，僞齊兵寇漣水軍，韓世忠遣統制呼延通等逆擊，敗之。

十一月庚午朔，初置節度使以下金字牙符，命都督府掌之，給將帥立戰功者。命州縣賣戶帖以助軍費。癸酉，詔：守臣死節昭著者，毋限品秩，並賜謚。乙亥，徵和靖處士尹焞于涪州，命爲崇政殿說書。戊寅，郊。辛巳，復置淮南提舉鹽事官。壬午，出宮女三十人。甲申，權減宰執及行在官吏奉。乙酉，以趙開爲四川都轉運使。丙戌，命張浚視師荆、襄、川、陝。戊子，知衡州裴廩坐調夫築城凍死二千餘人，除名，嶺南高州編管。乙未，出內帑綿絹賜宗室。丁酉，罷催稅戶長。

十二月己亥朔，以岳飛爲荆湖南北、襄陽府路、蘄黃州招討使。楊沂中權主管殿前司，併統神武中軍。庚子，改神武四軍及巡衞軍號行營五護軍。辛丑，以都督府兵隸三衙。命左右司、樞密院檢詳官參考中興已行條例，修爲定法。乙巳，禁服用翠羽。己酉，免侍從官輪對。庚戌，汰橫江水軍三之一。癸丑，命兩淮、川陝、荆襄、荆南諸帥府參謀官各一員提點屯田。癸亥，禁川陝州縣官悉用川陝人。丙寅，都督府遣參議軍事劉子羽、主管機宜文字熊彥詩撫諭川陝，且察邊備虛實。戊辰，夜雨雹。

六年春正月辛未，蠲貧民戶帖錢之半，無物產者悉除之。癸酉，命給事中、中書舍人甄別元祐黨籍。乙亥，以內重外輕，命省臺、寺監及監司、守令居職及二年者，許更迭出入除擢。丁丑，詔：凡入粟補官者，毋授親民刑法之職。壬午，賜宗子伯玖名璩，爲和州防禦使。罷綿州宣撫副使，命吳玠專治兵事。罷御史平反刑獄賞。丙戌，張浚視師荆襄，入辭。己丑，安定郡王令砥薨。庚寅，還預借坊場錢。辛卯，詔：監司、帥臣慢令失職者，令張浚黜陟以聞。甲午，振江、湖、福建、浙東饑民，命監司、帥臣分選僚屬及提舉常平官躬行檢察。戊戌，命贊通直郎、閤門宣贊舍人以下官。

二月庚子，以諸路宣撫制置大使並兼營田大使，宣撫副使、招討安撫使並兼營田使。壬寅，雨雪。改江、淮屯田爲營田。甲辰，置行在交子務，印交子錢引給諸路，令公私同見錢行用。戊申，岳飛入見。復以襄陽府路爲京西南路。辛亥，詔張浚暫赴行在奏事。甲寅，以兵部尚書、都督府參謀折彥質簽書樞密院事。乙卯，韓世忠引兵攻宿遷縣，統制呼延通與金兵戰，敗之，禽其將孛堇牙合。澧州賊徒伍俊殺雷德進，持其首詣鼎州降。丙辰，韓世忠圍淮陽軍。復置諸路市易務。戊午，命楊沂中以兵萬人聽都督行府調遣。己未，遣戶部侍郎劉寧止如鎭江府，總領三宣撫司錢糧。辛酉，兀朮救淮陽，韓世忠引兵歸楚州。壬戌，以折彥質兼權參知政事。癸亥，沈與求罷。李綱入見。是月，張浚至江上會諸將議事，命張俊進屯盱眙。

三月戊辰朔，初收官告綾紙錢。名金、均、房州民兵曰保勝〔七〕，又命招刺三千人賜名必勝軍。己巳，以韓世忠爲京東、淮東路宣撫處置使，岳飛爲京西、湖北路宣撫副使。辛未，蠲旱傷州縣民積欠錢帛租稅。己卯，趣岳飛如鄂州措置軍事。辛巳，以樞密副都承旨馬擴爲沿海制置副使。壬午，金、齊兵犯漣水軍，韓世忠擊敗之。壬辰，寬四川災傷州縣戶帖錢之半。

夏四月戊戌朔，湖南賊黃旺犯桂陽監。甲辰，僞齊兵陷唐州，團練判官扈舉臣、推官張從之等皆死。岳飛以母喪去官。丙午，詔飛起復。己酉，詔：「文武臣僚能決勝強敵恢復境土者，賜功臣號。」庚戌，始訓諸宗子名。甲寅，賞淮陽功，呼延通等進官有差，餘受賞者凡萬七千人。劉光世遣副統制王師晟、酈瓊襲僞齊兵于劉龍城破之，禽其統制華知剛。己未，命福建安撫司發水軍討海賊鄭慶。辛酉，禁四川伐並邊山林。甲子，以韓世忠爲橫海、武寧、安化軍節度使，號揚武翊運功臣。除商旅緡錢稅。丙寅，復行在官吏奉。蠲東京民渡淮南商販之稅。

五月戊辰朔〔八〕，禁以鹿胎爲冠。癸酉，詔：「未經上殿臣僚，先令三省審察，然後引對。」戊寅，以四川監司地遠玩法，應有違戾，令制置大使按劾。壬午，詔大理寺議獄不合，即詣刑部闕決，刑部不能定，同赴都堂稟議。賜吳玠四川戶帖錢十萬緡犒軍。癸未，禁淮南州縣收額外雜色租。乙酉，改交子爲關子，罷交子務。庚寅，以劉光世爲保靜、寧武、寧國軍節度使。壬辰，以張俊進屯盱眙，改崇信、奉寧軍節度使。甲午，禁銷錢及私鑄銅器。丙申，詔監司慮囚不能徧及者，聽遣官，著爲令。

六月乙巳夜〔九〕，地震。己酉，求直言。甲寅，張浚渡江撫淮上諸屯。命劉光世自當塗進屯廬州，岳飛自九江進屯襄陽，楊沂中屯泗州。戊午，詔兩淮沿江守臣並以三年爲任。

府。

秋七月壬申，以司農少卿樊賓提領營田公事。癸未，詔張浚暫赴行在。癸巳，罷川陝便宜差遣監司、守貳。以金州隸川陝路，均、房二州隸京西南路。郭浩爲永興軍路經略安撫使兼知金州，閤門宣贊舍人邵隆知商州，聽浩節制，經理商、虢。是月，劉光世復壽春府。

八月己亥，范宗尹薨。庚子，賜左司諫陳公輔三品服。癸卯，以徽猷閣直學士李迨爲四川都轉運使。甲辰，詔諭將士將親征。岳飛遣統制牛皐破僞齊鎭汝軍，禽其守薛亨。乙巳，命權殿前司解潛等帥精兵扈從，主管步軍司邊順留兵守臨安，知臨安府梁汝嘉爲巡幸隨軍都轉運使。丁未，以秦檜爲醴泉觀使兼侍讀、行宮留守，孟庾提舉萬壽觀兼侍讀、同留守。戊申，岳飛遣將楊再興復西京長水縣。己酉，命秦檜、孟庾權參決尚書省、樞密院事。庚戌，蠲虔州殘破諸縣逋負、梅州夏秋兩稅。聽廣東經略安撫司便宜措置盜賊。辛亥，奉神主發臨安。丁巳，權罷經筵進講。己未，預借江、浙民來年夏稅紬帛，折米輸官。庚申，增給職事官米月三斛。是月，張俊城盱眙，進屯泗州。岳飛及僞齊李成、孔彥舟連戰至蔡州，克之，僞守劉永壽舉城降。

九月丙寅朔，帝發臨安。岳飛遣統制王貴、郝晸、董先復虢州盧氏縣。癸酉，帝次平江。戊寅，命職事官日一員輪對。壬午，岳飛以孤軍無援，復還鄂州。癸未，權奉安神主于平江能仁寺。戊子，以戶部郎官霍蠡總領岳飛軍錢糧。庚寅，張浚入奏，復如鎮江。辛卯，立賊徒相招首罪賞格。賞鎮淮軍功，進統制王德等官。是月，劉豫聞親征，告急于金主亶求援，亶不許，豫自起兵三十萬，命子麟趣合肥，姪猊出渦口，引兵分道入寇。

冬十月丙申，招西北流寓人補闕額禁軍。丁酉，裁定淮南路租額。劉麟寇淮西，張俊遣楊沂中、張宗顏等分兵禦之。戊戌，沂中至濠州，劉光世已棄廬州而南，浚遣人督還，光世不得已駐兵應沂中，遣統制王德、酈瓊及賊將崔臯、賈澤、王遇戰，皆敗之。賊兵攻壽春府芍陂砦，守臣孫暉拒戰，又敗之。辛丑，罷四川監酒官百餘員。壬寅，以梁汝嘉兼浙西、淮東沿海制置使，前護副軍都統制王彥副之。癸卯，趙鼎請降敕諭張浚，令光世、沂中及張俊全軍引還，爲防江之計。甲辰，又詔浚督將士僇力破賊，皆未達。劉猊犯定遠縣，沂中進戰，大敗之于藕塘，猊挺身遁，麟在順昌聞之，拔砦去。劉光世遣王德及沂中追麟至南壽春而還。孔彥舟亦解光州圍而去。戊申，命解潛遣兵千人守靑龍港口。癸丑，張俊、楊沂中引兵攻壽春府，不克而還。乙卯，詔諸軍所俘人民給錢米遣歸。丁巳，惠州軍賊曾袞作亂。庚申，摧鋒軍統制韓京募敢死士，夜襲破之，袞尋出降。壬戌，日中有黑子沒。

十二月甲午朔，詔降廬、光、濠等州死罪，釋流以下囚。召秦檜赴行在。張浚入見，請幸建康；趙鼎請還臨安。戊戌，韓世忠攻淮陽軍，及金人戰，敗之。辛丑，城南壽春府。壬寅，趙鼎罷。遣右司員外郎范直方宣諭川陝，撫問吳玠將士。甲辰，命都督府參議軍事呂祉如建康，措置移蹕。丙午，折彥質罷。丁未，賞淮西功，加張俊少保，改鎭洮、崇信、奉寧軍節度使；楊沂中保成軍節度使、殿前都虞候。戊申，命秦檜赴講筵供職，孟庾爲行宮留守。辛亥，以資政殿學士張守參知政事，兼權樞密院事。丙辰，以呂頤浩爲浙西安撫制置大使，判臨安府。丁巳，以劉光世爲護國、鎭安、保靜軍節度使。戊午，詔：凡因民事被罪者，不許親民。己未，命辰、沅、靖、澧四州，以閑田募刀弩手三千五百人爲額。右司諫陳公輔乞禁程氏學。詔：「士大夫之學宜以孔、孟爲師，庶幾言行相稱，可濟時用。」庚申，以安化郡王王稟死節太原，賜其家田十頃。辛酉，以山陰、諸暨等四十縣爲大邑，並命堂除。

七年春正月癸亥朔，帝在平江，下詔移蹕建康。蠲無爲軍稅役一年。置建康御前軍器局。丁卯，賞張浚以破敵功，遷特進。己巳，發米萬石濟京東、陝西來歸之民。張浚入見。甲戌，罷都督府諸州市易官。丁丑，解潛罷，以劉錡權主管馬軍司，幷殿前步軍司公事。庚辰，築采石、宣化渡二城。癸未，以翰林學士陳與義參知政事，資政殿學士沈與求同知樞密院事。詔廣西帥臣訓練土丁、保丁。乙酉，復置樞密使、副，知院以下仍舊，張浚改兼樞密使。丙戌，禁諸軍互納亡卒。西蕃三十八族首領趙繼忠等來歸。丁亥，以秦檜爲樞密使。何蘚、范寧之至自金國，始聞上皇及寧德皇后崩。己丑，帝成服，下詔降徒囚，釋杖以下。辛卯夜，東北有赤氣如火。

二月癸巳朔，日有食之。百官七上表請遵以日易月之制。徽猷閣待制、知嚴州胡寅請服喪三年，衣墨臨戎，以化天下。帝欲遂終服，而張浚連疏論喪服不可即戎，遂詔外朝勉從所請，宮中仍行三年之喪。丙申，太平州火。丁酉，鎭江府火。庚子，遣王倫等使金國迎奉梓宮。岳飛入見。辛丑，以日食求直言，以久旱命諸州慮囚。乙巳，詔：凡辟舉官犯贓罪，罪及所舉官。丙午，吳玠置銀會子于河池。丁未，詔席益募陝西、河東、河北兵二千，部送行在充扈衞。癸丑，雨雹。丙辰，始御便殿。果州守臣宇文彬等進禾登九穗圖，俱奪一官，罷之。丁巳，以岳飛爲太尉、湖北京西宣撫使。己未，帝發平江。

三月癸亥朔，次丹陽，韓世忠入見，命世忠扈從，岳飛次之。甲子，次鎭江，楊沂中入見，命沂中總領彈壓巡幸事務。乙丑，蠲駐蹕及經從州縣積年逋賦。丁卯，以吏部侍郎呂祉爲兵部尙書、都督府參謀軍事。辛未，帝至建康。壬申，詔尙書省常程事從參知政事分治。癸酉，減建康流罪以下囚，蠲建康府、太平宣州逋賦及下戶今年身丁錢。岳飛乞併統淮西兵以復京畿、陝右，許之，命飛盡護王德等諸將軍。既而秦檜等以合兵爲疑，事遂寢。戊寅，手詔撫勞將士。進沈與求知樞密院事。己卯，尊宣和皇后爲皇太后。庚辰，以王彥兵隸侍衞馬軍司。呂頤浩爲少保兼行宮留守。孟庾罷。甲申，以劉光世爲少師、萬壽觀使，以其兵隸都督府，張浚〔一〇〕因分爲六軍，命呂祉節制。乙酉，賜光世第于建康府。丁亥，命虔、吉、南安軍諸縣各募土兵百人，責知縣訓練，防禦盜賊。是春，廣西大饑，李實變爲桃。

夏四月癸巳，築太廟于建康，以臨安府太廟爲聖祖殿。戊戌，修濬建康城池。丁未，岳飛乞解官持餘服，遂棄軍去，詔不許。戊申，日中有黑子。庚戌，以張浚累陳岳飛積慮專在併兵，奏牘求去，意在要君，遂命兵部侍郎兼都督府參議軍事張宗元權湖北、京西宣撫判官，實監其軍。壬子，張浚如太平州、淮西視師。庚申，以信陽軍隸京西路。罷淮南提點司，東西兩路各置轉運兼提點刑獄、提舉茶鹽常平事。

五月丁卯，詔李綱趣捕虔、吉諸盜。壬申，命禮官舉文宣王、武成王、熒惑、壽星、嶽、鎭、海、瀆、農、蠶、風、雷、雨師之祀。甲戌，以胡安國提舉萬壽觀兼侍讀，趣赴行在，未至而罷。癸未，以酈瓊爲行營左護軍副都統制。甲申，初試樞密院都督府效士。乙酉，命侍從官通舉材堪知縣者二十人。丙戌，僞齊陷隨州。己丑，禁四川增印錢引。

六月辛卯朔，改上惠恭皇后謚曰顯恭皇后。岳飛入見。壬辰，命歲辰戌月祀大火，配以閼伯。乙未，罷江、淮營田司，令諸路安撫、轉運司兼領其事。丙申，以重修神宗實錄去取未當，命史館復加考訂。丁酉，岳飛引過自劾，詔放罪，慰諭之。戊戌，命劉錡兼都督府咨議軍事，率兵戍廬州。乙巳，沈與求薨。召王德以所部兵赴行在。遣呂祉如淮西撫諭諸軍。丙辰，詔吳玠、李迨共議四川經費，贍軍恤民。岳飛復職。

秋七月戊辰，詔侍從各舉可任監司、郡守者一二人。癸酉，以旱禱於天地、宗廟、社稷。甲戌，嗣濮王仲湜薨。癸未，以久旱命中外臣庶實封言事。甲申，蠲諸路民積年逋租。以建康疫盛，遣醫行視，貧民給錢，葬其死者。命疎決滯獄。乙酉，詔即建康權正社稷之位。戊子，詔戶部長貳迭出巡按諸路，考究財賦利病，違者劾之。己丑，詔諸路歸業民墾田，及八年始輸全稅。

八月乙未，以張俊爲淮西宣撫使，駐盱眙；楊沂中爲淮西制置使，主管侍衞馬軍司劉錡副之，並駐廬州。命酈瓊率兵赴行在。戊戌，瓊叛，殺中軍統制張景等，執呂祉及趙康直、趙不羣，以兵四萬人奔劉豫。辛丑，手詔赦廬州屯駐行營左護軍。壬寅，酈瓊引兵至淮，殺祉及康直，釋不羣使還。劉錡、吳錫至廬州，以兵追之不及，命張宗元往招之。張浚乞去位。甲辰，以趙鼎爲萬壽觀使兼侍讀。甲寅，詔：命官犯贓，刑部不得擅黥配，聽朝廷裁斷。乙卯，賜岳飛軍錢十萬緡。招歸正復業人耕湖北、京西閒田。

九月甲子，上太上皇帝謚曰聖文仁德顯孝皇帝，廟號徽宗，皇后曰顯肅皇后。丁卯，韓世忠、張俊入見，乃命俊自盱眙移屯廬州。壬申，張浚罷。癸酉，命參知政事輪日當筆，權三省事，更不分治常程。罷都督府。甲戌，以臺諫累疏，落張浚觀文殿大學士，仍領宮祠。丙子，復以趙鼎爲尚書左僕射、同中書門下平章事兼樞密使。戊寅，以廬州、壽春府民遭酈瓊虜掠，蠲租稅一年。己卯，朝獻聖祖于常朝殿。庚辰，朝饗太廟。辛巳，合祭天地于明堂，大赦。召劉光世赴行在。戊子，禁諸路進羨餘。以劉錡知廬州兼淮西制置副使。

冬十月庚寅朔，詔仍舊開經筵。辛卯，命後省官看詳上書有可采者，條上行之。丁酉夜，敕張浚安置嶺表。戊戌，趙鼎累請浚母老，改永州居住。僞齊犯泗州，守臣劉綱擊走之。丙午，命戶部郎官薛弼、霍蠡同總領江西、湖、廣五路財賦。壬子，統制呼延通、王權等襲擊金人于淮陽軍，敗之。丁巳，詔：六參日輪行在百官一員轉對。

閏月癸亥，贈趙康直徽猷閣待制。乙丑，蠲江東路月樁錢萬緡。發米二萬石振京西、湖北饑民。丙寅，尹焞入見，命爲祕書郎兼崇政殿說書。甲戌，始作徽宗皇帝、顯肅皇后神主。庚辰，韓世忠引兵渡淮，逆擊金人于劉冷莊，敗之。辛巳，李綱罷。癸未，復漢陽軍。是月，張俊棄盱眙，引兵還建康。

十一月丙申，賜吳玠犒軍錢百五十萬緡。丁酉，以知温州李光爲江西安撫制置大使。丁未，金帥撻懶、兀朮入汴京執僞齊劉豫，廢爲蜀王。癸丑，詔來春復幸浙西。是月，僞齊知臨汝軍崔虎詣岳飛降。

十二月庚辰，復置都大提舉四川茶馬監牧官。丁卯，祔徽宗皇帝、顯肅皇后神主于太廟。庚午，以解潛權主管馬步軍司，命韓世忠留屯楚州，屏蔽江、淮。己卯，詔內外大將及侍從官，舉武臣智略器局堪帥守謀議官者。癸未，王倫等使還，入見，言金國許還梓宮及皇太后，又許還河南諸州。甲申，城泗州。丁亥，復遣王倫等奉迎梓宮。是冬，吳玠遣裨將馬希仲攻熙州，鄭宗、李進攻鞏州，不克，宗死于城下，希仲遁還，玠斬以徇。

校勘記

〔一〕張俊　原作「張浚」，據北盟會編卷一六五、中興小紀卷一八改。

〔二〕馬秦　原作「馬泰」，據本書卷二九高宗紀紹興十年閏月丙戌條、繫年要錄卷八四改。

〔三〕何蘚　原作「何鮮」，據本書卷三五七何灌傳、繫年要錄卷八九改。下文七年正月丁亥條「何蘚」同。

〔四〕統領華旺　「統領」，當爲「統制」之誤。中興聖政卷一八、宋史全文卷一九都作「淮西宣撫司統制官」。

〔五〕李綱爲江西制置大使　「江西」，原作「浙西」，據繫年要錄卷九四、劉時舉續宋編年資治通鑑卷

四、宋史全文卷一九改。

〔六〕雷德進　繫年要錄卷九八、中興聖政卷一九、宋史全文卷一九都作「雷進」。下文六年二月乙卯條「雷德進」同。

〔七〕名金均房州民兵曰保勝　「金」字原脫，據本書卷一九二兵志、繫年要錄卷九九補。

〔八〕戊辰朔　「辰」，原作「戌」。查本年四月是戊戌朔，則五月不當又爲戊戌朔；繫年要錄卷一〇一作「五月戊辰朔」，據改。

〔九〕六月乙巳夜　「乙巳」下原衍「朔」字，據中興聖政卷一九，是年六月是丁酉朔；本書卷六七五行志說：「六年六月乙巳夜，地震。」「乙巳」下沒有「朔」字，是，據刪。

〔一〇〕張浚　原作「張俊」，據繫年要錄卷一〇九、北盟會編卷一七七改。

宋史卷二十九

本紀第二十九

高宗六

八年春正月戊子朔，帝在建康。丙申，減臨安府夏稅折輸錢。戊戌，張守罷。辛丑，僞齊知壽州宋超率兵民來歸。蔡州提轄白安時殺金將兀魯，執其守劉永壽來降。詔以方議和好，禁沿海州郡遣人過淮招納。丁未，大閱張俊軍。戊申，以兵部侍郎胡世將爲四川安撫制置使。

二月戊午，劉錡入見。減建康府夏稅折輸錢，蠲民戶逋租、和市、科調。庚申，日中有黑子。以呂頤浩爲江東安撫制置大使兼行宮留守。壬戌，岳飛乞增兵，不許。癸亥，帝發建康。丙寅，以胡安國春秋傳成書，進寶文閣直學士。戊寅，帝至臨安。己卯，以戶部尙書章誼爲江東安撫制置大使兼行宮留守，呂頤浩爲醴泉觀使。甲申，減紹興府和市絹萬匹。

三月己丑，以知南外宗正事仲偘嗣濮王。庚寅，以禮部尚書劉大中參知政事，兵部尚書王庶爲樞密副使。壬辰，復以秦檜爲尚書右僕射、同中書門下平章事兼樞密使。甲午，陳與義罷。戊戌，增夔州路路分都監一員，修治關隘，練義兵。己亥，蠲農器及牛稅。以李天祚爲靜海軍節度使、交趾郡王。壬寅，定以故相韓忠彥配享徽宗廟廷。丁未，蠲所過州縣民積欠稅賦。戊申，蠲江西、湖南諸州月樁錢各萬緡。己酉，命考覈川、陝宣撫司便宜所授官，冒濫尤甚者悉與裁減。

夏四月庚申，初置戶部和糴場于臨安。壬戌，遣王庶巡視江、淮邊防。丁丑，復置六路發運司。癸未，詔三衙管軍輪宿禁中。

五月庚戌，詔鎮江府募橫江軍千人。竄內侍羅亶于海島。庚子，禁貧民不舉子，其不能育者給錢養之。壬寅，貶劉子羽爲單州團練副使，漳州安置。丁未，金國使烏陵思謀、石慶充與王倫等偕來。戊申，以資政殿學士葉夢得爲江東安撫制置大使。己酉，王庶至淮南，檄張宗顏將兵七千屯廬州，巨師古三千屯太平州，分韓世忠軍屯泗州及天長縣。

六月壬戌，賜衍聖公孔玠衢州田五頃，奉先聖祠事。癸亥，趙鼎上重修哲宗實錄。壬申，賜禮部進士黃公度以下三百九十五人及第、出身。王庶自淮南還入見。乙亥，以中護軍統制張宗顏知廬州，命劉錡率兵移屯鎮江府。丁丑，烏陵思謀、石慶充入見。

秋七月乙酉朔，復命王倫及藍公佐奉迎梓宮。錄司馬光曾孫伋補承務郎。辛亥，彗出東方。

八月戊午，詔：「日者遣使報聘鄰國，期還梓宮。尙慮邊臣未諭，遂弛戎備，以疑衆心。其各嚴飭屬城，明告部曲，臨事必戒，無忘扞禦。」甲子，蠲江東路月樁錢萬三千緡有奇。丁丑，彗滅。遣監察御史李宋宣諭江西，措置盜賊。

冬十月丁巳，劉大中罷。甲戌，趙鼎罷。乙亥，日中有黑子。丁丑，金國使張通古、蕭哲與王倫偕來。韓世忠乞奏事行在，不許。戊寅，樞密副使王庶乞免簽書和議文字，累疏求去，不許。

十一月甲申，以翰林學士承旨孫近參知政事。丙戌，遣大理寺丞薛倞、朱斐詣廣南路決滯獄。戊戌，王倫入見。己亥，復以倫爲國信計議使，中書舍人蘇符副之，符辭以疾。庚子，以孫近兼權同知樞密院事。辛丑，詔：「金國遣使入境，欲朕屈己就和，命侍從、臺諫詳思條奏。」從官張燾、晏敦復、魏矼、曾開、李彌遜、尹焞、梁汝嘉、樓炤、蘇符、薛徽言、御史方廷實皆言不可。甲辰，王庶罷。辛亥，以樞密院編修官胡銓上書直諫，斥和議，除名，昭州編管；壬子，改差監廣州都鹽倉。

十二月甲寅，以趙鼎爲醴泉觀使。乙卯，以宗正少卿馮檝爲國信計議副使。己未，以吏部尙書李光參知政事。戊辰，王倫言金使稱「詔諭江南」，其名不正。秦檜以未見國書，疑爲封册。帝曰：「朕嗣守祖宗基業，豈受金人封册。」癸酉，館職胡珵、朱松、張擴、凌景夏、常明、范如圭上書，極論不可和。甲戌，以端明殿學士韓肖胄簽書樞密院事。乙亥，命肖胄等爲金國奉表報謝使。丙子，張通古、蕭哲至行在，言先歸河南地，徐議餘事。以監察御史施廷臣爲侍御史，權吏部尙書張燾、侍郎晏敦復以廷臣主和議而升用，執奏不行。御史中丞勾龍如淵、右諫議大夫李誼、殿中侍御史鄭剛中凡再至都堂，及宰執議取國書。丁丑，詔：「金國使來，盡割河南、陝西故地，通好于我，許還梓宮及母兄親族，餘無需索。令尙書省榜諭。」庚辰，帝不御殿。以方居諒陰，難行吉禮，命秦檜攝冢宰，受書以進。是月，虛恨蠻犯嘉州忠鎭砦。

是歲，始定都于杭。

九年春正月壬午朔，帝在臨安。丙戌，以金國通和，大赦。河南新復州軍官吏並不易置，蠲其民租稅三年，徭役五年。以王倫同簽書樞密院事，充奉護梓宮、迎請皇太后、交割地界使。戊子，遣判大宗正事士㒟、兵部侍郎張燾詣河南修奉陵寢。庚寅，賜劉光世號和衆輔國功臣，張俊加少傅、安民靖難功臣，韓世忠爲少師，張浚復左宣奉大夫。辛卯，以尹焞爲徽猷閣待制，提舉萬壽觀兼侍讀，焞力辭不拜。壬辰，加岳飛、吳玠並開府儀同三司，楊沂中太尉。癸巳，建皇太后宮。甲午，金宿州守臣趙榮來歸。丙申，金主詔諭河南諸州以割地歸我之意。改發運經制司爲經制司，命戶部長貳一人領使，仍置副或判官。戊戌，以王倫爲東京留守，郭仲荀爲副，戶部侍郎梁汝嘉兼江、淮、荆、浙、閩、廣路經制使，司農卿霍蠡爲判官。己亥，以吳玠爲四川宣撫使。

二月癸丑，以徽猷閣待制周聿爲陝西宣諭使，監察御史方廷實宣諭三京、淮北。丁巳，以郭仲荀爲太尉、東京同留守。慕洧寇環州。戊午，以知金州郭浩爲陝西宣撫判官。壬戌，以李綱爲湖南路安撫大使，張浚知福州，尋復資政殿大學士，爲福建路安撫大使。命周聿、方廷實蒐訪隱士。甲子，均定諸州縣月樁錢。己巳，以郭浩爲陝西宣諭使。壬申，命修徽宗實錄。癸酉，詔：盜賊已經招安而復嘯聚者，發兵加誅，毋赦。是月，日中有黑子，月餘乃沒。江西統制官李貴以其軍歸楊沂中。

三月丁亥，以和州防禦使璩爲保大軍節度使，封崇國公。丙申，王倫受地于金，得東西南三京、壽春、宿亳曹單州及陝西、京西之地。兀朮還祁州。己亥，分河南爲三路，廢拱州。辛丑，以翰林學士樓炤簽書樞密院事。甲辰，僞齊知開封府鄭億年上表待罪，召赴行在。丁未，正僞齊所改州縣名。

是春，夏人陷府州。

夏四月庚戌朔，呂頤浩薨。辛亥，命樓炤宣諭陝西諸路。壬午，金鄜延路經略使關師古上表待罪，命知延安府。癸丑，落趙鼎奉國軍節度使爲特進，仍知泉州。金陝西諸路節制使張中孚上表待罪，命爲檢校少保、寧國軍節度使、知永興軍，節制陝西諸路軍馬。甲子，以觀文殿學士孟庾爲西京留守，資政殿學士路允迪南京留守。丙寅，金秦鳳經略使張中彥上表待罪，命知渭州。以孫近兼權同知樞密院事〔一〕。壬申，移壽春府治淮北舊城。癸酉，詔新復諸路監司、帥臣按劾官吏之殘民者。韓世忠、張俊入見。

五月庚寅，奉迎東京欽先、孝思殿累朝御容赴臨安。辛卯，復命江、淮守臣二年爲任。乙未，復置淮東提舉茶鹽司。癸卯，復召募耆長法。丙午，鄜延副將李世輔部兵三千自鳳翔來歸，賜名顯忠。

六月庚戌，皇后邢氏崩于五國城。辛亥，夏國主乾順卒。壬子，樓炤以東京見卒四千四百人爲忠銳三將。庚申，盜入邵武軍。壬戌，以新復州縣官吏懷不自安，降詔開諭。己巳，吳玠薨。壬申，樓炤承制以李顯忠爲護國軍承宣使、樞密行府前軍都統制，率部兵及夏國招撫使王樞赴行在。癸酉，澧州軍事推官韓紃坐上書論講和非計，送循州編管。乙亥，以孟庾兼東京留守。王倫自東京赴金國議事。樓炤承制以楊政爲熙河經略使，吳璘爲秦鳳經略使，仍並聽四川宣撫司節制；郭浩爲鄜延經略使、同節制陝西軍馬。丙子，分宣撫司兵四萬人出屯熙、秦，六千人隸郭浩，留吳玠精兵二萬人屯興元府、興洋二州。戊寅，置錢引務于永興軍。

秋七月甲申，以文臣爲新復諸縣令。是月，撫州鈐轄伍俊謀據桃源復叛，湖北安撫薛弼召誅之。丙戌，東京耆老李茂松、寇璋等二百人奉表稱賀，皆引見補官遣還。復置都水南北丞各一員。丁亥，金人拘王倫于中山。丙申，命詳驗劉豫僞官，換給告身。乙巳，給還僞齊所沒民間資產。以胡世將兼權主管四川宣撫司。

八月己酉，復淮南諸州學官。庚戌，賜陝西諸軍冬衣，絹十五萬匹。命前川、陝宣撫司便宜所補官，限一年自陳，換給告身。丙辰，金國以撻懶主和割地，疑其二心，殺之。壬戌，蠲成都、潼川路歲輸對糴等米五十四萬石、水運錢七十九萬緡。乙丑，給新法度牒、紫衣師號錢二百萬緡付陝西市軍儲。己巳，命陝西復行鐵錢。庚午，遣蘇符等使金賀正旦。乙亥，遣前知宿州趙榮、知壽州王威俱還金國。以關師古爲行營中護軍前軍統制。

九月己卯，命鄜延、秦鳳、熙河路招納蕃部熟戶及陷沒夏國軍民。丙戌，封叔士㒟爲齊安郡王。庚寅，罷經制司，令提刑兼領常平事。甲午，名皇太后殿曰慈寧。丙申，以威州防禦使温濟告韓世忠陰事勒停，南劍州編管〔三〕。世忠又奏欲殺之，詔移萬安軍。己亥，郭仲荀率東京兵五千至鎭江。

冬十月辛亥，詔侍從官各舉所知二人。王倫見金主于御林子，被拘于河間，遣其副藍公佐先歸。甲寅，王樞入見，併其俘百九十人皆縱遣還夏國。己未，蠲階、成、岷、鳳四州民稅之半。戊辰，慈寧宮成。甲戌，日中有黑子。丙子，賜李顯忠軍錢十萬緡。是月，岳飛入見。

十一月戊寅朔，賜吳玠家錢三萬緡，以其弟璘爲龍、神衞四廂都指揮使。申命刑部大理官編次刑名斷例。癸未，嗣濮王仲僴薨。己丑，詔三省官屬詳覆在京通用令。追復張所爲直龍圖閣。

十二月甲寅，命續編紹興因革禮。甲子，李光罷。戊辰，命續修元豐會要。兀朮留蘇符等于東京，謀復取河南。

十年春正月丙戌，遣莫將等充迎護梓宮、奉迎兩宮使。辛卯，李綱薨。甲辰，以顯謨閣直學士、提舉醴泉觀鄭億年復資政殿學士，奉朝請。

二月戊申，命陝西復募蕃漢弓箭手。詔：贓吏罪抵死，情犯甚者，奏取旨。辛亥，雨雹。以劉錡爲東京副留守，李顯忠南京副留守。壬子，命兩宗正官各舉所知宗室二人。癸丑，展省試期一年。壬戌，詔新復州軍蒐舉隱逸，諸路經理屯田。丁卯，罷史館，以日曆歸秘書省，置監修國史官。以孟庾知開封府，爲東京留守；仇悆知河南府、西京留守。癸酉，罷吏部審量宣和濫賞。

三月甲申，封閎伯爲商丘宣明王。戊子，增印錢引五百萬緡，付宣撫司市軍儲。川、陝宣撫副使胡世將屢言金人必渝盟，宜爲備。己丑，罷諸路增置稅場。韓世忠、張俊入見。始罷內教。復營建康行宮。丙申，蘇符自東京還。丁酉，命川、陝宣撫司軍事不及待報者，聽隨宜措置。己亥，以郭浩知永興軍兼節制陝西諸路軍馬，楊政徙知興元府。是月，命胡世將與夏人議入貢，夏人不報。

夏四月丙午，訪求亡逸曆書及精於星曆者。辛酉，以張中孚爲醴泉觀使，中彥提舉祐聖觀〔三〕，趙彬爲兵部侍郎。癸亥，命部使者歲舉廉吏一人。庚午，復四川諸州學官。壬申，韓肖胄罷。

五月己卯，金人叛盟，兀朮等分四道來攻。甲申，名徽宗御制閣曰敷文。乙酉，兀朮入東京，留守孟庾以城降，知興仁府李師雄、知淮寧府李正民及河南諸州繼降。丙戌，金人陷拱州，守臣王慥死之。撒离曷自河中趨永興軍，陝西州縣官皆降。丁亥，金人陷南京，留守路允迪降。劉錡引兵至順昌府。己丑，金人陷西京，留守李利用、副總管孫暉皆棄城走，鈐轄李興率兵拒戰，不克。辛卯，胡世將自河池遣涇原經略使田晟以兵三千人迎敵金人。京、湖宣撫司忠義統領李寶敗金人于興仁府境上。癸巳，知亳州王彥先叛降于金。金人陷永興軍，趨鳳翔。丁酉，命胡世將移陝西之右護軍還屯蜀口。以福建、廣東盜起，命兩路監司出境共討。己亥，命劉光世爲三京招撫處置使，以援劉錡。庚子，以吳璘同節制陝西諸路軍馬，聽胡世將便宜黜陟、處置軍事。辛丑，金人犯鳳翔府之石壁砦，吳璘遣統制姚仲等拒卻之。金人圍耀州，郭浩遣兵救之，金兵解去。壬寅，金人圍順昌府，三路都統葛王襃以大軍繼至，劉錡力戰，敗之。

六月甲辰朔，以韓世忠太保、張俊少師、岳飛少保並兼河南、北諸路招討使。乙巳，劉錡遣將閻充〔四〕戰敗金人于順昌之李村。丙午，命兩浙、江東、福建諸州團結弓弩手。以仇悆爲沿海制置使。詔：將佐士卒能立奇功者，賞以使相節鉞官告，臨軍給受。丁未，罷建康府行宮營繕。戊申，以劉錡爲沿淮制置使〔五〕。己酉，吳璘遣統制李師顏等戰敗金人于扶風，拔之。壬子，兀朮及宋叛將孔彥舟、酈瓊、趙榮等帥衆十餘萬攻順昌府，劉錡率將士殊死戰，大敗之。初，秦檜奏命錡擇利班師，錡不奉詔，戰益力，遂能以寡勝衆。乙卯，順昌圍解，兀朮還。以知平江府梁汝嘉兼浙西沿海制置使。丙辰，岳飛將牛皋及金人戰于京西，敗之。己未，劉光世進軍和州。郭浩遣統制鄭建充攻破金人于醴州，復其城。壬戌，詔諸司錢物量留經費外，悉發以贍軍。樓炤以父喪去位。甲子，撒离曷攻青谿嶺，鄜延經略使王彥率兵戰敗之，撒离曷還屯鳳翔。命士㒟主奉濮王祠事。張俊遣左護軍都統制王德援劉錡，德暫至順昌，值圍已解，復還廬州。遣司農少卿李若虛詣岳飛軍諭指班師，飛不聽。丙寅，下詔撫諭順昌府官吏兵民。庚午，以劉錡爲武泰軍節度使、侍衞馬軍都虞候。是月，金人圍慶陽府，權守臣宋萬年固守，金人不能下。岳飛領兵援劉錡，與金人戰于蔡州，敗之，復蔡州。韓世忠遣統制王勝、背嵬將成閔率兵至淮陽軍南，與金人遇，擊敗之。

閏月癸酉朔，張俊遣統制宋超敗金人于永城縣朱家村。甲戌，追孟庾、路允迪官，徙家屬遠郡。丙子，詔三衙管軍及觀察使已上，各舉智略勇猛材堪將帥者二人。金人犯涇州，守臣曲汲棄城去，經略使田晟率兵來救，金人敗走。甲申，晟及金人再戰于涇州，敗之，金人引歸鳳翔。乙酉，降陝西雜犯死罪，釋流以下囚。丙戌，以胡世將爲端明殿學士，吳璘爲鎭西節度使，楊政武當節度使，郭浩奉國節度使。王德攻金人于宿州，夜破之，降其守馬秦。丁亥，詔釋順昌府流以下囚，再復租稅二年，守禦官吏進官一等。己丑，永興軍鈐轄傅忠信等與金人戰于華陰縣，敗之。壬辰，岳飛遣統制張憲擊金將韓常于潁昌府，敗之，復潁昌。丙申，張憲復淮寧府。丁酉，趙鼎分司，興化軍居住。岳飛遣統制郝晸等與金人戰于鄭州北，復鄭州。李興復汝州，與金人戰于河清縣，敗之，復伊陽等八縣，李成遁去。韓世忠遣統制王勝、王權攻海州，克之，執其守王山。戊戌，張俊率統制宋超〔六〕等及王德兵會于城父縣，酈瓊及葛王褎遁去，遂復亳州。己亥，金人救海州，王權等逆戰，敗之，復懷仁縣。庚子，張俊棄亳州，引軍還壽春。再貶趙鼎潭州居住，又貶清遠軍節度副使，潮州安置。

秋七月癸卯，岳飛遣將張應、韓清入西京，會李興復永安軍。丙午，以御史中丞王次翁參知政事。己酉，岳飛及兀朮戰于郾城縣，敗之。庚戌，曲赦海州。永興軍統領辛鎮及金人戰于長安城下，敗之。癸丑，以楊沂中爲淮北宣撫副使，劉錡爲判官。甲寅，岳飛遣統制楊再興、王蘭等擊金人于小商橋，皆戰死。乙卯，金人攻潁昌，岳飛遣將王貴、姚政合兵力戰，敗之。壬戌，飛以累奉詔班師，遂自郾城還，軍皆潰，金人追之不及。潁昌、蔡鄭諸州皆復爲金有。甲子，以釋奠文宣王爲大祀。乙丑，增收州縣頭子錢爲激賞費。金人圍淮寧府，趙秉淵棄城南歸。辛未，金人犯盩厔縣，王俊逆戰于東洛谷，卻之。

八月壬申朔，以張九成、喻樗、陳剛中、凌景夏、樊光遠、毛叔度、元盥等七人嘗不主和議，皆降黜之。乙亥，韓世忠圍淮陽軍，不克。庚辰，金人及酈瓊合兵駐于千秋湖陵，韓世忠遣統制劉寶等夜襲破之。壬午，李成犯西京，李興擊卻之。楊沂中軍于宿州。丙戌，以郭浩知夔州。丁亥，楊沂中自宿州夜襲柳子鎮，軍潰，遂自壽春府渡淮歸，金人屠宿州。甲午，川、陝宣撫司統領王喜等遇金人于汧陽縣，敗之。

九月壬寅朔，遣起居舍人李易諭韓世忠罷兵。時秦檜專主和議，諸大帥皆還鎮。丁未，楊政遣統制楊從儀夜襲金人于鳳翔府，敗之。戊申，金人復入西京，李興棄城去。庚戌，合祀天地于明堂，大赦。辛酉，臨安火。戊辰，以郭浩知金州，節制陝西、河東軍馬兼措置河東忠義軍。

是秋，知代州王忠植舉兵復石、代等十一州。

冬十月癸酉，復張浚觀文殿大學士。甲戌，以王忠植爲建寧軍承宣使、河東路經略安撫使。戊寅，秦檜上重修紹興在京通用敕令格式。庚辰，金人犯慶陽府，守臣宋萬年以城降。辛卯，金人犯陝州，吳琦率兵迎擊敗之。庚子，金人襲洮州，攻鐵城堡，統制孔文清、惠逢擊敗之。是月，劉錡入見。胡世將命王忠植救慶陽，叛將趙惟清執之降于金，忠植不屈而死。

十一月丁未，金將合喜復犯陝州，吳琦擊卻之；又犯寶鷄縣，統制楊從儀敗之。壬子，以令廮爲保寧軍節度使。是月，宜章洞民駱科叛，犯桂陽、郴道連賀諸州，命發大兵討之。

十二月壬午，上皇太后册寶于慈寧殿。丁亥，贈王忠植奉國軍節度使，謚義節。辛卯，起諸路耆長役錢隸總制司，專給軍用。是月，楊沂中引兵還行在。

十一年春正月癸卯，鳳翔統制楊從儀敗金人于渭南。庚戌，張俊入見〔七〕。乙卯，金人犯壽春府，守臣孫暉、統制雷仲合兵拒之。丁巳，壽春陷，暉、仲棄城去。己未，劉錡自太平州率兵二萬援淮西。庚申，金人渡淮。辛酉，雨雹。乙丑，劉錡至廬州還。丙寅，兀朮陷廬州。戊辰，金人陷商州，守臣邵隆棄城去。己巳，命楊沂中引兵赴淮西，岳飛進兵江州。

二月癸酉，張俊遣王德渡江，屯和州，金人退屯昭關。邵隆破金人于洪門，復商州〔八〕。乙亥，金人復來爭和州，張俊敗之。命韓世忠以兵援淮西。丙子，趣岳飛會兵蘄、黃。王德等敗金人于含山縣東。己卯，統制關師古、李橫擊敗金人于巢縣，復之。庚辰，岳飛發鄂州。辛巳，知泰州王喚兼通、泰二州制置使。癸未，王德、田師中等擊破金人，復含山縣，奪昭關；劉錡自東關擊敗金人于青谿。甲申，金人復犯昭關，王德等又敗之。李顯忠遣統領崔皋〔九〕擊敗金人于舒城縣。丁亥，楊沂中、劉錡等大敗兀朮軍于柘皋。己丑，兀朮親率兵逆戰于店步，沂中等又敗之，乘勝逐北，遂復廬州。是月，虔、吉州盜賊悉平。

三月庚子朔，張浚〔一〇〕進鬻田及賣度牒錢六十三萬緡助軍用。壬寅，韓世忠引兵趨壽春。癸卯，復張浚特進〔一一〕。金人圍濠州。岳飛發舒州。甲辰，張俊、楊沂中、劉錡議班師。乙巳，沂中、錡先行，俊以輕兵留後。丙午，詔釋淮西雜犯死罪以下囚。丁未，金人陷濠州，執守臣王進，夷其城，鈐轄邵青死之。戊申，張俊遣楊沂中、王德入濠州，遇金伏兵，敗還。己酉，韓世忠至濠州，不利而退。辛亥，岳飛次定遠縣，聞金兵退，還屯舒州。楊沂中歸行在。壬子，金人渡淮北歸。癸丑，張俊歸建康府〔三〕。丁巳，劉錡歸太平州。甲子，行營統制張彥及金人遇于汧陽之劉坊砦，第八將張宏戰沒。

夏四月丙子，復收免行錢。己卯，孫近罷。辛巳，以王次翁兼權同知樞密院事。韓世忠、張俊、岳飛相繼入覲〔三〕。壬辰，以世忠、俊並爲樞密使，飛樞密副使，命三省、樞密院官復分班奏事。乙未，張俊請以所部兵隸御前〔四〕。罷三宣撫司，改統制官爲御前統制官，各屯駐舊所。丙申，以廣西經略使胡舜陟節制廣東、湖南兵，趣討駱科。慕容洧破新泉砦，又攻會州，將官朱勇破之。

五月辛丑，置兩淮、江東西、湖廣京西三道總領軍馬錢糧官，仍掌報發御前軍馬文字。癸卯，賻恤戰沒將士。丁未，遣張俊、岳飛于楚州巡視邊防。召劉光世赴行在。甲寅，命樞密行府置司鎭江，令徧行巡歷措置。庚申，加楊沂中檢校少保、開府儀同三司。

六月乙亥，造尅敵弓。加秦檜特進，進尙書左僕射、同中書門下平章事兼樞密使。癸未，張俊、岳飛至楚州。俊以海州城不可守，毀之，遷其民，統韓世忠軍還鎭江，惟背嵬一軍赴行在。甲申，知河南府李興部兵至鄂州，以興爲左軍統制。乙丑，明州僧王法恩等謀反伏誅。壬辰，劉光世罷爲萬壽觀使。

秋七月戊戌，秦檜上徽宗實錄，進修撰以下各一官。庚子，以翰林學士范同參知政事。

以旱減膳祈禱，遣官決滯獄，出繫囚。丁未，加秦檜少保。甲寅，罷劉錡兵，命知荆南府。乙卯，詔優奬永興、鳳翔、秦隴等州縣官，到任半年減磨勘，任滿遷一官。己未，加張俊太傅。癸亥，大雨。是月，命張俊復如鎭江措置軍務，留岳飛行在。

八月戊辰，立祚德廟于臨安，祀韓厥。甲戌，罷岳飛。乙亥，命諸王後各推年長一人權主祀事。癸巳，胡世將起復。

九月癸卯，命軍器少監鮑琚如鄂州根括宣撫司錢穀。鄂州前軍副統制王俊告副都統制張憲謀據襄陽爲變，張俊收憲屬吏以聞。丁未，坐監司不按贓吏罪。辛亥，吳璘拔秦州，州將武誼降。壬子，璘率姚仲及金人戰于丁劉圈，敗之。楊政克隴州，破岐下諸屯。郭浩復華州，入陝州。甲寅，建康大火。丙申，遣劉光遠等充金國通問使。吳璘及金人戰于剡家灣，大敗之，遂圍臘家城。癸亥，璘自臘家城受詔班師，楊政、郭浩皆引軍還。乙丑，邵隆復虢州，郝晸討禽駱科斬之。

冬十月丙寅朔，金人陷泗州，遂陷楚州。丁卯，命樞密都承旨鄭剛中宣諭川、陜。戊辰，楊政及金人戰于寶鷄縣，敗之，禽通檢孛堇。乙亥，兀朮遣劉光遠等還。戊寅，詔修玉牒。下岳飛、張憲大理獄，命御史中丞何鑄、大理卿周三畏鞫之。壬午，遣魏良臣、王公亮爲金國稟議使。乙酉，盧恨蠻主歷階詣嘉州降。癸巳，韓世忠罷爲醴泉觀使，封福國公。

是月，金人陷濠州，邵隆復陝州。

十一月己亥，范同罷。責降李光爲建寧軍節度副使，藤州安置。辛丑，兀朮遣審議使蕭毅、邢具瞻與魏良臣等偕來。丁未，范同分司，筠州居住。罷判大宗正事士㒟、同知宗正事士𢢼，申嚴戚里宗室謁禁。己酉，雷。壬子，蕭毅等入見，始定議和盟誓。乙卯，以何鑄簽書樞密院事，充金國報謝進誓表使。庚申，命宰執及議誓撰文官告祭天地、宗廟、社稷。辛酉，以張浚爲檢校少傅、崇信軍節度使、萬壽觀使。是月，與金國和議成，立盟書，約以淮水中流畫疆，割唐、鄧二州界之，歲奉銀二十五萬兩、絹二十五萬匹，休兵息民，各守境土。詔川、陝宣撫司毋出兵生事，招納叛亡。駱科餘黨歐幻四等復叛桂陽藍山，犯平陽縣，遣江西兵馬都監程師回討平之。

十二月丁卯，責降徽猷閣待制劉洪道爲濠州團練副使，柳州安置。癸酉，命尙書省置籍勾考諸路滯獄。甲戌，罷川、陝宣撫司便宜行事。乙亥，兀朮遣何鑄等如會寧見金主，且趣割陝西餘地。遂命周聿、莫將、鄭剛中分畫京西唐鄧、陝西地界。壬午，命州縣三歲一置產業簿〔三五〕，籍民貲財田宅以定賦役，禁受賕虧隱舊額。丁亥，立譏察海舶條法。癸巳，賜岳飛死于大理寺，斬其子雲及張憲于市，家屬徙廣南，官屬于鵬等論罪有差。

校勘記

〔一〕以孫近兼權同知樞密院事　按此事已見上文八年十一月庚子，中興聖政卷二四、繫年要錄卷一二三也繫于八年十一月。本句史文重出。

〔二〕南劍州編管　「南劍州」，原作「南建州」。按宋無「南建州」，據繫年要錄卷一三二改。

〔三〕祐聖觀　繫年要錄卷一三五、北盟會編卷二〇〇都作「祐神觀」。按朝野雜記甲集卷二，佑聖觀「淳熙三年建，以奉佑聖眞武靈應眞君。」此處記高宗時事，當以「祐神觀」爲是。

〔四〕閭充　本書卷三六六劉錡傳同。中興戰功錄、中興聖政卷二六、繫年要錄卷一三六都作「閻充」。

〔五〕劉錡爲沿淮制置使　「沿淮」，原作「沿海」，據本書卷三六六本傳、繫年要錄卷一三六改。

〔六〕宋超　原作「宋紹」，據上文閏月癸酉條、繫年要錄卷一三六改。

〔七〕張俊入見　「張俊」，原作「張浚」，據繫年要錄卷一三九、北盟會編卷二〇五改。

〔八〕商州　原作「南商」，據繫年要錄卷一三九、北盟會編卷二〇五改。

〔九〕統領崔臯　「統領」，當爲「統制」之誤。繫年要錄卷一三九、中興聖政卷二七、十朝綱要卷二三都作「統制」。

〔一〇〕張浚　「張浚」，原作「張俊」，據繫年要錄卷一三九、中興聖政卷二七改。

〔一一〕復張浚特進　「張浚」，原作「張俊」，據中興聖政卷二七、宋史全文卷二一改。

〔二〕張俊歸建康府　「張俊」，原作「張浚」，據繫年要錄卷一三九、中興聖政卷二七改。

〔三〕韓世忠張俊岳飛相繼入覲　「張俊」，原作「張浚」，據繫年要錄卷一四〇、北盟會編卷二〇六改。

〔四〕張俊請以所部兵隸御前　「張俊」，原作「張浚」，據繫年要錄卷一四〇、中興聖政卷二七改。

〔五〕命州縣三歲一置產業簿　「簿」，原作「部」，據宋會要食貨一一之一七改。

宋史卷三十

本紀第三十

高宗七

十二年春正月癸卯，罷樞密行府。庚申，孫近分司，漳州居住。

二月丁丑，加建國公瑗爲檢校少保，進封普安郡王。己卯，賜楊沂中名存中。丙戌，詔諸州修學宮。辛卯，蠲廣南東、西路駱科殘擾州縣今年租。鎭江、太平池州、蕪湖大火。癸巳，金主許歸梓宮及皇太后，遣何鑄等還。

三月丙申，臨安府火。壬寅，命普安郡王出就第，朝朔望。辛亥，以士㒟嘗營護岳飛爲朋比，責建州居住。丙辰，胡世將卒。

夏四月甲子朔，遣孟忠厚爲迎護梓宮禮儀使，王次翁爲奉迎兩宮禮儀使。丁卯，皇太后偕梓宮發五國城，金遣完顏宗賢、劉祹護送梓宮，高居安護送皇太后。庚午，賜禮部進士陳誠之以下二百五十四人及第、出身。戊寅，封韋淵平樂郡王。辛巳，皇后邢氏崩訃初至。甲申，增修臨安府學爲太學。

五月甲午，以鄭剛中爲川、陝宣撫副使。乙未，遣沈昭遠〔一〕等賀金主生辰。置淮西、京西、陝西諸路榷場。丙午，增築慈寧殿。停給度僧牒。乙卯，復試教官法。

六月甲子，命侍從、臺諫、禮官雜議權攢宮。戊辰，以万俟卨爲攢宮按行使。辛未，責降王庶爲嚮德軍節度副使，道州安置。壬午，金國歸孟庾、李正民。甲申，以吳璘爲檢校少師、階成岷鳳四州經略使。

秋七月壬辰朔，福州簽判胡銓除名，新州編管。丁酉，上皇后謚曰懿節，祔神主于別廟。己亥，以何鑄權參知政事。己酉，始製常行儀仗及造玉輅。乙卯，蠲廣南、湖北沿邊州軍免行錢。

八月辛酉朔，兀朮使來求商州及和尚、方山二原。丙寅，何鑄罷。甲戌，以万俟卨參知政事，充金國報謝使。壬午，皇太后至，入居慈寧宮。己丑，帝易緦服，奉迎徽宗及顯肅、懿節二后梓宮至，奉安于龍德別宮。是月，鄭剛中分畫陝西地界，割商、秦之半畀金國，存上津、豐陽、天水三縣及隴西成紀餘地，棄和尚、方山二原，以大散關爲界。

九月乙未，以孟忠厚爲樞密使，充攢宮總護使。壬寅，大赦。乙巳，加秦檜太師，封魏國公。丙午，金使劉筈、完顏宗表等九人入見。戊申，以王次翁等充金國報謝使。藏金國誓書于內侍省。辛亥，加張中孚開府儀同三司，中彥靖海軍節度使。甲寅，杖殺僞福國長公主李善靜。以知金州郭浩〔二〕爲金、房、開、達四州經略安撫使。始遣楊愿使金賀正旦。

冬十月乙丑，始聽中外用樂。丙寅，權攢徽宗皇帝及顯肅皇后于會稽永固陵，懿節皇后祔。乙亥，以翰林學士程克俊〔三〕簽書樞密院事、權參知政事。丁丑，以皇太后回鑾，推恩進封秦檜爲秦、魏兩國公，辭不拜。庚辰，以何鑄黨援岳飛，不主和議，責授祕書少監，徽州居住。甲申，皇太后生辰，上壽于慈寧宮。丁亥，置福建路提舉茶事司〔四〕。

十一月癸巳，樞密使張俊〔五〕罷，進封清河郡王。以左司郎中李椿年爲兩浙轉運副使〔六〕，專治經界。乙未，加楊存中少保。己亥，禁貶謫人私至行在。庚子，作崇政、垂拱二殿。辛丑，劉光世薨。壬寅，曾祖姑秦、魯國大長公主薨。丙午，尹焞卒。庚戌，孟忠厚罷。左承事郎張戒坐黨趙鼎、岳飛停官。辛亥，遣張中孚、中彥還金國。

十二月甲子，詔侍從、監察御史已上、監司、郡守各舉所知宗室。丙寅，幸秦、魯國大長公主第臨奠，又幸劉光世第臨奠。庚午，命太學弟子員以三百人爲額。壬申，秦檜上六曹寺監通用敕令格式。癸酉，以李顯忠爲保信軍節度使、御前選鋒軍統制，王進爲御前諸軍都統制。

是歲，斷大辟二十四人。

十三年春正月戊戌，加上徽宗謚曰體神合道駿烈遜功聖文仁德憲慈顯孝皇帝。己亥，親饗太廟，奉上册寶。癸卯，增建國子監太學。乙巳，復兼試進士經義、詩賦。

二月壬戌，初御前殿，特引四參官起居。甲子，製郊廟社稷祭器。乙丑，更永固陵曰永祐。丙寅，封韓世忠咸安郡王。乙亥，蠲雷、化等十州免行錢。丙子，造金、象、革、木四輅。庚辰，立太學及科舉試法。辛巳，祕書少監秦熺修建炎以來日曆成。乙酉，建景靈宮，奉安累朝神御。

三月己亥，造鹵簿儀仗。乙巳，建社稷壇。丙午，築圜丘。振淮南饑民。仍禁遏糴。

夏四月癸亥，頒鄉飲酒儀于郡國。甲戌，毁獄吏訊囚非法之具。

閏月己丑，立貴妃吳氏爲皇后。戊申，命史館編靖康建炎忠義錄。庚戌，楊政入見，加檢校少保，賜田五十頃。壬子，蠲諸路無名月樁錢。乙卯，王次翁罷。

五月甲子，張九成坐黨趙鼎，南安軍居住。壬申，置國子博士、正、錄。乙亥，命諸路置放生池。丁丑，天申節，始上壽錫宴如故事。

六月壬戌，禁三衙及諸軍市易，月增將官供給錢有差。壬寅，程克俊罷，以万俟卨兼權簽書樞密院事。戊申，詔諸路提刑歲舉部內廉明平恕獄官。庚戌，金遣洪皓、張邵、朱弁來歸。

秋七月甲子，詔求遺書。罷捕賊補官格。丙寅，處州兵士楊興等謀作亂，事覺伏誅。戊辰，置諸州銅作務。壬申，雨雹。蠲浙西貧民逋負丁鹽錢。

八月丙戌，遣吏部侍郎江邈奉迎累朝神御于温州。丁亥，命諸路有出身監司一員提舉學事。戊戌，洪皓至自金國，入見。己亥，遣鄭朴等使金賀正旦，王師心等賀金主生辰。鄭剛中獻黃金萬兩。辛丑，復昌化、萬安、吉陽軍〔七〕。知階州田晟將所部三千人赴行在。丁未，以晟主管侍衞馬軍司公事，其衆隸焉。己酉，加錢愐太尉。庚戌，詔監司、守臣講求恤民事宜。

九月丁巳，宗室子偁卒于秀州〔八〕。甲子，洪皓出知饒州。戊辰，命諸路置敦宗院。己巳，詔淮東、京西監司歲終上州縣所增戶口，爲守令殿最。庚午，以兵部侍郎司馬朴死節，贈兵部尙書，賜其家銀絹。癸酉，詔諸州守、貳提舉學事，縣令、佐主管學事。戊寅，蠲淮南逋欠坊場錢及上供帛。

冬十月己丑，秦檜上監學敕令格式。庚寅，製渾天儀。乙未，奉安累朝帝后神御于景靈宮。

十一月庚申，日南至，合祀天地于圜丘，太祖、太宗並配，大赦。

十二月癸未朔，日食，雲陰不見。辛卯，毀私鑄毛錢。癸巳，建祕書省。丁酉，增太學弟子員二百。己亥，郭浩入見。丁未，命行在宗子入宮學。己酉，金遣完顏曄等來賀明年正旦。是月，始頒來歲曆于諸路監司、守臣。

是歲，關外初行營田。

十四年春正月丁巳，遣羅汝楫等報謝金國。甲子，臨安府火。戊寅，命普安郡王爲子偁解官持服。

二月丁亥，復置靖州新民學。癸巳，蠲江、浙諸路逋欠錢帛。戊戌，初命四川都轉運司歲撥總制司錢百七十三萬緡，市紬絹綿輸于鄂州總領所。丙午，罷万俟卨。定宗學生額爲百員。己酉，以資政殿學士樓炤簽書樞密院事兼權參知政事。加郭浩檢校少保。

三月乙卯，蠲江、浙、京、湖積欠上供錢米。丁卯，避金太祖嫌名，改岷州爲西和州，川陝宣撫司爲四川宣撫司。己巳，幸太學。蠲汀、漳、泉、建四州經賊殘蹂民戶賦役一年。壬申，解潛坐黨趙鼎，責授濠州團練副使，南安軍安置。己卯，詔舉賢良。

夏四月甲申，詔刑部及監司決絕滯訟。丁亥，初禁野史。虔州民析其屋，朽柱中有文曰「天下太平年」。甲午，金人來求淮北人之在南者，詔願者聽還。遣馬軍司統領張守忠討海賊朱明。

五月丙辰，詔階、成、西和、鳳四州募兵赴行在。甲子，樓炤罷。乙丑，以御史中丞李文會簽書樞密院事兼權參知政事。丙寅，婺州大水。己巳，金始遣烏延和等來賀天申節。辛未，楚州鹽城縣海水清。是月，嚴、信、衢、建四州水。

六月甲申，蠲江、浙州縣酒稅、坊場、綱運、倉庫積年逋負。孫近再奪三官，移南安軍居住。丁亥，加高世則少保。戊子，安南國入貢。癸巳，宣州涇縣妖賊俞一作亂，守臣捕滅之。乙未，振江、浙、福建被水之民。丙申，內侍白鄂坐誹謗，及其客張伯麟俱黥配吉陽軍〔九〕。特贈子偁太子少師，官給葬事。庚子，奪万俟禼三官，歸州居住。乙巳，置國子監小學。

秋七月戊午，金人殺王倫于河間府。丙寅，立明法科兼經法。丙子，幸祕書省。

八月癸未，撫州獻瑞禾。庚寅，以李椿年權戶部侍郎，仍治經界。乙未，遣林保使金賀正旦，宋之才賀金主生辰。

九月辛酉，分利州爲東、西路，以吳璘爲利州西路安撫使，楊政利州東路安撫使。甲子，命郡守終更入見，各舉所部縣令一人。壬申，趙鼎移吉陽軍安置。癸酉，命臨安府索蔡京子孫逮赴貶所，遇赦永不量移。

冬十月甲午，從右正言何若言，請戒內外師儒之官，黜伊川程氏之學。乙未，加韋淵少師。己亥，以永道郴三州、桂陽監及茶陵縣民多不舉子，永蠲其身丁錢絹米麥。

十一月甲子，復內教，即禁中閱試三衙將士。癸酉，李光移瓊州安置。乙亥，朱勝非薨。

十二月丁丑朔，潼川府路轉運判官宋蒼舒獻嘉禾一莖九穗。己卯，命諸郡收養老疾貧乏之民，復置漏澤園，葬死而無歸者。丁酉，李文會罷，尋責筠州居住。庚子，以御史中丞楊愿簽書樞密院事兼權參知政事。癸卯，金遣孛散温等來賀明年正旦。是月，汀賊華齊寇漳州長泰縣，安撫司遣兵捕之，爲所敗，將佐趙成等死之。

是歲，四川宣撫司始取民戶稱提錢歲四十萬緡，以備軍費。

十五年春正月丁未朔，御大慶殿，初行大朝會禮。戊申，瀘南安撫使馮檝獻嘉禾。己未，分經義、詩賦爲兩科取士。辛酉，初置籍田。丁卯，減成都府路對糴米三之一、宣撫司激賞錢三十萬緡。戊辰，命戶部侍郎王鈇措置兩浙經界。辛未，初命僧道納免丁錢。

二月戊寅，增太學弟子員百人。乙未，詔：州縣科折之數，第五等戶毋或均配。己亥，封崇國公璩爲恩平郡王，出就第。

三月甲子，遣敷文閣待制周襟馬觀國史愿、諸將程師回馬欽白常皆還金國。

夏四月丙子朔，賜秦檜第一區。戊寅，彗星出東方。癸未，避殿減膳，命監司、郡守條上便民事宜，提刑巡行決獄。賜禮部進士劉章以下三百人及第、出身。丁亥，以彗出大赦。癸巳，彗沒。甲午，遣後軍統制張淵討捕福建盜賊。庚子，罷四川都轉運司。

五月丙辰，客星見。戊午，命貧民產子賜義倉米一斛。甲子，金遣完顏宗尹等來賀天申節。

六月乙亥朔，日有食之。丁丑，幸秦檜第。乙酉，加檜妻婦子孫官封。丁亥，客星沒。

秋七月戊申，復置利州鑄錢監。戊午，命監司審察縣令治狀顯著及老懦不職者，上其名以爲黜陟。蠲廬、光二州上供錢米一年。丁卯，免汀、漳二州秋稅及處州三縣被水民家紬絹，鄂州舊額絹各一年。己巳，蠲四川轉運司積貸常平錢十三萬緡。

八月甲戌朔，禁收折帛合零錢，止輸實數。乙亥，蠲京西路請佃田租及州縣場務稅錢二年。己亥，改諸路提舉茶鹽官爲提舉常平茶鹽公事，川、廣以憲臣兼領。辛丑，復增太學弟子員二百。

九月辛酉，遣錢周材使金賀正旦，嚴抑賀金主生辰。

冬十月乙亥，帝書「一德格天之閣」賜秦檜，仍就第賜宴。丙子，楊愿罷。癸未，以樞密都承旨李若谷簽書樞密院事兼權參知政事。武岡軍徭人楊再興降。庚寅，以翰林學士承旨秦熺爲資政殿學士、提舉萬壽觀兼侍讀，恩數視執政。辛卯夜，雷。癸巳，蠲安豐軍上供錢米二年。甲午，以汪勃言折彥質黨趙鼎，郴州安置〔一〇〕。庚子，置四川宣撫司總領錢糧官。辛丑，命秦熺班簽書樞密之下。

十一月甲辰，加錢忱少保，錢愐開府儀同三司。丙辰，郭浩卒。丙寅，全給秦檜歲賜公使錢萬緡。

閏月己卯，罷明法新科。

十二月戊午，置江陰軍市舶務。甲子，命右司員外郎李朝正同措置經界。丁卯，金遣蒲察說等來賀明年正旦。

十六年春正月戊子，增太學外舍生額至千人。壬辰，親饗先農于東郊，行籍田禮，執耒耜九推，詔告郡縣。

二月辛丑，割金州豐陽縣、洋州乾祐縣畀金人。壬寅，毀諸路淫祠。癸丑，建秦檜家廟。

三月庚午朔，建武學，置弟子員百人。辛卯，造秦檜家廟祭器。乙未，增建太廟。己亥，立淮東、江東、兩浙、湖北州縣歲較營田賞罰格。

夏四月壬子，禁州縣預借民稅及和買錢。戊午，定選試武士弓馬去留格。

五月壬申，濬運河。命諸路漕臣兼提舉學事。癸未，初作太廟祏室。丙戌，作景鐘。丁亥，金遣烏古論海等來賀天申節。

六月，安南獻馴象十。

秋七月壬申，以張浚上疏論時事，落節鉞，連州居住。壬辰，立祕書省獻書賞格。丙申，復何鑄爲端明殿學士兼侍讀。

八月辛丑，築高禖壇。壬子，遣邊知白使金賀正旦，周執羔賀金主生辰。

九月甲戌，命何鑄等爲金國祈請使，請國族。甲午，賞統制張淵、韓京等討捕福建、廣東諸盜功，各進官有差。

冬十月戊戌，帝觀新作禮器于射殿，撞景鐘，奏新樂。

十一月丙子，合祀天地于圜丘，大赦。庚辰，罷州縣新創稅場。癸未，復置御書院。己丑，加潘正夫少保。

十二月戊戌，彗見西南方，乙巳，滅。辛酉，金遣盧彥倫等來賀明年正旦。

十七年春正月己巳，命諸路收試中原流寓士人。己卯，禁監司、郡守進羨餘。辛卯，以舉人多冒貫，命州縣每三歲行鄉飲酒禮以貢士。壬辰，以李若谷參知政事，御史中丞何若簽書樞密院事。癸巳，進秦熺爲資政殿大學士。

二月乙巳，親祠高禖。辛酉，李若谷罷。

三月乙亥，何若罷。己卯，以翰林學士段拂參知政事。乙酉，改封秦檜爲益國公。戊子，改命張俊爲靜江、寧武、靖海軍節度使，韓世忠鎮南、武安、寧國軍節度使。落李若谷資政殿學士，江州居住。

夏四月丙申，蠲諸路免行錢三之一。己亥，以御史中丞汪勃簽書樞密院事。己未，詔：趙鼎遇赦永不檢舉；以前貶所潮州錄事參軍石恮待遇鼎厚，除名，潯州編管。

五月甲子，詔舉賢良。乙丑，雨雹。己巳，洪皓責濠州團練副使，英州安置。辛巳，金遣完顏卞等來賀天申節。

六月乙卯，禁招安盜賊。戊午，改命普安郡王瑗爲常德軍節度使，恩平郡王璩武康軍節度使。

秋七月庚辰，召鄭剛中赴行在。辛巳，太白晝見。以徽猷閣待制、知成都府李璆權四川宣撫使。癸未，命李璆同總領四川財賦符行中參酌減放四川重斂。戊子，以吳璘充御前諸軍都統制兼知興州。

八月庚子，罷建州創置賣鹽坊。癸卯，趙鼎薨于吉陽軍。戊申，遣沈該使金賀正旦，詹大方賀金主生辰。丁巳，以諸路羨餘錢充月樁之數。加邢孝揚太尉。

九月己巳，減四川科率虛額錢歲二百八十五萬緡。癸酉，詔：以四川宣撫司降賜庫米一百萬石，均減對糴。乙亥，蠲江南東、西道諸州月樁錢。丙子，鄭剛中罷。丙戌，減江、浙諸州折帛錢。

冬十月辛卯朔，日有食之。癸卯，建太一宮。丁未，命太常歲以春秋二仲薦獻欑宮，季秋遣御史按視。己酉，進楊存中爲少傅。己未，臨安府甘露降。

十一月丙寅，秦檜上重修免役敕令格式。丁卯，復賜進士聞喜宴。

十二月辛卯朔，禁諸州擅釋放流配命官及事干邊防切要之人。甲寅，鄭剛中落職，桂陽監居住。丙辰，金遣完顏宗藩等來賀明年正旦。

十八年春正月己巳，幸天竺寺，遂幸玉津園。

二月乙未，段拂罷，尋落職，興國軍居住。以汪勃兼權參知政事。辛亥，聽趙鼎歸葬。

三月丁丑，命楊政、吳璘招關、陝流民補殿前軍。戊寅，罷汀州諸縣上供銀，蠲茶鉛本錢之半。庚辰，幸新太一宮。壬午，以秦熺知樞密院事。乙酉，禁民私渡淮及招納叛亡。

夏四月戊子朔，日有食之。庚子，秦熺乞避父子共政，以爲觀文殿學士、提舉萬壽觀、兼侍讀、提舉祕書省。壬寅，命熺恩禮視宰臣班次，亞右僕射。甲辰，賜禮部進士王佐以下三百三十人及第、出身。丙辰，加士㒟開府儀同三司。

五月戊辰，加吳益太尉。乙亥，裁損奉使賞給。丙子，金遣蕭秉溫等來賀天申節。癸未，以李顯忠私取故妻于金，降爲平海軍承宣使，台州居住。甲申，罷四川宣撫司，以李璆爲四川安撫制置使。是月，徽州慶雲見。

六月甲辰，築九宮貴神壇于東郊。戊申，士民曹溥等上尊號，不許。是月，遣太府寺丞宋仲堪詣江州，置獄鞫鄭剛中欺隱官錢。福州候官縣有竹實如米，飢民採食之。

是夏，浙東西、淮南、江東旱。

八月丙申，汪勃罷。丁酉，以工部尚書詹大方簽書樞密院事兼權參知政事。禁州縣士民飾詞舉留官吏。

閏月庚申，免江、浙、湖南今歲和糴。甲子，命臨安平江二府、淮東西、湖北三總領所，歲糴米百二十萬石，以廣儲蓄。壬申，遣王墨卿使金賀正旦，陳誠之賀金主生辰。甲申，辛道宗降官，房州覊管。乙酉，禁奉使三節人出境博易。福建諸州賊平，以所創招奇兵爲殿前司左翼軍。

九月丙午，僧大方薨。

冬十月丙辰，以御史中丞余堯弼簽書樞密院事兼權參知政事。

十一月乙酉朔，升感生帝爲上祀。己亥，胡銓移吉陽軍編管。壬寅，鄭剛中責濠州團練副使，復州安置。戊申，禁四川買馬官吏私市蠻馬。辛亥，振紹興府饑。

十二月乙卯朔，振明、越、秀、潤、徽、婺、饒、信諸州流民。丙寅，借給被災農民春耕費。丁卯，命利路三都統措置營田，以其租充減免對糴之數。戊辰，蠲被災下戶積欠租稅。庚辰，金遣召守忠等來賀明年正旦。

十九年春正月甲申朔，以皇太后年七十，帝詣慈寧殿行慶壽禮。甲午，罷國信所回易北貨。癸卯，幸天竺寺，遂幸玉津園。

二月丁丑，禁湖北溪洞用人祭鬼及造蠱毒，犯者保甲同坐。

三月癸未朔，日有食之。甲辰，鄭剛中移封州安置，子良嗣等亦除名編管。

夏四月丁巳，立孳生牧馬監賞罰格。丙寅，祕閣修撰張卲上秦檜在金國代徽宗與粘罕書稿，詔付史館，以卲爲徽猷閣待制〔二〕。戊寅，湖廣江西路、建康府並甘露降。

五月壬午朔，汀、漳、泉三州民田被賊蹂踐，蠲其二稅。戊戌，賞平福建羣盜功，以選鋒軍統制劉寶爲武泰軍承宣使，餘將士遷秩有差。庚子，金遣唐括德温等來賀天申節。丁未，減連、英、循、惠、新、恩六州免行錢。

六月丁巳，茶陵縣丞王庭珪作詩送胡銓，坐謗訕停官，辰州編管。戊午，秦檜上吏部續降七司通用法。

秋七月壬寅，頒諸農書于郡邑。

八月辛未，刺浙東諸州強盜當配者充沿海諸軍。

九月戊申，命繪秦檜像，仍作贊賜之。

冬十月己未，湖南副總管辛永宗停官，肇慶府編管。

十一月壬辰，合祀天地于圜丘，大赦。辛丑，李椿年以經界不均罷。丁未，立州縣墾田增虧賞罰格。是月，命復蜡祭。

十二月丁巳，金岐王亮弑其主亶自立。己未，詔無子女戶、得解舉人、太學生之獨居者並免役。己巳，命四川制置司歲募扈衞三百人赴行在。丁丑，金遣完顏兗等來賀明年正旦。

二十年春正月丁亥，秦檜入朝，殿前司軍士施全道刺之，不中。壬辰，磔全于市。癸卯，趣諸路轉運司及守臣畢經界事。丙午，兩浙轉運副使曹泳言，李孟堅誦其父光所撰私史，語涉譏謗，詔送大理寺。

二月戊申朔，立守貳、令尉營田增虧賞罰格。庚戌，禁民春月捕鳥獸。蠲静江府、昭州上供折布錢三之一。壬子，罷經界所覆實官吏。庚申，免海外四州及瀘敍二州、長寧軍經界。

三月庚辰，金遣完顏思恭等來報卽位。癸未，以余堯弼參知政事，給事中巫伋簽書樞密院事。丙戌，遣堯弼等賀金主卽位。戊子，以秦熺爲觀文殿大學士、萬壽觀使。丙申，李孟堅獄具。詔李光遇赦永不檢舉；孟堅除名，峽州編管；胡寅、程瑀、潘良貴、張燾等八人緣坐，黜降有差。戊戌，詔改正經界法之厲民者。庚子，以巫伋兼權參知政事。壬寅，胡寅責果州團練副使，新州安置。

夏四月壬子，以沒入官田悉歸常平司，禁募民佃種。癸酉，置力田科，募江、浙、福建民耕兩淮閑田。是月，信州妖賊黄曾等作亂，陷貴溪縣，江西兵馬鈐轄李横等討平之。

五月庚辰，申禁諸軍差承接文字使臣伺察朝政。癸未，秦檜上中興聖統。甲午，金就遣完顏思恭等來賀天申節。

六月癸亥，加秦熺少保。詔大理寺鞫前太常主簿吳元美譏謗獄。丙寅，禁民結集經社。是月，建州民張大一作亂。

秋七月丙子，罷招刺禁軍。庚寅，罷泉、漳、汀三州經界。

八月甲辰朔，量移張浚永州，孫近虔州，万俟卨沅州，李若谷饒州，李文會江州，段拂南康軍，並居住。雷州守臣王趯坐交通趙鼎、李光停官。戊申，改建大理寺。辛酉，遣陳誠之使金賀正旦，王曮賀金主生辰。

九月甲申，以吳元美譏毀大臣，除名，容州編管。丙申，侍御史曹筠以附下罔上罷。

冬十月戊辰，右迪功郎安誠坐文字謗訕，送惠州編管。秦檜有疾。庚午，命執政赴檜第議事。

十二月甲子，檜始朝，命肩輿入宮門，二孫扶掖升殿，不拜。己巳，金遣蕭頤等來賀明年正旦。

二十一年春正月癸未，以兩淮民復業未久，寬其租賦。庚子，蠲平江府折帛錢三年。

二月甲寅夜，雨雹。乙卯，詔諸州置惠民局，官給醫書。壬戌，遣巫伋等爲金國祈請使，請歸淵聖皇帝及皇族，增加帝號等事。癸亥，以余堯弼兼簽書樞密院事。

三月丁丑，雨雹。丁亥，蠲江、浙、荆湖等路中戶以下積年逋負。

夏閏四月己卯，禁三衙捁剋諸軍。丁亥，賜禮部進士趙逵以下四百四人及第、出身。

五月辛亥，罷利州路選刺義士。戊午，金遣劉長言等來賀天申節。以吳璘、楊政、田師中並爲太尉。

六月甲戌，括淮南佃田所隱頃畝，以理租稅。辛巳，命歲給大理寺、三衙及州縣錢，和藥劑療病囚。

秋七月壬寅，以集英殿修撰、知衢州曹筠爲四川安撫制置使。辛亥，罷柴米稅。癸亥，詔州縣官嘗被科率害民重罪者，不得任守令親民官。

八月辛未，秦檜上重修諸路茶鹽法。壬申，韓世忠薨，詔進太師致仕，癸酉，追封通義郡王。禁郡守特斷。乙亥，加岳陽軍節度使士㒟開府儀同三司，充萬壽觀使。甲申，遣陳夔使金賀正旦，陳相賀金主生辰。

九月戊戌朔，籍寺觀絕產以贍學。乙巳，均科處州丁鹽錢。丁巳，增築景靈宮。是月，巫伋使還，所請皆不許。

冬十月甲戌，幸張俊第。壬午，進俊爲太師，升從子子蓋爲安德軍節度使。甲申，夜有赤氣。

十一月庚戌，余堯弼罷。乙卯，命提舉常平官修復陂湖。丁巳，進義副尉劉允中坐指斥謗訕棄市。

十二月壬申，雷。癸巳，金遣兀朮魯定方等來賀明年正旦。

二十二年春正月丁未，加韋淵太保。

三月丁酉，以王庶二子之奇、之荀謗毀朝政，並除名，之奇梅州、之荀容州編管。甲辰，以直龍圖閣葉三省、監都作院王遠通書趙鼎、王庶，力詆和議，言涉謗訕，三省落職，筠州居住，遠除名，高州編管。丁巳，遣司農丞鍾世明詣福建路籍寺觀絕產田宅入官，其後歲入錢三十四萬緡。

夏四月丙子，巫伋罷。辛巳，以御史中丞章復簽書樞密院事兼權參知政事。

五月癸丑，金遣田秀穎等來賀天申節。是月，襄陽大水，容州野蠶成繭。

秋七月甲午朔，加封程嬰、公孫杵臼、韓厥爲公，升中祀。丁巳，虔州軍卒齊述殺殿前司統制吳進、江西同統領馬晟，據州叛。

八月己卯，遣鄂州都統制田師中發兵同江西安撫使張澄、殿前司遊奕軍統制李耕討述。

九月乙未，又遣左翼軍統制陳敏相繼討之。癸丑，章复罷。

冬十月甲戌，以御史中丞宋樸簽書樞密院事兼權參知政事。就命李耕知虔州。庚辰，以黃岩縣令楊煒誹謗，除名，萬安軍編管；知台州蕭振落職，池州居住。

十一月戊申，合祀天地于圜丘，大赦。丁巳，立薦舉受財刑名。李耕入虔州，盡誅叛兵，虔州平。

十二月辛酉朔，減夔州路及蒲江、淯井兩監鹽錢歲八萬二千緡有奇。戊子，金遣張利用等來賀明年正旦。

校勘記

〔一〕沈昭遠　原作「審昭遠」，據宋會要職官五一之一四、繫年要錄卷一四五改。

〔二〕知金州郭浩　「知」字原脫，據本書卷二八高宗紀、繫年要錄卷一四六補。「浩」，繫年要錄作「皓」。

〔三〕程克俊　原作「陳克俊」，據下文及繫年要錄卷一四七、中興聖政卷二八改。

〔四〕提舉茶事司　「事司」二字原倒，按此職名屢見本書卷一八四食貨志，據改。

〔五〕張俊　原作「張浚」，據本書卷二一三宰輔表、繫年要錄卷一四七、北盟會編卷二一二改。

〔六〕兩浙轉運副使　「兩浙」，原作「兩淮」，據本書卷一七三食貨志、繫年要錄卷一四七及卷一五二改。按李椿年治經界係自平江始，平江卽隸兩浙，非兩淮。

〔七〕復昌化萬安吉陽軍　「復」，原作「廢」，據本書卷九〇地理志、十朝綱要卷二〇改。

〔八〕九月丁巳宗室子偁卒于秀州　本條史文疑有誤。按本書卷三三孝宗紀、兩朝綱目卷二都說子偁死於十三年。但據繫年要錄卷一五〇記載，後於丁巳八日的九月乙丑，子偁才奉命守本官致仕，可見子偁這時尚未死。同書卷一五一又載，十四年正月戊寅，南宋朝廷集百官討論爲子偁服喪的制度，子偁之死約相當於此時。查本書卷二四四秀王子偁傳明載：「紹興十三年秋致仕，明年春，卒于秀州。」通考卷二七七封建考也說：「紹興十四年，子偁卒。」疑史文誤以致仕之月爲子偁死月。

〔九〕內侍白鄂坐誹謗及其客張伯麟俱黥配吉陽軍　「白鄂」，本書卷四七三秦檜傳、繫年要錄卷一五一都作「白鍔」。又兩書都說白鍔刺配萬安軍，張伯麟刺配吉陽軍，二人并非刺配一地。此處疑誤。

〔一〇〕郴州安置　「郴州」，原作「柳州」，據十朝綱要卷二四、宋史全文卷二一改。

〔一一〕以邵爲徽猷閣待制　「徽猷閣」，本書卷三七三張邵傳、繫年要錄卷一五九都作「敷文閣」。

宋史卷三十一

本紀第三十一

高宗八

二十三年春正月癸卯，進韋淵太傅。己酉，復以李顯忠爲寧國軍節度使。二月癸亥，幸玉津園，遂幸延祥觀。庚午，臠虔州軍賊黃明等八人于都市。辛未，改虔州爲贛州。壬申，申嚴冒貫請舉法。癸未，賞平贛盜功，以李耕爲金州觀察使，將士進秩給賞有差。

三月丙午，齊安郡王士㒟薨于建州，追封循王。詔凡民認復軍莊營田者，償開耕錢。丁未，禁州縣都監、巡尉擅置刑獄。戊申，以前太府丞范彥輝謗訕，除名，荊門軍編管。是春，金主亮徙都燕京。

夏四月辛巳，詔諸州編管、羈管人，遵舊法，長吏月一驗視，不許囚禁。乙酉，減利州歲鑄錢爲九萬緡。

五月庚寅，禁州縣以私意籍罪人貲產。乙巳，復以蕭振爲四川制置使。辛亥，金遣紇石烈大雅等來賀天申節。乙卯，立淮南諸州舉人解額。

六月己卯，潼川大水。

秋七月壬辰，寬理平江府、湖秀二州被水民夏稅。戊戌，從秦檜所請，命台州取綦崇禮草檜罷相制所受墨敕。庚戌，禁諸軍瀕太湖擅作壩田。

八月乙丑，士㩳薨，追封韶王。丙寅，左宣教郎王孝廉謀據成都叛，事覺伏誅。己卯，賜秦檜建康府永豐圩田。乙酉，命敕令所編輯中興以後寬恤詔令。

九月甲午，振潼川被水州縣，仍蠲其賦。庚子，禁採鹿胎。

冬十月丁巳，詔郡守年七十者聽自陳，命主宮觀。戊午，遣吳㮚使金賀正旦，施鉅賀金主生辰〔一〕。戊辰，宋樸罷。壬申，以右諫議大夫史才簽書樞密院事兼權參知政事。丁丑，遣戶部郎官鍾世明修築宣州、太平州圩田。是月，命大理鞫妖人孫士道獄。

十一月壬寅，詔立張叔夜廟于信州。甲辰，班大宗正司條令。乙巳，以經筵終帙，賜宰執、講讀等官宴于祕書省，爲故事。

十二月丁巳，詔州縣稅額少者，罷其監官。癸亥，韋淵薨。癸未，禁民車服踰制。

閏月丙申，命檢正都司官詳定郡守所上利病以聞。辛丑，命諸軍保任統制官在職十年無過者，進秩。庚戌，金遣蔡松年等來賀明年正旦。

是歲，減池州青陽縣田租萬七千石。

二十四年春正月辛未，幸延祥觀。癸酉，初詔郡國同以八月十五日試舉人。丙子，封婉容劉氏爲貴妃。戊寅，地震。

二月丁亥，前左從政郎楊炬坐其弟煒嘗上書誹謗〔三〕，送邕州編管。丙午，加吳益太尉。

三月壬申，楊再興復寇邊，前軍統制李道討平之，禽再興及其子正脩、正拱，檻送行在。乙亥，賜禮部進士張孝祥以下三百五十六人及第、出身。庚辰，秦檜以私憾招撫知建康府王循友，詔大理鞫之。是春，始榷夔州路茶。

夏四月丙戌，詔諸路招補三衙諸軍，期三年課其殿最。辛丑，西南小張蕃貢方物。己酉，羅殿國貢名馬。

五月癸丑朔，日有食之。衢州民俞八作亂，圍州城，通判州事汪召錫拒卻之，遂掠嚴州壽昌縣，遣殿前司正將辛立討平之。辛未，金遣耶律安禮等來賀天申節。

六月癸巳，史才罷。甲午，以御史中丞魏師遜簽書樞密院事兼權參知政事。辛丑，王循友貸死，藤州安置。癸卯，詔：「嘗命四川州縣減免財物，以寬民力，尙慮未周，令制置司、總領所同共措置，務在不妨軍食，可以裕民。」尋遣鍾世明如四川同議。以主管侍衞馬軍司成閔爲慶遠軍節度使。

秋七月癸丑，張俊薨。勒停人王趯坐交通李光，下大理獄。乙卯，黥徭人楊正脩、正拱于市。己未，復置黎、雅二州博易場三所。壬戌，詔捐四川茶馬司羡餘錢給軍費，以寬民力。甲子，復落蕭振職，池州居住。乙丑，以總領財賦符行中爲四川制置使。乙亥，南丹州莫公晟及宜州界外諸蠻納土內附。戊寅，幸張俊第臨奠。

八月壬辰，禁百官避免輪對。甲午，罷温州市黃柑、福州貢荔枝。丙午，追封張俊爲循王。以湘潭縣丞鄭杞、主簿賈子展嘲毀朝政，除名，杞容州、子展德慶府編管。

九月辛亥朔，李道如衡州措置盜賊。丁巳，賞平衢賊功，升辛立領忠州團練使，將士遷職、給錢有差。

冬十月壬午，蠲旱傷州縣租賦。戊子，遣沈虛中使金賀正旦，張士襄賀金主生辰。

十一月乙丑，魏師遜罷。丁卯，以權吏部侍郎施鉅參知政事，鄭仲熊簽書樞密院事。戊辰，進秦熺少傅，封嘉國公。是月，以通判武岡軍方疇通書胡銓及他罪，除名，永州編管。

十二月丙戌，以故龍圖閣學士程瑀有論語講解，秦檜疑其譏己，知饒州洪興祖嘗爲序、京西轉運副使魏安行鏤版，至是命毀之。興祖昭州、安行欽州編管，瑀子孫亦論罪。丁亥，王趯除名，辰州編管。丁酉，知鄞縣程緯爲其丞王肇所告，慢上無人臣禮，除名，貴州編管，籍其貲。壬寅，刺諸路編管人充廂軍。乙巳，金遣白彥恭等來賀明年正旦。

二十五年春正月辛未，賞討楊再興功，保寧軍承宣使李道落階官，加龍神衞四廂都指揮使，將士進官、賜錢有差。

二月乙酉，以鎭江都統制劉寶爲安慶軍節度使，建康都統制王權爲淸遠軍節度使。壬寅，以通判常州沈長卿、仁和縣尉芮燁作詩譏訕，除名；長卿化州、燁武岡軍編管。

三月己酉，右司郎中張士襄自金國使還，坐奉使不肅罷官。壬申，地震。

夏四月乙酉，施鉅罷，以鄭仲熊兼權參知政事。戊子，命四川制置司許就類省試院校試刑法。己亥，減廣西路折米錢。

五月丁未朔，日有食之。太廟仁宗室柱生芝九莖。戊申，罷諸路免行錢歲百八萬緡。癸丑，以前知泉州宗室令衿譏訕秦檜，遂坐交結罪人，汀州居住。乙丑，金遣李通等來賀天申節。壬申，賜劉錡湖南田百頃。

六月庚辰，鄭仲熊罷。辛巳，以禮部侍郎湯思退簽書樞密院事兼權參知政事。癸卯，以言者追譖岳飛，改岳州爲純州，岳陽軍爲華容軍。是月，安南入貢。

秋七月丙辰，減四川絹估、稅斛、鹽酒等錢歲百六十餘萬緡，蠲州縣積欠二百九十餘萬緡。詔四川營田有占民田者，常平司按驗給還。

八月丁丑，申嚴誣告加等法。辛巳，命大理鞫趙汾及令衿交通獄。甲戌，封李天祚爲南平王。丙戌，以吏部侍郎董德元參知政事。蠲諸路身丁、免丁錢一年。壬辰，建執政府。

九月丁巳，秦檜上紹興寬恤詔令。

冬十月庚辰，復置鴻臚寺。壬午，遣王岷使金賀正旦，鄭柟賀金主生辰。乙酉，命大理鞫張祁〔三〕附麗胡寅獄。乙未，幸秦檜第問疾。夜，檜諷右司員外郎林一飛、臺諫徐嘉張扶等請拜熺爲相。丙申，進封檜建康郡王，熺爲少師，並致仕。命湯思退兼權參知政事。是夕，檜薨。丁酉，檜姻黨戶部侍郎兼知臨安府曹泳停官，新州安置。朱敦儒、薛仲邕、王彥傅、杜思旦皆罷。命有司具上執政、侍從官居外任及主宮觀與在謫籍者職位、姓名。辛丑，徙殿中侍御史徐嘉、右正言張扶皆出爲他官。

十一月乙巳朔，追封檜申王，諡忠獻，賜神道碑，額爲「決策元功，精忠全德」。戊申，奪趙汾二官。壬子，以敷文閣直學士魏良臣參知政事。癸亥，合祀天地于圜丘，大赦。甲子，幸秦檜第臨奠。乙丑，復洪皓官，釋張祁獄。丁卯，罷大理寺官旬白。庚午，詔：「監司、郡守，事無巨細，皆須奏聞裁決，毋得止上尙書省。臣僚薦舉人才，必三人以上同薦。」封叔和州防禦使、右監門衞大將軍士偯爲崇慶軍節度使、嗣濮王，福建路提刑令詪爲利州觀察使、安定郡王。辛未，知建康府王會及列郡守臣王晌、王鑄、鄭僑年、鄭震、方滋俱以諂附貪冒罷。眞臘、羅斛國貢馴象。

十二月甲戌朔，詔曰：「臺諫風憲之地，比用非其人，黨於大臣，濟其喜怒，殊非耳目之寄。朕今親除公正之士，以革前弊。繼此者宜盡心乃職，毋合黨締交，敗亂成法，當謹茲戒，毋自貽咎。」詔張浚、折彥質、万俟卨、段拂聽自便。量移李光郴州安置。乙亥，復以卨爲資政殿學士，提舉萬壽觀兼侍讀。戊寅，鄭億年責建武軍節度副使，南安軍安置。壬午，詔監司、守臣，禁羨餘，罷權攝，戢苞苴，節宴飮。詔前後告訐者莫汲、汪召錫、陸升之等九人除名，廣南諸州編管。甲申，召孟忠厚奉朝請。命胡寅、張九成等二十八人並令自便，仍復其官。乙酉，董德元罷。丙戌，以劉錡知潭州。辛卯，命三省、六部條具續降敕旨來上，審詳施行。甲午，以敷文閣待制沈該參知政事。乙未，以王會恃權貪橫，停官，循州編管。丙申，復以蕭振爲四川制置使。復張浚、折彥質、趙汾、葉三省、王趯、劉岑官。移胡銓衡州。丁酉，禁閩、浙、川、廣貢眞珠、文犀。戒州縣加收耗糧。己亥，金遣耶律歸一等來賀明年正旦。

二十六年春正月壬子，省諸州稅場，以寬商賈。甲子，追復趙鼎、孫近、鄭剛中、汪藻舊職。乙丑，詔選擇監司，須七品以上清望官，或經朝擢及治郡著績者。丙寅，曹泳吉陽軍編管。封伯令衿明州觀察使、安定郡王，以其從弟令詪讓也。戊辰，除民事律。蠲諸路積負及黃河竹索錢。

二月乙亥，命四川州縣，凡預借民賦稅分限理折〔四〕。己卯，定諸州流寓士人解額。庚辰，罷進奏院定本朝報。乙酉，進士林東追詣秦檜，上書狂妄，英州編管。右朝奉郎林一飛坐指使林東，責監高州鹽稅。庚寅，三佛齊國入貢。辛卯，魏良臣罷。庚子，以左朝散大夫王曮爲秦檜親黨，直徽猷閣呂愿中貪虐附檜，曮建昌軍居住，愿中責果州團練副使，封州安置。

三月甲寅，以邊事已定，罷宰相兼領樞密使。丁巳，詔兩淮邊民未復業者，復其租十年。己未，以万俟卨參知政事。癸亥，加吳璘開府儀同三司。乙丑，以東平府進士梁勛伏闕上書言北事，送千里外州軍編管。丙寅，詔曰：「講和之策，斷自朕志，秦檜但能贊朕而已，豈以其存亡而渝定議耶？近者無知之輩，鼓倡浮言，以惑衆聽，至有僞撰詔命，召用舊臣，抗章公車，妄議邊事，朕甚駭之。自今有此，當重置典憲。」丁卯，蠲閩、浙諸州歲供軍器所物料三之一，減諸州工匠千人。己巳，募四川民佃淮南、京西閒田，並邊復租稅十年，次邊五年。

夏四月戊子，增温、台等十六州解額。命湖北路以增戶、墾田爲守令殿最。庚寅，遣陳誠之等賀金主尊號禮成。癸巳，置武學官及弟子員百人。甲午，禁州郡進祥瑞。戊戌，立六科以舉士。加韋謙太尉。詔大辟情犯無可矜憫者，禁刑、寺妄引例奏裁貸減。罷鄉飲酒舉士法。詔淮南、京西，占射官田踰二年未盡墾者，募人更佃。

五月壬寅，以沈該爲尚書左僕射，万俟卨爲右僕射，並同中書門下平章事。湯思退知樞密院事。丁未，詔州軍教授毋兼他職。丙辰，蠲楚州、盱眙軍民租十年。己未，金遣敬嗣暉等來賀天申節。

六月辛未朔，罷諸路鬻戶絕田。丁丑，以端明殿學士程克俊參知政事。戊寅，復權要親族中第覆試法。乙酉，詔取士毋拘程頤、王安石一家之說。丁亥，流星晝隕。辛卯，以秦檜既死，命史館重修日曆。

秋七月辛丑，詔三衙主帥舉武臣堪知州者。壬寅，蠲諸路丁絹一年爲二十四萬匹。丙午，右奉議郎薛仲邕連州編管。丁未，彗出井，避殿減膳。辛亥，詔諸州守貳考各縣丁籍，依年格收除；民間市物，官戶、勢家與編氓均科。丙辰，彗滅。詔進士因事送諸州軍聽讀，特放逐便，仍許取應。辛酉，雨水銀。

八月戊寅，班元豐、崇寧學制于諸路。革正前舉登第秦塤、曹冠等九人出身。以淮南提舉常平朱冠卿言，秦檜挾私廢法，塤等皆其子孫、親戚、門下儉人，於是有官應試者，所授階官易左爲右，白身者駁放。占用省額，復還後科。庚辰，裁州縣吏額。己丑，蠲建康府積欠內帑錢帛。庚寅，安南國遣使入貢。辛卯，程克俊罷。甲子，以吏部侍郎張綱參知政事。

九月乙巳，以翰林學士陳誠之同知樞密院事。丙午，立互易薦舉坐罪法。壬子，詔成都、潼川兩路漕臣同制置、總領、茶馬司審度四川財賦利害，其實惠得以及民、調度可以經久者，條具以聞。甲寅，以天聖、紹興眞決贓吏指揮班示諸路。丙寅，增大理寺吏祿。戊辰，命吏、刑二部修條例爲成法。

冬十月己巳朔，詔許秦檜在位之日，無辜被罪者自陳釐正。罷浙東常平司平準務。乙亥，詔四川監司、帥臣、制置、總領、茶馬司，各舉可守郡者。甲午，蠲郴道永三州、桂陽軍民身丁米。乙未，王會移瓊州編管。以宋貺黨附秦檜，責梅州安置。丁酉，以張浚上書論用兵，依舊永州居住。辛丑，遣李琳使金賀正旦，葛立方賀金主生辰。

閏月丙午，罷廉州貢珠，縱蛋丁自便。己酉，命離軍人願歸農者，人給江、淮、湖、廣荒田百畝，復其租稅十年。乙卯，初置臨安府左右廂官，分掌訟牒。

十一月甲戌，命吏部侍郎陳康伯、戶部侍郎王俁稽考國用歲中出納之數。丙戌，裁定六曹、寺監百司吏額。

十二月辛丑，命三省錄臺諫所言事，報樞密院。癸丑，万俟禼上重修貢舉敕令格式。甲寅，罷諸路鑄錢司。庚申，賞應詔論事切當者。壬戌，三佛齊國入貢。甲子，金遣梁球等來賀明年正旦。

二十七年春正月乙酉，幸延祥觀。戊子，命侍從各薦宗室京朝官才識、治行者二人。

二月丁酉朔，復兼習經義、詩賦法。庚子，楊政卒。壬寅，太廟仁宗、英宗兩室柱芝草生。戊午，以御史中丞湯鵬舉參知政事。庚申，更定福建路鹽法。癸亥，加劉錡太尉。

三月己巳，命京局改官人先除知縣。乙酉，赤氣出紫微垣。丙戌，賜禮部進士王十朋以下四百二十六人及第、出身。丁亥，詔焚交趾所貢翠羽于通衢，仍禁宮人服用銷金翠羽。己丑，減三川對糴米歲十六萬九千石，夔路激賞絹五萬匹，兩川絹估錢二十八萬緡及茶司引息虛額錢歲九十五萬緡。辛卯，万俟禼卒。壬辰，以符行中前在蜀恣橫，南雄州安置。甲午，除耕牛稅。

五月癸未，金遣耶律守素等來賀天申節。辛卯，復以五帝、神州地祇等十三祭爲大祀。六月甲辰，命臣僚轉對，盡忠開陳，毋摭細微以應故事。戊申，以湯思退爲尙書右僕射、同中書門下平章事。庚戌，復余深、黄潛善並觀文殿大學士。乙卯，裁定離軍將士諸州添差數。戊午，初命太廟冬饗祭功臣，臘饗祭七祀，祫饗兼之。己未，進錢忱少傅。增命官捕獲私茶鹽賞典。

秋七月己巳，復饒、贛、韶三州鑄錢監。癸酉，戒監司、郡守舉劾守令觀望徇私。乙亥，以龍圖閣學士李文會爲四川安撫制置使。丙子，詔凡出命令，先經兩省書讀，如舊制。八月乙未，以湯鵬舉知樞密院事。庚申，復置提領諸路鑄錢司于行在，以戶部侍郎榮嶷領之。

九月癸酉，張綱罷。戊寅，以吏部尙書陳康伯參知政事。蠲淮南、京西、湖北積欠內藏錢帛。丁亥，校書郎葉謙亨言：「祀典散逸，隆殺不當，名稱或舛，請敕禮官、祕書酌景德故事，取祭祀之式，定爲一書，名曰紹興正祠錄，以爲恆制。」詔從之。

冬十月壬寅，有赤氣隨日入。癸卯，築通、泰、楚三州捍海堰。辛酉，詔四川諸司察旱傷州縣，捐其稅，振其飢民。

十一月癸亥朔，減福建鹽鈔錢歲八萬緡。乙丑，遣孫道夫使金賀正旦。辛巳，遣劉章賀金主生辰。丁亥，湯鵬舉罷。戊子，蠲廬州二稅及上供錢米一年。

十二月甲午，詔廣南經略、市舶司察蕃商假託入貢。丙辰，初命州縣置禁曆。戊午，金遣高思廉等來賀明年正旦。

二十八年春正月己巳，申禁三衙彊刺平民爲兵。己卯，幸延祥觀，遂幸玉津園。壬午，禁諸路二稅折納增價。癸未，遣戶部郎中莫濛等檢視淮南、浙西、江東沙田蘆場。甲申，命臺諫、侍從三人以上公薦監司治狀。

二月癸巳，命史館重修徽宗大觀以前實錄。丙申，以陳誠之知樞密院。戊戌，禁沿海州軍博買。乙巳，以工部侍郎王綸同知樞密院事。己酉，命六曹長貳詳定差役舊法。癸丑，加楊存中少師，謚張俊曰忠烈。

三月辛酉朔，日有食之。丙寅，雪。丁丑，加田師中開府儀同三司。戊寅，詔：「自今用人，選帥臣、監司曾任郎官已上者爲侍從，監司、郡守有政績者爲卿監、郎官，朝官二年乃遷，卿監、郎官未歷監司者更迭補外〔五〕。」戊子，責秦檜黨宋樸徽州居住，沈虛中筠州居住。

夏四月丙申，復詔文武官非犯贓罪，並許以致仕恩任子。辛亥，雨雹。嚴州遂安賊江大明寇衢州，官軍捕斬之。

五月，金遣蕭恭等來賀天申節。

六月壬辰，太白晝見。癸巳，流星晝隕。甲寅，增浙西、江東、淮東沙田蘆場租課，置提領官田所掌之。

秋七月庚申，立江西上供米綱賞格。戊辰，詔：「監司按發官吏，不得送置司州軍推鞫。所犯涉重，卽以奏聞，命鄰路監司選官就鞫。」己卯，命取公私銅器悉付鑄錢司，民間不輸者罪之。庚辰，親製郊廟樂章。乙酉，復鬻沒官田。

八月戊子朔，置國史院，修神、哲、徽三朝正史。己丑，檢放風水災傷州縣苗稅，仍振貸饑民。乙未，增四川十七州舉人解額。戊戌，湯思退等上徽宗實錄。壬寅，命戶部侍郎令詪提領諸路鑄錢。甲寅，地震。

九月辛未，定銅錢出界罪賞。甲戌，詔以吏部七司舊制與續降參訂異同，立爲定法。丁丑，置殿前司虎翼水軍千人。庚辰，以中書舍人王剛中爲四川安撫制置使。辛巳，封叔建州觀察使士輵爲昭化軍節度使、嗣濮王。癸未，蠲平江、紹興、湖州被水民逋賦。

冬十月丁亥朔，遣沈介使金賀正旦，黃中賀金主生辰。辛丑，禁監司、帥、守私役軍匠。

十一月己卯，合祀天地于圜丘，大赦。壬午，復命檢舉諸人因赦移放者，告訐得罪者不預。

十二月庚寅，安定郡王令衿薨。辛丑，修睦親宅，建宮學。丁未，復李光官，放自便。戊申，蠲楚州歸附民賦役五年。壬子，金遣蘇保衡等來賀明年正旦。

是歲，興元都統制姚仲復籍興元府等五州義士，得二萬餘人。

二十九年春正月丙辰朔，以皇太后年八十，詣慈寧殿行慶壽禮。庚申，濬平江三十六浦以泄水。庚午，振湖、秀諸州饑民。癸酉，幸延祥觀，遂幸玉津園。庚辰，禁諸州科賣倉鹽。癸未，蠲沙田蘆場爲風水所侵者租之半。是月，金國罷沿邊榷場，惟泗州如舊。

二月丙戌朔，亦罷沿邊榷場，存其在盱眙者。加吳璘少保。己丑，禁海商假託風潮私往北界。壬辰，除臨安府歲供修內司錢三萬六千緡。丁酉，蠲四川折估糴本積欠錢三百四十萬緡。戊戌，大雪，雨雹。己亥，禁貿易廣南羈縻州物貨。命廣西教閱峒丁。庚戌，罷諸路斥候遞卒。甲寅，取具貶死臣僚姓名，議加恩典。

三月丙子，除州縣積欠錢三百九十七萬緡有奇及中下戶所欠入官錢物。丁丑，詔侍從、臺諫、帥臣、監司歲舉可任將帥者二人。限命官子孫制田減父祖之半，併其詭名寄產者，格外田畝同編戶科役。己卯，除湖州、平江、紹興流民公私逋負。

夏四月壬辰，國子司業黃中自金國使還，言金人將徙居汴京以見逼，望早飭邊備。宰相怒，不聽。己亥，修三省法。庚子，增置帶御器械四員。丙午，禁內外將佐營造、回易，掊斂軍士。辛亥，命縣令有政績者諸司同薦，不次升擢，以風厲之。

五月甲寅朔，罷鬻福建閔生沙田。丁巳，詔殿前司選統制官部兵千人戍江州，彈壓盜賊，每歲一易。己未，椿頓江、浙四路折帛錢于三總領所及浙西提刑司，以備軍用。辛酉，禁權要、豪民舉錢軍中取息。丁卯，命印給三總領所見錢公據、關子，許商人入納。己巳，立監司、守臣舉劾八條。金遣王可道等來賀天申節。

六月甲辰朔，遣王綸等爲金國奉表稱謝使。丁亥，禁江、淮私渡北人。丙申，陳誠之罷。禁積錢民戶過萬緡，官戶過二萬緡，滿二年不易他物者沒入之。丁酉，申禁包苴請託。己亥，以陳康伯兼權樞密院事。辛丑，李光卒。壬寅，以主管步軍司趙密爲太尉。己酉，沈該以貪冒罷。

閏月甲寅，益荆南戍卒千人，守臣劉錡亦募效用三千人。丁巳，命江、湖、浙西五漕司增價糴米二百二十萬石赴沿江十郡，自荆至常州，以備振貸。戊午，罷成都府路隔槽酒務監官七十一員，令民承買。己未，罷江、浙、淮東沙田蘆場所增租課。甲子，落沈該觀文殿大學士，致仕。罷福建安撫司官賣鹽。戊辰，大省淮西冗官。辛未，復置江、淮、荆、浙、福建、廣南路提點坑冶鑄錢官。

秋七月丁亥，以權吏部尚書賀允中參知政事。癸巳，封權戶部侍郎令詪爲安定郡王。戊戌，福州大水。己酉，禁諸路抑買官田。庚戌，以四川經、總制及田晟錢糧錢共百三十四萬緡充增招軍校費。

八月甲子，募商人輸米行在諸倉，願以茶、鹽、礬鈔等償直者聽。丁卯，除南雄、英、連三州經界，復丁米舊額。甲戌，併史館歸秘書省，玉牒所歸宗正寺。

九月甲申，詔建炎以來使未還而後嗣無祿者，與一子官。乙酉，王綸使還入見，言金國和好無他。丙戌，湯思退等稱賀。甲午，以湯思退爲尚書左僕射，陳康伯爲右僕射，並同中書門下平章事。乙未，以皇太后不豫大赦，不視朝。丙申，爲太后祈福。蠲中下戶所欠稅賦及江、浙蝗潦州縣租。丁酉，減僧道免丁錢。己亥，蠲見監贓罰賞錢。庚子，皇太后韋氏崩。癸卯，遣周麟之等爲金國奉表哀謝使。

冬十月甲寅，以羣臣五上表，始聽政。命保康軍節度使吳益爲欑宮總護使。乙亥，立諸路和糴募民運米賞格。戊寅，册謚皇太后曰顯仁。

十一月丁亥，遣賀允中等爲金國遺留國信使。丙午，權欑顯仁皇后于永祐陵。

十二月甲寅，諜言北界禁民妄傳起兵，帝諭大臣當自治，爲安邊息民之計。甲子，祔顯仁皇后神主于太廟。辛未，以王綸知樞密院事。壬申，減三省、樞密院激賞庫及諸書局歲用錢二十萬緡，鼎州程昌寓所增蔡州官兵衣糧錢四之一，西和州官賣鹽直之半，蔣州上供經、總制司無額錢如之。丙子，金遣施宜生等來賀明年正旦。

三十年春正月戊子，給劉錡軍費錢六十萬緡。丙申，以吏部侍郎葉義問同知樞密院事。廢御書院。丁酉，罷鈞容班樂工及甲庫酒局。壬寅，募人墾淮南荒田。甲辰，定御輦院三營兵額爲九百人。

二月甲寅，罷夔州路榷茶。乙卯，金遣大懷忠等來弔祭。戊午，遣葉義問爲金國報謝使。癸酉，詔立普安郡王瑗爲皇子，更名瑋。丙子，進封建王。

三月辛巳，復館職召試，然後除擢。免湖北、京西宣撫司諸庫未輸錢八十九萬緡。癸未，以淮東茶鹽司錢十萬緡充募民墾田費。乙酉，加吳益少保，趙密開府儀同三司，以賞攢宮之勞。丁酉，初置金州御前諸軍都統制，以知金州王彥爲之。癸卯，賜禮部進士梁克家以下四百一十二人及第、出身。甲辰，置牧馬監于潮、惠二州。丙午，加恩平郡王璩開府儀同三司、判大宗正事，始稱皇姪。

夏四月己酉朔，以孫愭爲蘄州防禦使，愷貴州團練使，惇榮州刺史。丙辰，以賀允中兼權同知樞密院事。

五月辛巳，刺海賊罪不至死者爲龍猛、龍騎軍。初置荆南府御前諸軍都統制，以劉錡兼領之。乙酉，初置江州御前諸軍都統制，以步軍司前軍都統制戚方爲之。詔諸路刺強盜貸死少壯者爲兵。丙戌，定鑄錢司歲鑄五十萬緡。辛卯，臨安、於潛、安吉三縣大水。海賊陳演添作亂，掠高、雷二州境上，南恩州民林觀禽殺之，命觀以官。丙申，金遣蕭榮等來賀天申節。壬寅，落沈該致仕，復觀文殿大學士，知明州。丙午，加吳蓋〔六〕太尉。

六月庚戌，復出諸軍見錢關子三百萬緡，聽商賈以錢銀請買。庚午，王綸罷。辛未，以江西廣東湖南折帛、經總制錢合六十萬緡，江西米六萬石充江州軍費。後益以四川利路經總制、江西茶引合二十萬緡。

秋七月戊寅，遣明州水軍三百戍崑山黃魚垛，巡捕槽船之爲盜者。甲申，詔諸路帥司，春秋教閱禁兵弓弩手。戊戌，以葉義問知樞密院，翰林學士周麟之同知院事，御史中丞朱倬參知政事。

八月丙午朔，日有食之。壬子，賀允中使還，言金人必畔盟，宜爲之備。癸丑，允中致仕。甲寅，復以四川經、總制錢五十萬緡給總領所，增招兵士。壬申，淮東總管許世安奏，金主亮至汴京，起重兵五十餘萬，屯宿、泗州謀來攻。

九月庚寅，以帶御器械李寶爲浙西副總管，提督海船，駐平江。丙申，命劉寶招制勝軍千人。丁酉，罷內侍省。

冬十月丙午，罷內侍官承受諸軍奏報文字。丁未，遣虞允文使金賀正旦，徐度賀金主生辰。庚戌，雷。辛酉，鎮江都統制劉寶以專悍貪橫罷。壬戌，以劉錡爲鎮江都統制，荆南右軍統制李道爲都統制。癸亥，日中無雲而雷。癸酉，蠲舒、和、蘄、黄四州民附種田租。

十一月庚辰，禁諸路折輸職田錢。癸巳夜，有白氣出入危、昴間。

十二月乙巳朔，湯思退罷。初行會子于東南。戊申夜，白氣亙天。海南黎賊王文滿平。己酉，罷招刺三衙及江上諸軍。庚戌，禁掠賣生口入溪峒。癸丑，命戶部立經、總制錢十年中數爲定額。丁卯，金遣僕散權等來賀明年正旦。

校勘記

〔一〕遣吳㮚使金賀正旦施鉅賀金主生辰　繫年要錄卷一六五、北盟會編卷二一九都作：遣施鉅使金賀正旦，吳㮚賀金主生辰。

〔二〕煒嘗上書誹謗　「煒」，原作「煜」，據本書卷四七三秦檜傳、繫年要錄卷一六六改。

〔三〕張祁　原作「張祈」，據本書卷三七三張邵傳、繫年要錄卷一六九改。張祁爲張邵之弟，當以作「祁」爲是。下文十一月乙丑條「張祁」同。

〔四〕凡預借民賦稅分限理折　「理折」，原作「理析」，據繫年要錄卷一七一、宋會要食貨一〇之三至四改。

〔五〕卿監郎官未歷監司者更迭補外　據繫年要錄卷一七九、續宋編年通鑑卷六，「監司」下當脫「郡守」兩字。

〔六〕吳蓋　原作「吳益」，據本書卷四六五本傳、繫年要錄卷一八五改。

宋史卷三十二

本紀第三十二

高宗九

三十一年春正月甲戌朔，以日食不受朝。丁丑，雷。丁亥，免湖州增丁所輸絹。夜，風雷雨雪交作。辛卯，詔江、浙官民戶均輸和市絁帛。壬辰，劉寶落節鉞，福建路居住。丙申，大雨雪，給三衙衞士、行在貧民錢及薪炭，命常平振給輔郡細民，諸路監司決獄。己亥，放張浚、胡銓自便。庚子，禁淮南拘籍戶馬。

二月戊申，復置邛州惠民監。癸丑，以趙密領殿前都指揮使。甲寅，罷楊存中殿前都指揮使，進太傅，爲醴泉觀使，封同安郡王。丙辰，置行在會子務。乙丑，復鬻僧道度牒。詔分經義、詩賦爲兩科。丙寅，詔通進司承受內降文字，並囊封送三省、樞密院。辛未，秦熺卒，贈太傅。

三月甲戌朔，命破敵軍統制陳敏部兵屯太平州。己卯，官勳臣魏仁浦、馬知節、余靖、寇瑊諸孫各一人。選文臣宗室主西、南外兩宗司。庚辰，禁兩淮抑民附種。以利州西路御前諸軍都統制吳拱知襄陽府，部兵三千戍之。壬午，以兵部尙書楊椿參知政事。丁亥，奪秦熺贈官及遺表恩賞。庚寅，以陳康伯爲尙書左僕射，朱倬右僕射，並同中書門下平章事。辛卯，復李光左中大夫，官其子孫二人。壬辰，地震。庚子，以前徽猷閣待制張宇發死節，贈四官，錄其子孫。

夏四月丁巳，以久雨傷蠶麥，盜賊間發，命侍從、臺諫條上弭災除盜之策。出天申節銀十萬兩加充戶部糴本。辛未，遣周麟之使金賀遷都。壬申，權減荆南上供錢銀絹絲米之半，用招塡禁軍。是月，金主亮率文武羣臣如汝、洛。

五月癸酉朔，給兩淮民兵荒田。乙亥，增築禁城。戊寅，詔吳拱視緩急退守荆南。己丑，命沿淮州郡毋納北人。辛卯，金遣高景山、王全來賀天申節。全揚言無禮，致其主亮語，求淮、漢地及指取將相近臣計事，且以欽宗皇帝訃聞。壬辰，遣兩浙、江東、福建諸州禁軍弓弩手之半，部送樞密院按試。甲午，宰執召同安郡王楊存中及三衙帥趙密等至都堂議舉兵。詔以王全語諭諸路統制、帥守、監司，隨宜應變，毋失機會。是日，爲欽宗皇帝發喪，特詔持斬衰三年。乙未，以吳璘爲四川宣撫使，仍命制置使王剛中同處置軍事。丙申，命主管馬軍司成閔部兵三萬人戍鄂州。庚子，命兩浙、江、湖、福建諸州起禁軍弓弩手，部送明州、平江府、江池太平三州、荆南府軍前。殿中侍御史陳俊卿言，內侍張去爲竊權撓政，乞斬之以作士氣。

六月乙巳，以羣臣三上表始聽政。丙午，劉錡乞即日移軍渡江，詔錡進發，騎兵屯揚州。丁未，出宮女三百九十人。蠲臨安府禁軍闕額錢五年。己酉，以御史中丞汪澈爲湖北、京西宣諭使。辛亥，金主亮遣大懷正至盱眙，語送伴使呂廣問云，將以六月遷汴京，令其歸奏。癸丑，罷教坊，併敕令所歸刑部。乙卯，以劉錡爲淮南、江東西、浙西制置使。戊午，命帶御器械劉炎同提舉措置沿淮盜賊。庚申，彗出角。遣步軍司都統制戚方提總江上諸軍策應軍馬，聽劉錡節制。諭吳拱嚴備襄陽，視緩急合田師中、成閔兵以援之。甲子，始御正殿。乙丑，放女樂二百餘人。丙寅，聽淮南諸州移治淸野。戊辰，以周麟之辭使北，命樞密都承旨徐嚞代行。淮北民兵崔唯夫、董臻等率衆萬餘來歸。

秋七月丙子，命兩浙、江東濱海諸州預備敵兵。詔諸路帥臣教閱土兵、弓手。戊寅，命雷州守臣節制高、容、廉、化四州軍馬。時雷州軍賊凌鐵作亂，東南第十二將高居弁會五州巡尉官兵討平之。戊子，周麟之分司，筠州居住。辛卯，振給淮南歸正人。壬辰，徐嚞等至盱眙，金主亮以非所指取之人，諭遣亟還。癸巳，詔：「四川財賦，自當專任總領所。如遇警急調發不及申奏，則令宣、制司隨宜措置，先舉後聞。」乙未，行新造會子于淮、浙、湖北、京西諸州。是月，金主亮徙都汴京，命其臣劉萼由唐、鄧瞰荆、襄，張中彥、王彥章據秦、鳳窺巴、蜀，蘇保衡、完顏鄭家奴由海道趨兩浙。

八月辛丑朔，忠義人魏勝復海州，李寶承制以勝知州事。丙午，蠲諸路逋欠經總制錢、江浙等路上供米。丁未，以婉容劉氏〔二〕妄預國政，廢于家。蠲淮南、京西、湖北民秋稅之半。辛亥，以劉婉容事連坐，昭慶軍承宣使王繼先福州居住，停子孫官，籍其貲。甲寅，李寶率舟師三千發江陰，大風，退泊明州關澳，聚兵復進。乙卯，劉錡引兵屯揚州，遣統制王剛以兵五千屯寶應。丁巳，召田師中赴行在。尋以吳拱爲鄂州諸軍都統制。壬戌，復用資政殿學士張燾，落致仕，知建康府。癸亥，分處歸正人於淮南諸州，能自存者從便，願爲兵者籍之。乙丑，詔便宜選補戰功人，後勿遞減。丙寅，出內帑錢七萬緡，犒戍兵之家，仍悉除軍債。己巳，起復成閔爲湖北、京西制置使，節制兩路軍馬。

九月庚午朔，命大臣朝饗太廟。辛未，宗祀徽宗于明堂，以配上帝，大赦。甲戌，金人犯黃牛堡，守將李彥堅拒卻之，金兵遂扼大散關，吳璘駐靑野原，遣將高松等援之。庚辰，以給事中黃祖舜同知樞密院事。壬午，流星晝隕。乙酉，詔劉錡、王權、李顯忠、戚方嚴備淸河、潁河、渦河口。丁亥，成閔渡江，屯應城縣，遣吳拱戍郢州。博州民王友直聚兵大名，自稱河北安撫制置使，以其徒王任爲副，遣軍師馮穀入朝奏事。吳璘遣將彭青至寶鷄渭河，夜劫金人橋頭砦，破之。庚寅，成閔遣統制趙撙部兵五千駐德安。辛卯，金國趣使臣書至楚州，守臣以聞，其辭多悖慢。壬辰，監盱眙軍淮河渡夏俊復泗州。癸巳，金人犯通化軍，守將張超拒卻之。甲午，册謚大行皇帝曰恭文順德仁孝皇帝，廟號欽宗。吳璘遣將劉海復秦州，金守將蕭濟降。乙未，金人犯信陽軍。丙申，吳璘遣將曹淋復洮州。戊戌，劉錡發揚州。詔以金人背盟，降敕榜招諭中原軍民。己亥，蘭州漢軍千戶王宏殺其刺史温敦烏也來降。吳璘遣將彭青〔三〕復隴州。是月，金主亮以尚書右丞李通爲大都督，造浮梁于淮水之上，遂自將來攻，兵號百萬，遠近大震。

冬十月庚子朔，詔將親征。魏勝攻沂州，敗還海州，金人圍之，李寶以舟師至東海縣，金人解圍去，寶遂入海州。辛丑，金人自渦口渡淮。癸卯，以吳璘兼陝西、河東招討使，劉錡兼京東、河北東路招討使，成閔兼京西、河北西路招討使。金人陷蔣州。李顯忠遣統制孔福與金人戰于大人洲，敗之。乙巳，金人復犯海州，魏勝、李寶擊卻之。劉錡引兵次淮陰，金人將自清河口入淮，錡列兵于運河岸以扼之。丁未，命宣撫制置司傳檄契丹、西夏、高麗、渤海諸國及河北、河東、陝西、京東、河南諸路，諭出師共討金人。是日，金人立其東京留守葛王褎爲皇帝，改元大定。戊申，王權聞金兵大至，自廬州引兵遁，屯昭關。己酉，知均州武鉅招納北界杜海等二萬人來歸。庚戌，復置機速房。知廬州龔濤聞金兵將至，棄城走。辛亥，金將蕭琦陷滁州，守臣陸廉棄城走。壬子，改建王瑋爲鎮南軍節度使。劉錡遣統制王剛等擊敗金人于清河口，金人復來戰，剛失利。吳拱遣將侯俊、郝敦書復唐州。癸丑，借江、浙、荆湖等路坊場淨利錢三百八十萬緡以備賞軍。金人圍廬州，都監權州事楊春〔三〕率兵突陣出，守水砦。金人又攻海州，李寶力戰敗之，解圍去。甲寅，金人攻樊城，吳拱遣守將翟貴、王進與戰，貴、進俱戰死，金兵亦退。劉錡遣兵渡淮及金人戰，死者十七八。金主亮以大軍至廬州城北之五里，築土城以居。戚方遣將張寶復蔣州。乙卯，以金人渝盟告于天地、宗廟、社稷。命州縣諭富民捐貲助國。劉錡聞王權遁，自淮陰引兵歸揚州。丙辰，金主亮入廬州，王權自昭關遁，金人追至尉子橋，破敵軍統制姚興戰死，權退保和州。金州都統制王彥遣統制任天錫出洵陽，復豐陽縣。丁巳，帝聞王權敗，召楊存中同宰執議于內殿，陳康伯贊帝定議親征。武鉅遣將荀琛復鄧州。戊午，任天錫復商洛縣。命吳璘趣出兵漢中，葉義問督視江、淮軍馬，中書舍人虞允文參謀軍事。金人犯眞州，步軍司統制邵宏淵逆戰于胥浦橋，兵敗，眞州陷，金人不入城，遂犯揚州。己未，任天錫復商州，執其守完顏守能。趙撙引兵渡淮。庚申，以楊存中爲御營宿衞使。趙撙復褒信縣。王權自和州遁歸，屯于東采石。辛酉，復湯思退觀文殿大學士，充醴泉觀使兼侍讀。分行在官吏三之一扈從，餘留行遣常事。金人陷和州。壬戌，以將士勞於征討，避殿減膳。劉錡退軍瓜州鎭，金人陷揚州，淮東安撫使劉澤棄城奔泰州。以戶部侍郎劉岑爲御營隨軍都轉運使，李顯忠爲御營先鋒都統制屯蕪湖，主管步軍司李捧爲前軍都統制。趙撙復新蔡縣。癸亥，募諸州豪民招槍仗、弓箭手赴行在。金人入揚州。王權自采石夜還建康，尋復如采石。甲子，復張浚觀文殿大學士，判潭州。吳璘遣統制吳挺、向起等及金人戰于德順軍之治平砦，敗之。趙撙復平興縣。乙丑，金人趨瓜州，劉錡遣統領員琦拒之于皂角林，大敗之，斬其統軍高景山。丙寅，李寶遇金舟師于膠西縣陳家島，大敗之，斬完顏鄭家奴等五人。劉錡還鎭江府。趙撙復蔡州，斬其總管楊寓。分御營宿衞爲五軍。金人攻秦州，向起、吳挺擊卻之。丁卯，葉義問至鎭江。詔起江、浙、福建諸州彊丁赴江上諸軍。武鉅復虢州盧氏縣，任天錫復朱陽縣。戊辰，殿中侍御史杜莘老劾內侍張去爲，帝不悅，去爲致仕，出莘老知遂寧府。

十一月己巳朔，邵宏淵遣統領崔皐及金人戰于定山，敗之。任天錫復虢州，守將蕭信遁去。庚午，通州守臣崔邦弼棄城去。辛未，成閔引兵發應城縣，援淮西。遣權吏部侍郎汪應辰詣浙東措置海道。壬申，以張浚判建康府。召王權赴行在，以李顯忠代將。邵宏淵爲池州都統制。金人犯瓜州，鎭江中軍統制劉汜戰敗走，權都統制李横亦遁。金人鐵騎奄至江上，統制魏俊、王方死之。葉義問惶怖欲退走，復趨建康。金人游騎至無爲軍，守臣韓髦棄城走。癸酉，淮寧府民陳亨祖執同知完顏耶魯，以其城來歸。趙撙引兵去，蔡州復陷。甲戌，池州統制官崔定等復入無爲軍。乙亥，金主亮臨江築壇，刑馬祭天，期以翌日南渡。丙子，虞允文督建康諸軍統制官張振、王琪、時俊、戴皐等以舟師拒金主亮于東采石，戰勝，卻之。崔定復巢縣，任天錫復上津、商洛二縣。丁丑，虞允文遣水軍統制盛新以舟師擊金人于楊林河口，又敗之。金主亮焚其舟而去。戊寅，王彥遣將楊堅復欒川縣。己卯，以湯思退爲行宮留守。盧悵蠻犯嘉州籠蓬堡，官軍大敗，副將鄭祥等爲所殺。庚辰，金主亮引軍趨淮東。癸未，吳璘病，自仙人原還興州，留姚仲節制軍事。虞允文自采石率李捧一軍及戈船如鎮江備敵。甲申，贈姚興、魏俊、王方官。金主亮至揚州。乙酉，貸劉汜死，英州編管。江州統制李貴、忠義首領孟俊復順昌府，金州將邢進復華州。丙戌，賜戰士帛，給其家薪炭。任天錫復陝州。丁亥，劉錡以疾罷，以御營宿衞中軍統制劉銳權鎮江都統制。成閔自京西還建康，遂如鎮江。戊子，吳璘復力疾上仙人原。己丑，王權貸死，瓊州編管。李寶泛海南歸。金人復攻陝州，任天錫破走之，復犯襄陽，統制官李勝等拒卻之，復通化軍。王彥遣將楊堅、党清至西京長水縣及金人戰，敗之。庚寅，復長水縣。癸巳，以成閔爲鎮江都統制、淮東制置使、京東西路河北東路淮北泗宿州招討使，李顯忠爲淮西制置使、京畿河北西路淮北壽亳州招討使，吳拱爲湖北京西制置使、京西北路招討使。甲午，武鉅遣鄉兵總轄杜隱等復嵩州。乙未，金人陷泰州。是日，金人弒其主亮于揚州龜山寺。戊戌，金都督府遣人持檄詣鎮江軍中議和。

十二月己亥朔，趙撙夜襲蔡州，復入其城。王彥遣兵復福昌縣。庚子，楊存中及虞允文渡江至瓜州察金兵。金人犯漢南之茨湖，鄂州軍士史俊登其舟，獲一將，諸軍繼進，遂擊卻之。楊春夜攻金人，殺其帥高定山，復廬州。辛丑，以李寶爲靖海軍節度使、浙西通泰海州沿海制置使、京東東路招討使。金統軍劉蕚聞茨湖敗，亦退師。王彥遣將閻玘復澠池縣。壬寅，天有白氣。以趙密爲行宮在城都總管。成閔渡江之揚州。癸卯，命諸路招討司率兵進討，互相應援；沿江諸大帥條陳恢復事宜。復岳州舊名。右軍統領沙世堅入泰州。甲辰，虞允文自鎮江入見。均州統領昝朝復鄧州。乙巳，張浚至慈湖，命李顯忠引兵渡江。丙午，淮東統制王選復楚州。丁未，杜隱等入河南府。吳拱遣統領牛宏入汝州。戊申，帝發臨安，建王從行。庚戌，金人渡淮北去。壬子，次平江。罷督視府。虞允文還至鎮江。癸丑，淮東統制劉銳、陳敏引兵入泗州。鄂州統制楊欽以舟師追敗金人于洪澤鎮。乙卯，江北金兵盡去，李顯忠復入和州。吳璘遣將復水洛城。金人復破汝州，牛宏敗走。戊午，次鎮江府。庚申，吳璘遣將拔金人治平砦。壬戌，曲赦新復州軍。甲子，降淮南、京西、湖北雜犯死罪以下囚。賞采石功，進統制張振、時俊等官。金潁、壽二州巡檢高顯以壽春府來降。丁卯，命諸道籍鄉兵。初，王友直、王任聚兵，嘗命友直爲天雄軍節度使，任爲天平軍節度使。金主褒既立，下令散其衆，友直等自壽春來歸。是月，金主知亮已死，遂趨燕京。

三十二年春正月戊辰朔，日有食之。帝在鎮江。己巳，金人犯壽春府，忠義將劉泰戰死，金兵引去。庚午，發鎮江府。壬申，至建康府，張浚入見。丙子，祧翼祖主于夾室。己卯，李顯忠引兵還建康。庚辰，罷郡守年七十者。壬午，金人復犯蔡州，趙撙力戰卻之。乙酉，權知東平府耿京遣其將賈瑞、掌書記辛棄疾來奏事。己丑，金主遣其臣高忠建等來告嗣位。以耿京爲天平軍節度使、知東平府。庚寅，詔新復州縣搜訪仗節死義之士。丙申，以楊存中爲江、淮、荆、襄路宣撫使，虞允文副之。給事中金安節、中書舍人劉珙繳奏再上，乃改命存中措置兩淮。

二月戊戌朔，罷借兩浙、江、淮坊場淨利錢。以虞允文爲兵部尚書、川陝宣諭使，措置招軍市馬及與吳璘議事。庚子，興州統領惠逢等復河州。振兩淮饑民。壬寅，金人犯汝州，守將王宣逆戰敗之。癸卯，帝發建康。惠逢復積石軍，又克來羌城。丁未，劉錡薨。己酉，王宣及金人再戰于汝州。庚戌，金人全師來攻，宣敗績棄去。辛亥，金人復犯順昌府，孟新拒卻之，壽亦棄去。壬子，賞蔡州功，趙撙等進官有差。乙卯，至臨安府。興元都統制姚仲攻鞏州不下，退守甘谷城，遂引兵圍德順軍。丙辰，金人犯蔡州，趙撙擊卻之。戊午，復引兵來攻，撙又敗之，金兵遁去。王彥遣將馬貴斷河中南橋，金兵來攻，貴戰敗之。壬戌，詔軍士戰死者祿其家一年，傷重而死於營者半之。乙丑，王宣及右軍副將汲靖敗金人于蔡州確山縣。趙撙棄蔡州。丙寅，金人復取之。姚仲遣副將趙銓攻下鎮戎軍，金同知渭州秦弼及其子嵩來歸。王彥遣兵救陝州，遇金人于虢州東，敗之，金兵引去。丁卯，吳珙遣將復永安軍、永寧福昌長水三縣。

閏月癸酉，金人破河州，屠其城。乙亥，命楊存中、李顯忠固守新復州軍，量度進討。丙子，姚仲遣將復原州。戊寅，祔欽宗主于太廟。癸未，振淮南歸正人。金人犯虢州。吳璘遣楊從儀等攻拔大散關，分兵據和尚原，金人走寶鷄。丙戌，給張浚錢十九萬緡造沿江諸軍戰艦。庚寅，王剛破金人于海州。辛卯，楊椿罷。壬辰，姚仲攻德順軍，敗金人于瓦亭砦、新店。是月，張安國等攻殺耿京，李寶將王世隆攻破安國，執之以獻。

三月壬寅，更定金使入境接伴、館伴舊儀。癸卯，成閔遣統制杜彥救淮寧，擊敗金人于項城縣。甲辰，罷扈從官吏賞典。乙巳，錄商、虢之功，加吳璘少傅，王彥爲保平軍節度使。戊申，吳璘復德順軍，又遣將嚴忠取環州。辛亥，命兵部侍郎陳俊卿、工部侍郎許尹經畫兩淮堡砦屯田。癸丑，金人圍淮寧府，守臣陳亨祖死之。甲寅，吳璘自德順軍復還河池。金人犯鎭戎軍。丁巳，遣洪邁等賀金主即位。戊午，忠義軍統制、知蘭州王宏拔會州。金人陷淮寧府，統領戴規戰死。成閔歸自淮東。辛酉，金人攻原州。丙寅，詔舉賢良。

夏四月丁卯朔，姚仲遣兵救原州。己巳，命侍從、臺諫條上防秋足食足民策。遣左武大夫都飛虎結約河東。壬申，賞御營宿衞將士四萬餘人，進官有差。癸酉，蠲淮東殘破州軍上供銀絹、米麥及經、總制錢一年。蒙城縣〔四〕民倪震率丁口數千來歸。甲戌，募民耕淮東荒田，蠲其徭役及租稅七年。戊寅，以御史中丞汪澈參知政事。金人圍海州。戊子，洪邁等辭行，報聘書用敵國禮。是月，大雨，淮水暴溢數百里，漂沒廬舍，人畜死者甚衆。

五月戊戌，吳璘自河池如鳳翔巡邊，姚仲遣兵救原州，數敗金人。庚子，復置提舉秦州買馬監，命四川總領官兼權其職。壬寅，姚仲及金人戰于原州北嶺，敗績。戊申，復以楊存中爲醴泉觀使，奉朝請；罷御營宿衞司。辛亥，鎭江都統制張子蓋救海州，遇金人于石湫堰，大敗之，金人解去。甲寅，命張浚專一措置兩淮事務兼節制淮東西、沿江州郡軍馬。乙卯，知順昌軍孟昭率部曲來歸。己未，吳璘遣將復熙州。壬戌，禁諸軍互招逃亡。加鄭藻太尉。振東北流民。命張浚置御前萬弩營，募淮民爲之。甲子，詔立建王瑋爲皇太子，更名眘。加成閔太尉，主管殿前司；李顯忠爲太尉，主管馬軍司。籍諸州歸正人，願爲農者給官田，復租十年；願爲兵者赴軍中。

六月丙寅朔，吳璘次大幽嶺，檄召姚仲至軍前，下河池獄，命夔路安撫使李師顏代將其兵。戊辰，名新宮曰德壽。庚午，以吳珙主管步軍司。罷三招討司。甲戌，加贈兄子偁爲太師、中書令，追封秀王，謚安僖；妻張氏封王夫人。乙亥，朱倬罷。丙子，詔皇太子卽皇帝位。帝稱太上皇帝，退處德壽宮，皇后稱太上皇后。孝宗卽位，累上尊號曰光堯壽聖憲天體道性仁誠德經武緯文紹業興統明謨盛烈太上皇帝。

淳熙十四年十月乙亥，崩于德壽殿，年八十一。謚曰聖神武文憲孝皇帝，廟號高宗。十六年三月丙寅，欑于會稽之永思陵。光宗紹熙二年，加謚受命中興全功至德聖神武文昭仁憲孝皇帝。

贊曰：昔夏后氏傳五世而后羿簒，少康復立而祀夏；周傳九世而厲王死于彘，宣王復立而繼周；漢傳十有一世而新莽竊位，光武復立而興漢；晉傳四世有懷、愍之禍，元帝正位於建鄴；唐傳六世有安、史之難，肅宗卽位于靈武；宋傳九世而徽、欽陷于金，高宗纘圖于南京：六君者，史皆稱爲中興而有異同焉。

夏經羿、浞，周歷共和，漢間新室、更始，晉、唐、宋則歲月相續者也。蕭王、琅琊皆出疏屬，少康、宣王、肅宗、高宗則父子相承者也。至於克復舊物，則晉元與宋高宗視四君者有餘責焉。

高宗恭儉仁厚，以之繼體守文則有餘，以之撥亂反正則非其才也。況時危勢逼，兵弱財匱，而事之難處又有甚於數君者乎？君子於此，蓋亦有憫高宗之心，而重傷其所遭之不幸也。

然當其初立，因四方勤王之師，內相李綱，外任宗澤，天下之事宜無不可為者。顧乃播遷窮僻，重以苗、劉羣盜之亂，權宜立國，确虖艱哉。其始惑於汪、黃，其終制於姦檜，恬墮猥懦，坐失事機。甚而趙鼎、張浚相繼竄斥，岳飛父子竟死於大功垂成之秋。一時有志之士，為之扼腕切齒。帝方偷安忍恥，匿怨忘親，卒不免於來世之誚，悲夫！

校勘記

〔一〕婉容劉氏　據本書卷二四三劉婉儀傳，「婉容」當為「婉儀」之誤。下文「以劉婉容事連坐」，亦誤。

〔二〕彭青　原作「潘青」，據上文同月丁亥條改。「青」字，繫年要錄卷一九二、宋會要兵一四之三六都作「淸」，北盟會編卷二三一、二三三都作「青」，卷二三二又作「淸」。

〔三〕都監權州事楊春 「楊春」，原作「楊椿」，據繫年要錄卷一九三、北盟會編卷二三五改。下文十二月庚子條「楊春」同。

〔四〕蒙城縣 「城」字原脫，據繫年要錄卷一九九補。本書卷八八地理志淮南路亳州有蒙城縣。